CLV

C. H. Spurgeon (1834–1892)

CHARLES HADDON SPURGEON

Gehe in den Weinberg!

CLV
Christliche
Literatur-Verbreitung e.V.
Postfach 110135 · 4800 Bielefeld 11

1. Auflage 1984
2. Auflage 1985
3. Auflage 1992

Postfach 110135 · 4800 Bielefeld 11
Bearbeitung: W. Bühne
Umschlag: D. Otten, Bergneustadt
Druck und Bindung: Druckhaus Gummersbach

ISBN 3-89397-306-0

INHALT

VORWORT

C. H. Spurgeon, dessen Geburtstag sich in diesem Jahr zum 150. Mal jährt, war in vieler Beziehung ein außergewöhnlicher Erweckungsprediger.

Sein „Kirchenspiel" war nicht „die ganze Welt", wie John Wesley von sich sagen konnte, sondern vor allem die Stadt London, in der er von seinem 20. Lebensjahr an etwa 40 Jahre lang mit großer Kraft Woche für Woche vor großen Menschenmengen das Evangelium verkündigte. Seine gedruckten Predigten dagegen haben in der ganzen Welt eine weite und andauernde Verbreitung gefunden, wie es wohl bei keinem anderen Erweckungsprediger der letzten Jahrhunderte festzustellen ist.

Spurgeons Redeweise war ungewöhnlich packend und plastisch, mit Humor gewürzt, aber doch von einem tiefen Ernst und großer Sorge um die Seelen seiner Zuhörer durchdrungen. Er war ein Meister der Illustration und verstand es, Tagesereignisse und momentane Situationen in seine Predigt einzubauen.

Dennoch ist die Wirkung seiner Verkündigung nicht seiner glänzenden Redegabe zuzuschreiben. Das Geheimnis seiner Vollmacht lag wohl darin, daß Spurgeon sich nicht scheute, die biblischen Wahrheiten unverkürzt, kompromißlos und „ungeschminkt" zu predigen.

Seinen jungen Mitarbeitern in der Evangeliumsverkündigung rief er einmal zu:

„Pferde beurteilt man nicht nach den Schellen und dem Geschirr, sondern nach den Gliedern, den Knochen und der Rasse, und verständige Hörer beurteilen eine Predigt hauptsächlich nach der Menge von Evangeliumswahrheit und nach

der Kraft des Evangeliumsgeistes, den sie enthält.

Brüder, wägt eure Predigten! Verkauft sie nicht nach der Elle, sondern gebt sie pfundweise her. Legt keinen Wert auf die Menge eurer Worte, sondern sorgt, daß ihr nach der Gediegenheit des Inhalts geschätzt werdet. Es ist töricht, mit Worten freigebig und mit der Wahrheit geizig zu sein. Wirkung auf das Gefühl ist sehr gut, aber wenn die Belehrung ihr keinen Rückhalt gibt, ist sie wie das bloße Verpuffen von Pulver, ohne das wirklich geschossen wird. Die feurigsten Erwekkungspredigten lösen sich in bloßen Rauch auf, wenn ihnen nicht durch Belehrung Brennstoff zugeführt wird.

Eure Zuhörer sehnen sich nach gründlicher Unterweisung aus der Schrift, sie haben ein Recht darauf! Wenn du wirklich ein Bote des Himmels bist, wirst du ihnen auch reichlich geben.

Eine Predigt ohne erbauliche und belehrende Wahrheit ist wie Brot ohne Mehl. Viele Predigten sind, wenn man sie nach ihrem wirklichen Gehalt und nicht nach ihrem Umfang mißt, armselige Proben christlicher Beredsamkeit. Ihr mögt gewandte Redner sein, aber ohne die Erkenntnis des Evangeliums und ohne die Fähigkeit es zu lehren, seid ihr ein tönerndes Erz und eine klingende Schelle. Wortschwall ist leider oft das Feigenblatt, das fehlende Bibelkenntnis verdecken muß. Man bietet glänzende Perioden anstatt gediegener Lehre, und rednerische Floskeln, anstatt kräftiger Gedanken. So sollte es nicht sein.“

Zeitlebens hat Spurgeon gerne über die Gleichnisse Jesu gepredigt. Eine Anzahl besonders eindrücklicher Predigten sind in diesem Band enthalten. Sie möchten uns die Person und das Werk unseres Herrn Jesus groß machen und appellieren an unser Gewissen, damit wir uns in die Erntearbeit unseres Gottes senden lassen.

Wolfgang Bühne

GEHE IN DEN WEINBERG!

„Denn das Reich der Himmel ist gleich einem Hausherrn, der frühmorgens ausging, um Arbeiter in seinen Weinberg zu dingen. Nachdem er aber mit den Arbeitern um einen Denar den Tag übereingekommen war, sandte er sie in seinen Weinberg.

Und als er um die dritte Stunde ausging, sah er andere auf dem Markte müßig stehen; und zu diesen sprach er: Gehet auch ihr hin in den Weinberg, und was irgend recht ist, werde ich euch geben. Sie aber gingen hin. Wiederum aber ging er aus um die sechste und neunte Stunde und tat desgleichen. Als er aber um die elfte Stunde ausging, fand er andere stehen und spricht zu ihnen: Was stehet ihr hier den ganzen Tag müßig? Sie sagten zu ihm: Weil niemand uns gedungen hat. Er spricht zu ihnen: Gehet auch ihr hin in den Weinberg, und was irgend recht ist, werdet ihr empfangen."
(Matth. 20, 1-7)

Wir haben schon oft festgestellt, daß es nicht richtig ist, den Zusammenhang der Schrift zu übersehen. Wir haben kein Recht, eine Schriftstelle aus dem Zusammenhang herauszureißen und ihr einen Sinn zu unterlegen, den sie im Zusammenhang nicht hat. Deshalb habe ich euch beim Lesen des Schriftabschnittes darauf aufmerksam gemacht, was dieses Gleichnis in erster Linie lehren will. Es ist ein Tadel für diejenigen, welche einen gesetzlichen Geist haben und anfangen zu berechnen, was ihr Lohn in dem Reiche sein wird, in welchem der gesetzliche Geist fehl am Platze ist, weil der Lohn nicht aus Verdienst, sondern aus Gnaden gegeben wird. Ich denke, daß ich nun, ohne die Grundbedeutung zu verletzen, auf eine bestimmte Tatsache, die mit dem Gleichnis in Verbindung steht, eingehen kann.

Es ist nicht recht, die eigentliche Lehre des Gleichnisses zu übersehen; da wir sie aber beachtet und uns klar gemacht haben, möchte ich nun eure Aufmerksamkeit auf die Tatsache lenken, daß die Arbeiter zu verschiedenen Tageszeiten eingestellt wurden. Ohne Zweifel sollen wir daraus lernen, daß Gott Seine Diener zu verschiedenen Zeiten in den Weinberg sendet, daß einige in früher Jugend gerufen werden und andere erst, wenn sie älter geworden sind.

Beachtet bitte, daß alle gerufen wurden, womit der Herr uns deutlich machen will, daß niemand von selbst in den Weinberg geht. Ohne Ausnahme ist jeder Arbeiter für Jesus auf die eine oder andere Weise gerufen worden.

Wenn der Mensch wäre wie er sein sollte, so bedürfte er keiner Aufforderung oder Einladung zu Christus zu kommen; aber seitdem die menschliche Natur verdorben ist und der Mensch bitter für süß und süß für bitter, Finsternis für Licht und Licht für Finsternis hält, bedarf er der Einladung, der Überredung, der Aufforderung.

Die Lehre vom freien Willen kann also kein einziges Beispiel für sich finden. Es ist nicht ein einziges Schaf in der Herde, welches ungesucht zum Hirten zurückgekehrt ist! Es ist nicht ein einziges Geldstück, welches selbst wieder in die Tasche der Frau gesprungen ist, denn sie fegte das Haus und suchte es. Ja, ich will weitergehen und sagen, es ist nicht ein einziger verlorener Sohn der gesagt hat: „Ich will mich aufmachen und zu meinem Vater gehen", ehe des Vaters Gnade, die sich in den Schleier der großen Teuerung hüllte, den Verlorenen das Ergebnis seiner Sünde gelehrt hat, als er die Schweine hütete und seinen Bauch vergebens zu füllen suchte mit Trebern, welche die Schweine aßen. Wenn wir nun zu unserem Gegenstand kommen, so sehen wir zuerst, daß der Herr Seine Arbeiter zu verschiedenen Stunden des Tages beruft, und zweitens, daß sich in jedem einzelnen Fall eine besondere Gnade offenbart und sich das Mitleid und die Liebe des Herrn zu jeder Tageszeit zeigt.

Die Gnade beruft nicht alle zur selben Zeit

Einige im Gleichnis werden früh am Morgen berufen. Wie glücklich können sie sein! Die früheste Zeit, in welcher ein Kind von der Gnade berufen werden kann, wird kaum von uns bestimmt werden können, denn Kinder haben nicht alle die gleiche geistliche Reife. Wenn sie dem Körper nach auch im gleichen Alter sind, in der geistlichen Entwicklung dürfen wir dem Heiligen Israels die Zeit nicht beschränken. Soweit unsere Beobachtung geht, arbeitet die Gnade an einigen Kleinen schon bei der ersten Dämmerung ihres Gewissens. Es gibt ohne Zweifel bevorzugte Kinder von zwei bis drei Jahren, deren Verstand und Gemüt stark entwickelt und tief geheiligt ist. Solche Kinder beabsichtigt der Herr bald heim zu holen. Es gibt interessante Beispiele die beweisen, daß die Heiligkeit in den jüngsten Herzen blühen und reifen kann und Gott sich aus dem Munde zarter Kinder ein Lob bereitet und durch sie Feinde und Gegner zum Schweigen gebracht hat. Kleine Schwätzer, deren Mund, wie man denkt, nur von Spielzeug sprechen kann, sind imstande gewesen, mit tiefer Erkenntnis von geistlichen, besonders von himmlischen Dingen zu sprechen. Es ist gewiß, daß einige ihr Tagewerk für den Herrn auf den Armen ihrer Mutter getan haben. Sie haben von dem Heiland mit solchen Worten gesprochen, daß sie das Herz der Mutter erweicht und das Gewissen des Vaters erweckt haben, und dann sind sie heimgerufen worden. „Wen die Götter lieben, der stirbt jung“, sagten die Heiden, und es ist ohne Zweifel kein kleines Vorrecht, so jung in die Herrlichkeit zu gehen. Sie haben sich auf Erden nur gezeigt und sind dann plötzlich in den Himmel genommen worden, zu kostbar, um hier unten zu bleiben. Köstliches Kind, wie teuer warst du dem guten Gott, der dich hersandte und dann heim nahm! Wie könnten wir deine Versetzung in den Himmel betrauern! „Früh am Morgen“ würde auch die einschließen, welche die erste Stunde des Tages schon durchlebt, aber die zweite noch nicht vergeudet haben. Ich meine die hoffnungsvollen Jungen und Mädchen, Jugendliche, die das erste Jahrzehnt hinter sich haben und aus der eigentlichen Kindheit heraus sind und nun in der Kraft der Jugend aufwachsen. Junge Leute, nach dem, was der Satan ihnen sagt, passender für das Spiel auf dem Marktplatz, als für die Arbeit im Weinberg des Herrn. Solche werden oft zum Preise der göttlichen Liebe vom Hausherrn gemietet.

Es ist der Mühe wert, einige unserer Brüder, welche kritisch auf die Frömmigkeit der Jungen und Mädchen blicken, davor zu warnen, sich verdächtigenden Zweifeln hinzugeben. Es gibt heute einige, die das Evangelium mit Kraft und Erfolg predigen, welche diese meine Hände in ihrem Knabenalter in den Tod Jesu getauft haben. Und es gibt ehrenwerte Diener Gottes unter uns, welche der Gemeinde treu gedient haben, die schon als Schulkinder freudige Nachfolger des Herrn Jesu waren. Von früher Jugend an haben manche von uns ein Verständnis für die Dinge des Himmelreichs bekommen. Unsere Bibel ist unsere Fibel, unser erstes Lesebuch, der Führer unserer Jugend und die Freude in unseren jungen Jahren gewesen. Wir danken Gott, daß es noch Jünger wie Timotheus unter uns gibt, junge Bekenner wie Samuel, die in ihrer Jugend zum Hause Gottes gebracht worden sind. Glücklich diejenigen, welche am Morgen des Lebens berufen werden. Sie haben einen besonderen Grund,

Gott zu loben und zu preisen!

Laßt uns jetzt einige Minuten über das Glück derer nachdenken, die in der Kindheit errettet wurden. Früh am Morgen funkelt der Tau noch auf den Blättern und offenbart eine knospende Schönheit, welche für diejenigen verloren ist, die nicht zu Beginn des Tages aufstehen.

Es gibt eine Schönheit in der frühen Frömmigkeit, die unbeschreiblich bezaubernd und lieblich ist. Wir stellen bei der Jugend eine ungekünstelte Einfalt, ein kindliches Vertrauen fest, welches nirgend anders gefunden wird. Es mag weniger Wissen da sein, aber es ist mehr Liebe vorhanden. Es mag weniger Nachdenken da sein, aber es ist mehr einfältiger Glaube an die göttlichen Offenbarungen da. Wenn ich den Teil des christlichen Lebens wählen sollte, in welchem am meisten Freude da ist, so würde ich den Zeitraum christlicher Erfahrung wählen, welcher gleich nach Sonnenaufgang liegt. Der mit orientalischen Perlen der Liebe bestreut ist und von der köstlichen Musik der Hoffnungsvögel aufgeheitert wird. Früh am Morgen, wenn wir eben vom Schlaf erwacht sind, ist die Arbeit leicht. Unsere Beschäftigung im Weinberg ist dann eher eine fröhliche Übung als eine Arbeit wie diejenigen sie fühlen, welche die Last und Hitze des Tages tragen. Der junge Christ wird nicht so von den Mühen und Sorgen der Welt gedrückt wie andere. Er hat nichts anderes zu tun, als seinem Gott zu dienen. Er ist frei von den Verlegenheiten, die viele von uns umgeben und uns hindern, Gutes zu tun. Er ist unter seinen Spielkameraden und in Einfalt kann er ihnen zu Diensten sein und sie zu Gott führen. Gib mir, sage ich, wenn ich zu einer günstigen Zeit für Jesus arbeiten wollte, gib mir die gesegneten Morgenstunden. Wenn mein Herz vor Freude springt und die reinen Sonnenstrahlen der Freude meinen Weg bescheinen, wenn meiner glühenden Brust der Eifer nicht fehlt und mein glücklicher Geist keine Sorgenketten trägt. Frühe Bekehrungen sind schon deshalb vorzuziehen, weil solche Personen noch nicht gelernt haben, am Markt müßig umherzustehen. Ein Bursche, der stundenlang mit den Händen in den Taschen gestanden und mit den Betrunkenen gesprochen hat, taugt nicht viel in der elften Stunde. Ja, schon am Mittag ist es ihm so natürlich geworden sich an die Wand zu drücken, daß er keine große Lust mehr zum Arbeiten hat. Fangt früh an mit den Seelen, zähmt die Füllen, wenn sie jung sind und sie werden dann wahrscheinlich nachher gut im Geschirr gehen. Keine Arbeiter sind denen gleich, die in ihrer Jugend den Anfang gemacht haben. Welche Aussicht auf einen langen Tag haben junge Gläubige! Wenn Gott es in Seiner Weisheit fügt, daß der junge Mann dort zwölf Arbeitsstunden vor sich hat – was kann er nicht alles ausrichten! Für ein herrliches, fruchtbares Leben ist frühe Frömmigkeit von großem Vorteil. Wenn wir die ersten Tage dem Herrn geben, so wird es uns viele traurige Erlebnisse ersparen, vor vielen bösen Gewohnheiten bewahren und uns durch den Heiligen Geist befähigen, gute Erfolge zu erzielen. Es ist gut, das Fliegen zu beginnen, wenn die Flügel noch stark sind! Denn wenn wir lange in der Sünde leben, werden die Flügel gebrochen und in den übrigen Tagen schlaff herabhängen, selbst dann, wenn die Gnade uns beruft. Möge es der Wunsch der hier anwesenden Eltern sein, daß ihre Kinder in der Jugend bekehrt werden! O möge Gott diesen Wunsch in euch wecken, ihr jungen Leute, damit ihr, ehe ihr Männer genannt werdet, vollkommene Männer in Christo seid. Möget ihr „als die neugeborenen Kinder begierig sein nach der lauteren Milch des Wortes Gottes“ und gebe der Herr, „daß ihr dadurch wachset“. Glückliche, ja, glückliche Seelen, welche der Herr durch besondere Gnade „am frühen Morgen“ ruft.

Der Hausherr ging dann um die dritte Stunde aus. Das deutet die Zeit an, wenn wir aus der Kindheit herausgetreten sind und Männer genannt werden. Angenommen, wir rechnen die erste Stunde bis zum siebten oder achten Jahr, dann geht die zweite Stunde bis ungefähr zu zwanzig oder einundzwanzig Jahren. Dann bleibt uns eine gute Zeit vom zwanzigsten bis zum dreißigsten Jahre für die dritte, vierte und fünfte Stunde.

Es gibt einige, welche die göttliche Gnade in der dritten Stunde erneuert. Das ist spät. Einundzwanzig Jahre ist betrübend wenn man bedenkt, wie viele der ersten Freuden nun unmöglich sind, wie viele sündige Gewohnheiten angenommen wurden und wie viele Gelegenheiten, Gutes zu tun, unwiederbringlich verloren gegangen sind. Der vierte Teil des Tages ist schon auf immer dahin, wenn du die dritte Stunde erreicht hast. Es ist sogar der beste Teil des Tages, der für immer vorbei ist. Die erste Mahlzeit des Tages ist vorüber; das gesegnete Brechen des Morgenbrotes mit Jesus ist nicht mehr möglich. Ein sehr köstliches Mahl ist dieses, wenn der Heiland uns das „Manna“ gibt, welches schmilzt, wenn die Sonne heiß scheint. Gesegnet ist es, wenn sich das Kind an Jesus nährt. Ich erinnere mich daran als ich wie Elia unter dem Strauch geweckt wurde und von diesen Leckerbissen genoß, wovon der Wohlgeschmack mir bis zu dieser Stunde geblieben ist. Der Mann von einundzwanzig Jahren hat dieses Mahl verloren, daß Frühstück ist vorüber. Jesus wird zu ihm nicht wie zu anderen sagen: „Kommt und esset!“ Die erste Jugendfreude, die jugendliche Begeisterung ist vorüber.

Ich zweifle nicht daran, daß hier viele anwesend sind, welche denken, die Bekehrung im einundzwanzigsten Jahre sei sehr früh. Aber warum wollen wir den vierten Teil des Lebens dem Bösen geben? Außerdem ist es vielleicht nicht der vierte Teil, sondern die Hälfte und in vielen Fällen das ganze Leben. Die Sonne senkt sich, ehe es Mittag ist, und mancher, der müßig am Markte steht, hat keine Hoffnung, je ein Arbeiter im Weinberg zu werden. Der Tod, welcher kommt wenn Gott es will und sich nicht anmeldet, kann die Blume niedermähen, ehe sie sich vollständig geöffnet hat. Des Morgens wie Gras und des Abends niedergemäht und vertrocknet. Es ist traurig, daß diese herrlichen Tage, in welchen der Geist noch aufnahmefähig und am meisten geeignet ist, gute Gewohnheiten anzunehmen, verlorengegangen sind. Es ist traurig, soviel von der Sünde gelernt zu haben, wie jemand in einundzwanzig Jahren gelernt haben kann. Es ist traurig, so viel Übertretungen und Befleckungen im Gedächtnis aufbewahrt zu haben. Zwanzig Jahre, in welchen man zu Gottes Ehre ein tüchtiger Zeuge im Himmelreich hätte sein können. Aber zwanzig Jahre in der Welt, da ist man fast wie ein Webstoff, der lange in der Farbe gelegen hat und durch und durch gefärbt ist. Es ist spät, aber wir danken Gott, daß es nicht zu spät ist. Nein, es ist nicht nur nicht zu spät, um erlöst zu werden, es ist auch nicht zu spät, um noch viel für den Herrn tun zu können.

Einige von uns wirkten mit einundzwanzig Jahren schon fünf Jahre als Prediger und durften das Werkzeug sein, um viele Seelen zum Kreuz Christi zu führen. Wenn aber andere dann erst anfangen, so haben sie auch durch Gottes Gnade noch eine gute Zeit vor sich, wenn Gott ihnen das Leben erhält. Der junge Mann ist jetzt in seiner vollen Kraft, die Knochen sind voller Mark und sein Herz voller Feuer. Jetzt ist es gerade die Zeit, in welcher er arbeiten sollte. Seine Lebenspläne sind noch nicht ausgeführt, er ist wahrscheinlich noch nicht verheiratet und hat also noch keine Kinder, die durch sein böses Vorbild geprägt sind. Er hat die Gelegenheit, einen Haushalt in der Furcht Gottes zu beginnen. Er kann, wenn er durch Gottes Gnade mit einundzwanzig Jahren berufen wird, eine ehrenhafte Laufbahn beginnen, auf der kein Winkel und keine Biegung nötig ist. Er kann gerade auf den Hafen zusteuern und auf dem Meer des Lebens eine hell scheinende Spur zurücklassen, welche in gerader Richtung zum Himmelslicht geht, welches er mit vollen Segeln und einer unschätzbaren Ladung an Bord zum Preise der göttlichen Gnade erreichen wird. Es ist spät, es ist in mancher Hinsicht sehr spät, aber es ist nicht zu spät, um dem Herrn zu dienen und sich von der göttlichen Liebe eine Krone zu erwerben.

Es gibt viel Arbeit für uns in der dritten, vierten und fünften Stunde des Tages. Ich denke, daß die Gemeinde gerade auf uns zu blicken hat als solche, die viel tun sollten. Nach dieser und der nächsten Periode wird ein Mensch mehr ein Empfänger von der Gemeinde als ein Arbeiter für dieselbe. Das frische Blut, die Energie, die Herzenswärme, die rasche Tat muß zum größten Teil von den jungen Leuten kommen, die bekehrt werden. Oh, ihr Einundzwanzigjährigen, ich wollte, daß ihr alle von neuem geboren wäret! Oh, könntet ihr Seine Liebe recht erkennen, so würde es nicht nötig sein, euch aufzufordern. Könntet ihr die Freude des wahren Glaubens verstehen, es wäre nicht nötig, in euch zu dringen. Man findet im geheimnisvollen Umgang mit dem Herrn Jesus mehr Freude als in allen Vergnügungen, welche die Welt bietet. Ein Gramm der Liebe Christi ist besser als ein Zentner der Schmeichelei dieser Welt. Die Welt bietet leere Seifenblasen, aber Jesus gibt wahre Schätze, welche bis in Ewigkeit währen. Das Gold der Welt ist trügerisch! Es glänzt, aber es ist nicht köstlich. Die göttlichen Dinge mögen nicht so glänzen, aber sie geben eine wahre und bleibende Freude, die nur die Kinder Gottes kennen. Möge der Herr heute euer Herz berühren und möge Er euch durch mein einfaches Wort jetzt, zur dritten Stunde, zur Arbeit in Seinen Weinberg rufen!

Des Hausherrn Gnade war noch nicht erschöpft, er ging aus um die sechste Stunde. Wir sehen, daß er am Mittag zum Markt geht. Der halbe Tag ist schon vergangen. Wer stellt einen Mann an und gibt ihm Tagelohn, wenn der Tag schon halb vorüber ist? Er wird nicht zu viel tun, wenn du ihn morgens um sechs Uhr einstellst. Was wird er tun, wenn es bereits zwölf Uhr ist? Eine halbe Tagesarbeit. Das ist etwas Armseliges, wenn du sie suchst oder anbietest. Der Herr aber sucht sie und nimmt sie an. Er verspricht: „Was recht ist, werde ich dir geben." Es werden auch einige gefunden, die um die sechste Stunde in den Weinberg gehen und durch die Gnade gerettet, ihre Arbeit für Jesus beginnen. Dieses mag die Zeit sein, wenn der Mensch so recht in seiner vollen Kraft ist, die vierziger Jahre und etwas weiter. Dies ist sehr, sehr spät in mancher Hinsicht. Nicht nur, weil so wenig Zeit übrigbleibt, sondern weil so viel Energie, Eifer und Kraft, welche Gott hätten geweiht werden sollen, verschwendet und im Kampf gegen Gott gebraucht worden sind. Vierzig Jahre der Sünde! Das ist eine lange Zeit, worüber das Gewissen zu trauern hat.

Welch ein Segen für dich unbekehrten Vierzigjährigen, daß Seine Langmut noch harrt, Seine Geduld dich noch trägt und Er noch zu dir sagt: „Gehe hin und arbeite in meinem Weinberg." Es ist traurig spät, besonders weil es dir schon zur Natur geworden ist, auf dem Weg der Sünde zu wandeln. Du wirst in der Zukunft viel mit den alten Gewohnheiten zu kämpfen haben. Das Seelenschiff ist nicht so leicht umzuwenden wie ein Schiff auf dem Meer. Nur eine göttliche Hand kann die Seele auf den Weg der Gnade steuern. Du bedarfst einer großen Gnade, um das Verderben zu überwinden, welches in den vierzig Jahren Wurzeln gefaßt hat. Du hast einen Mieter in deinem Hause, der es in Besitz genommen hat und du wirst feststellen, daß es schwere Arbeit kosten wird, ihn los zu werden. So schwer, daß nur „ein Stärkerer als er" ihn austreiben kann! Bis zu deinem Sterbebett wird dir die Erinnerung an die üblen Dinge, welche du während der vierzig Jahre gehört hast, bleiben. Du wirst das Echo eines alten Liedes hören, gerade wenn du beten willst, und einige Werke, die du bitter bereust und worüber du trauerst, werden in dir aufsteigen, wenn du mit freudigem Herzen „Abba, Vater" sagen willst. Es ist spät, sehr, sehr spät, diese sechste Stunde, aber es ist nicht zu spät! Es ist nicht zu spät für einige der reichsten Freuden. Du kannst noch mit Jesus speisen. Er kann sich dir noch offenbaren, wie Er sich nicht der Welt offenbart. Du kannst auch noch viel Zeit haben, Ihm zu dienen. Es ist noch nicht zu spät, dich unter Seinen Dienern auszuzeichnen.

Denke an John Newton. Er wurde in der Mitte des Tages berufen. Aber er hat eine Spur im Weinberg zurückgelassen, die nie vergessen werden wird. Ich denke, Paulus war auch nicht viel jünger, als er von der Gnade Gottes berufen wurde, und vielleicht waren die Apostel in einem ähnlichen Alter, als die Gnade Gottes sie fand, und doch verrichteten sie ein herrliches Tagewerk.

Wenn die Gnade dich im mittleren Lebensalter beruft, mein Bruder, so mußt du unausgesetzt arbeiten. Es ist genug, daß du die vergangene Zeit dem Fleische gedient hast! Du mußt die Zeit wieder einholen, denn es ist zu viel verloren gegangen. Ein Mann, der im vierzigsten Jahre bekehrt wird, sollte im Eilmarsch zum Himmel wandern und keine Minute verstreichen lassen. Laß die Maschine mit voller Kraft arbeiten und tue das Doppelte von dem, was ein junger Mann tut. Versuche in der göttlichen Kraft das Zweifache in der Zeit zu tun, da du nur die halbe Zeit für dein Lebenswerk hast. Du möchtest Kronen für Jesus gewinnen, das weiß ich; dann eifrig daran, mein Lieber! Du bist errettet aus Gnaden, allein aus Gnaden. Du hast das Verlangen, Christus zu ehren, weil Er dich so sehr geliebt hat. Kannst du nicht danach streben, Ihn so in dem Rest deiner Zeit zu ehren, wie andere in der ganzen Lebenslänge? Du kannst es durch Eifer, Klugheit, Bescheidenheit und völlige Übergabe tun. Diene dem Herrn treu!

Dann ging der Hausherr aus um die neunte Stunde, d. h.

um drei Uhr nachmittags. Niemand denkt daran, Tagesarbeiter nachmittags um drei Uhr anzunehmen. Es zeigt uns, daß der Ruf zur Arbeit im Evangelium kein gesetzlicher Ruf ist. Es ist alles aus Gnaden, sonst würde niemand daran denken, so etwas zu tun.

Diese Stunde kennzeichnet das Lebensalter vom sechzigsten bis zum siebzigsten Jahre. Der Sommer des Lebens ist dahin. Es ist spät, sehr spät, betrübend spät. Es ist spät, weil alle Kräfte des Menschen geschwächt sind. Sein Gedächtnis hat abgenommen. Er denkt, sein Urteil sei besser denn je, aber wahrscheinlich ist er der einzige, der so denkt. Die meisten Fähigkeiten verlieren ihre Schärfe im Alter. Er hat Erfahrungen gesammelt, aber es gibt keine größeren Narren als alte Narren, und ein Mensch, der nicht von der göttlichen Gnade belehrt wird, lernt sehr wenig Wertvolles in der Schule des Lebens. Sechzigtausend Jahre würden einen Menschen nicht weise machen, wenn die Gnade ihn nicht belehrt! Nun bedenke, ist es nicht zu spät?

Hier ist der Mann! Wenn er jetzt bekehrt wird, was bleibt übrig? Er ist nur noch ein Lichtstumpf, der wohl etwas Licht gibt, aber niedrig im Leuchter brennt. Die ganzen sechzig bis siebzig Jahre sind verbracht. Und wo? Decken wir es zu. Laßt uns rückwärts gehen wie Noahs Söhne, und diese Jahre bedecken und möge die Gnade Gottes sie auch bedecken. Die Tatsache ist erschreckend. Sechzig bis siebzig Jahre im Dienste des Satans verlebt! Wieviel Gutes hätte der Mann tun können, wenn er so seinem Gott gedient hätte, wie er der Welt gedient hat! Er hat sich ein Vermögen erworben, nicht wahr? Wie reich an Glauben hätte er in dieser Zeit werden können! Er hat sich ein Haus gebaut. Aber wie hätte er die Gemeinde bauen können! Der Mann hat mit Kartenhäusern gespielt. Er hat es gemacht wie die Kinder am Strand und hat Häuser aus Sand gebaut, die bald zusammenfallen und zusammenfallen müssen, denn ich höre schon das Rauschen der Todesflut, die jeden Augenblick hereinbrechen kann.

Die ausgefallenen Zähne, das Gliederreißen und dergleichen zeigen, daß hier seines Bleibens nicht ist. Die irdische Hütte ist baufällig und die Warnung wird laut, daß er bald scheiden und sein Haus und sein Vermögen zurücklassen muß, und dann wird es sich zeigen, daß er nichts getan. Er hat Schatten aufgebaut, Lehm zusammengehäuft. Das ist alles, was er getan hat, während er, wenn er an Jesus geglaubt hätte, so viel für Gott und für die Seelen der Menschen hätte tun können. Wie viele üble Gewohnheiten hat er angenommen! Was kannst du mit diesem Mann machen? Wenn er errettet wird, so ist es wie durchs Feuer. Er wird berufen und er soll in den Himmel eingehen, aber wie wenig kann er für den Herrn tun und mit welcher Verderbnis hat er zu ringen, und welche inneren Kämpfe hat er zu bestehen, bis er in den Himmel eingeht! Es ist spät, sehr spät, aber gottlob, es ist nicht zu spät! Wir haben in diesen Mauern Personen gehabt, die den Sommer des Lebens längst hinter sich hatten und doch hereingekommen sind.

Es ist nicht zu spät. Das Tor wird zugemacht, ich höre, wie es in den Angeln knarrt, aber es ist noch nicht zu. Die Sonne geht unter, aber sie ist noch am Horizont, und wenn der Meister dich ruft, so laufe desto schneller, weil es spät ist. Und wenn du errettet bist, so diene Ihm mit aller Macht, weil du so wenig Zeit hast, Ihn hier auf Erden zu verherrlichen, und nur eine kurze Frist, in welcher du deine Gesinnung der tiefsten Dankbarkeit gegen seine unendliche Liebe zeigen kannst.

Der Tag ist fast vorbei, es ist die elfte Stunde gekommen, nachmittags fünf Uhr! Die Leute sehen bereits auf ihre Uhr, ob es nicht bald sechs ist. Sie erwarten, die Uhr schlagen zu hören und hoffen, daß das Tagewerk bald zu Ende ist. Sieh', der Hausherr geht auf den Markt unter die Müßiggänger, welche da noch stehen, und fragt sie: „Was steht ihr hier den ganzen Tag müßig? Geht in meinen Weinberg und ich will euch geben, was recht ist." In der elften Stunde kommen sie hin – halb beschämt, daß sie kommen, wie mir scheint – kaum mögen sie sich vor den anderen sehen lassen, weil sie so spät mit der Arbeit beginnen. Doch sie kommen in den Weinberg und dort sind einige Arbeiter, welche sie über die Reben ansehen und sagen: „Wir freuen uns, euch zu sehen, wenn es auch schon spät ist." Es waren einige dort unter den Arbeitern, das darf ich wohl sagen, wenigstens sind einige solche hier, wenn dies der Weinberg ist, die ihre Arbeit etwas unterbrechen und anfangen zu singen und Gott zu preisen, daß ihre Freunde noch zur elften Stunde gekommen sind. Unter der elften Stunde haben wir das Alter zu verstehen, welches über siebzig Jahre ist, wie hoch hinauf, kann ich nicht sagen.

Es wird wahrheitsgetreu berichtet, daß bei einer Erwekkung in Irland ein Mann von einhundertundvier Jahren bekehrt wurde und noch eine Fußtour machte, um seinen Glauben zu bekennen. In Amerika wurde ein Mann bekehrt durch eine Predigt, welche er einundachtzig Jahre vorher gehört hatte. Er war fünfzehn Jahre alt, als er Flavell am Schluß einer Predigt sagen hörte: „Ich kann den Segen nicht sprechen. Wie kann ich die segnen, die den Herrn Jesus Christus nicht lieben! Wer den Herrn Jesus Christus nicht lieb hat, der sei Anathema, Maran Atha!" Einundachtzig Jahre später kam dieser feierliche Ausspruch in das Gedächtnis des Mannes zurück, als er in Amerika war, und Gott segnete es zu seiner Bekehrung.

Es gibt einige, für welche die zwölfte Stunde die Stunde des Todes gewesen ist. Einige, sage ich; wie viele oder wenige ist nicht meine Sache. Es gibt ein Beispiel in der Schrift, das war der sterbende Schächer. Gott aber kann in Seiner unendlichen Liebe tun, was Er will, zum Preise Seiner herrlichen Gnade, und Er kann seine Erwählten in der elften

Stunde berufen. Es ist sehr, sehr spät, es ist betrübend spät, aber es ist nicht zu spät! Und wenn der Meister dich ruft, dann komme, wenn auch hundert Jahre der Sünde deine Füße schwer gemacht haben und du nur mit Schmerzen vorwärts kommen kannst. Wenn er dich ruft, dann komm! Denn wenn es auch spät ist, so ist es doch nicht zu spät. Hast du schon daran gedacht wie der Schächer für seinen Herrn arbeitete? Es war kein schöner Arbeitsplatz, sterbend am Kreuz zu hängen, gerade in der elften Stunde, aber er verrichtete eine gute Arbeit in den wenigen Minuten. Beachte, was er tat. Zuerst bekannte er Christus. Er erkannte Ihn vor den Menschen als Herrn an. Zweitens verteidigte er Christus: „Dieser hat nichts Übles getan." Jedenfalls wünsche ich, von mir selbst sagen zu können, was ich von dem Schächer sagen kann: er hat getan, was er konnte. Ich kann es von mir nicht sagen und ich fürchte, daß ich es auch von niemandem unter euch sagen kann. Ich weiß nichts, was der Schächer am Kreuz hätte tun können und nicht getan hätte. Sobald er in den Weinberg gerufen wurde, scheint er getan zu haben, was er nur irgend konnte. Und ich möchte dir sagen, lieber Freund, wenn du in der elften Stunde berufen wirst und auch schon sehr alt bist, so tue aus Liebe zu Jesus, der alles für dich getan hat, so viel als du irgend kannst. Gehe hin und preise Ihn mit aller Macht!

Gnade zu jeder Zeit

Meine Zeit ist zu Ende und ich habe euch noch zeigen wollen, daß sich in allen Fällen eine besondere Gnade zeigt. Diejenigen, welche am frühen Morgen berufen werden, haben viel Ursache, die unumschränkte Gnade zu bewundern, denn sie sind vor vielen Sünden und Missetaten bewahrt geblieben. Welche besondere Gnade ist es, die uns berief, als wir jung waren! Darin ist erwählende Liebe: „Als Ephraim jung war, rief ich ihn, meinen Sohn, aus Ägypten.“ Einige von uns werden in Zeit und Ewigkeit der Liebe, welche uns in den Tagen der jugendlichen Einfalt rief und uns in die Gottesfamilie aufnahm, ein besonderes Danklied singen. Es geschah nicht, weil wir besser veranlagte Menschen waren als andere, oder weil von Natur etwas Gutes in uns war. Nein, wir waren ebenso eigenwillig, gleichgültig, stolz und ungehorsam, wie andere Menschen sind. Und doch trennte uns die Barmherzigkeit von den übrigen, und wir werden nie aufhören, Ihn zu preisen.

Blicke auf die Gnade, die den Menschen im Alter von zwanzig Jahren beruft, wenn die Leidenschaften heiß und die Versuchungen stark sind, wenn der Mensch sich leicht in die Laster und die sogenannten Vergnügungen des Lebens stürzt. Es ist mächtige Gnade, wofür Gott unseren lieblichen Gesang haben soll, wenn Er uns von dem Zauber der Sünde befreit hat, als die Welt noch ihr bestes Gewand trug, und daß Er uns gelehrt hat, die Schmach Christi für größeren Reichtum zu halten als alle Schätze Ägyptens.

Vom Herrn in der besten Zeit des Lebens mit vierzig Jahren berufen zu werden, ist ein wunderbares Beispiel der göttlichen Macht, denn die Weltlichkeit ist schwer zu überwinden, und die Weltlichkeit ist eine Sünde dieses Alters. Von einer Familie umgeben, mit Arbeit überhäuft und von der Welt erfüllt ist es ein Wunder, wenn Gottes Gnade dich besucht und einen neuen Menschen aus dir macht. Du bist ein Wunder der Gnade und du wirst dieses fühlen und Gott dafür preisen in Zeit und Ewigkeit.

Und nun sechzig Jahre. „Kann auch ein Mohr seine Haut wandeln oder ein Pardel seine Flecken?“ Und doch hast du es gelernt. Du hast einen göttlichen Lehrer gehabt und du hast gelernt, Gutes zu tun. Obwohl dein Schiff anfing zu faulen im

Wasser des schwarzen Meeres der Sünde, so hast du doch nun einen Eigentümer bekommen und eine andere Flagge gehißt und segelst nun um das Vorgebirge der guten Hoffnung nach den Inseln des Segens im Lande Jenseits.

Aber was soll ich von euch sagen, die ihr im Alter berufen werdet? Oh, ihr werdet viel lieben, weil euch viel vergeben ist. Ich weiß nicht, ob ihr in Dankbarkeit einen Schritt hinter denen unter uns, die in ihrer Jugend berufen wurden, zurück bleibt. Wir haben Gott viel zu danken und ihr auch. Wir für das Extrem und ihr für das andere. Wir werden viel lieben, denn wir sind vor vielen Sünden bewahrt geblieben, und ihr werdet viel lieben, weil ihr von vielen Sünden erlöst seid. Nicht durch das Feuer zu müssen, ist ein Anlaß zum Danken, aber durch das Feuer zu gehen und nicht zu verbrennen, in die Glut zu gehen und von ihrer Heftigkeit erlöst zu werden, – oh, wie werdet ihr Worte finden, eure Dankbarkeit auszusprechen! Früh oder spät, am Mittag oder am Nachmittag berufen, da wir alle durch die Gnade berufen wurden, laßt uns alles dem Herrn Jesus zuschreiben. Bewegt von dem mächtigen Zug Seiner Liebe, laßt uns arbeiten mit Leib, Seele und Geist; arbeiten für Ihn, bis wir nicht mehr können, und Ihn dann preisen in der Ruhe der Herrlichkeit!

Ich bitte euch, Brüder, laßt euch nicht von der Trägheit überrumpeln. Habt ihr schon versucht das Reich des Erlösers auszubreiten, so tut es jetzt noch mehr. Gebt mehr, sprecht mehr von Jesus, betet mehr, arbeitet mehr! Ich erhalte oft den freundlichen Rat: „Tun Sie weniger!“. Ich kann nicht weniger tun. Besser zu verfaulen, als ein ehrloses Leben zu führen und weniger als das Äußerste für Gott zu tun. Es wird sich wohl keiner von uns dadurch töten, daß er zu viel für Jesus tut.

Arbeitet und wirkt für den Herrn! Gebt dem Fleisch keinen Raum, seine Lüste zu erfüllen! Und oh, wie glücklich werden wir sein, wenn wir gewürdigt werden, das Werk zu beenden und Ihn sagen hören: „Wohl, du guter und treuer Knecht." Der Herr segne euch um Jesu willen. Amen!

DIE BEIDEN BAUMEISTER UND IHR BAU

„Jeder nun, der irgend diese meine Worte hört und sie tut, den werde ich einem klugen Manne vergleichen, der sein Haus auf den Felsen baute; und der Platzregen fiel hernieder, und die Ströme kamen, und die Winde wehten und stürmten wider jenes Haus; und es fiel nicht, denn es war auf den Felsen gegründet. Und jeder, der diese meine Worte hört und sie nicht tut, der wird einem törichten Manne verglichen werden, der sein Haus auf den Sand baute; und der Platzregen fiel hernieder, und die Ströme kamen, und die Winde wehten und stießen an jenes Haus; und es fiel, und sein Fall war groß.“
(Matth. 7, 24-27)

Das sind die Schlußworte der herrlichen Bergpredigt unseres Herrn. Einige Prediger wenden allen Fleiß daran, mit einer besonders schönen Redewendung, mit einem rednerischen Feuerwerk zu schließen. Hier sind die Schlußworte des Heilands, und doch sind sie so einfach wie die ganze Rede. Es fehlt alle Redekunst. Die ganze Bergpredigt ist sehr ernst, und dieser Ernst wird bis zum Ende beibehalten, so daß die Schlußworte wie glühende Kohlen sind oder wie scharfe Pfeile für den Bogen.

Unser Herr schließt nicht damit, daß Er Seine Beredsamkeit zeigt, sondern indem Er einfach und liebevoll eine Warnung an diejenigen richtet, die Sein Wort gehört haben und sich mit dem Hören zufrieden geben und nicht bereit sind, das Gehörte in die Tat umzusetzen.

Die beiden Baumeister

Wir wollen uns nun mit dem Gleichnis des Herrn beschäftigen, und ich bitte euch, zuerst auf die beiden Baumeister zu achten.

Der weise und der törichte Mann hatten die gleichen Absichten, und in gewisser Beziehung führten beide dasselbe Vorhaben aus. Beide bauten ein Haus und beide vollendeten ihren Bau. Sie waren beide von der Notwendigkeit, ein Haus zu bauen, um einen Schutz vor dem Regen zu haben, überzeugt. Sie hatten beide den gleichen Wunsch, vor der Flut geschützt und vor dem Winde beschirmt zu werden. Der Vorteil, ein Haus zur Wohnung zu haben, war beiden klar.

Auch in dieser Zeit haben wir zahlreiche Menschen in der Versammlung, welche die feste Überzeugung haben, daß sie eines Heilandes bedürfen. Es freut mich zu sehen, daß es sich unter meinen Zuhörern bewegt und ich hoffe, daß es eine Bewegung des Geistes Gottes ist. Viele spüren deutlich, daß sie eine Zuflucht vor dem zukünftigen Zorn nötig haben. Ihr gebt jetzt zu, daß ihr Vergebung der Sünden haben und daß ihr gerechtfertigt, wiedergeboren und geheiligt werden müßt, und eure Gebete sind inbrünstig. Darüber bin ich sehr dankbar, aber auch sehr besorgt.

Viele unter euch haben den Wunsch, Baumeister zu sein, und obwohl einige von euch weise und andere töricht sind, so können wir euch nicht unterscheiden, denn ihr scheint gleich überzeugt zu sein, daß ihr das ewige Leben und eine Hoffnung der zukünftigen Welt bedürft. Auch hier endet die Ähnlichkeit noch nicht, denn beide Baumeister waren gleich entschlossen, zu erlangen, was sie nötig hatten: ein Haus. Ihr Entschluß zeigte sich nicht nur in Worten, sondern in Taten, denn sie begannen beide entschlossen zu bauen.

Ebenso sind in dieser Stunde einige unter uns, die entschlossen sind, wenn Jesus zu haben ist, Ihn zu haben, und wenn es eine Erlösung gibt, sie zu finden. Sie sind sehr ernst, äußerst ernst, und obwohl es einigen fehlschlagen wird und einige Erfolg haben werden, so sind sie bis zu diesem Punkte gleich, und nur Er, der die Herzen prüft, kann den großen Unterschied sehen.

Ich blicke mit Sorge auf die beiden Pilger, die mit Eifer ihr Auge auf Zion gerichtet haben, und ich seufze, wenn ich daran denke, wer von ihnen die himmlische Heimat finden, und wer sich mit Formalismus und Heuchelei verbinden und auf den dunklen Bergen umkommen wird. Wir freuen uns, von sehnsüchtigen Herzen und entschiedenen Entschlüssen zu hören, aber ach, es ist nicht alles Weizen, was auf dem Acker wächst und nicht alles Gold, was glänzt. Die äußere Erscheinung ist oft sehr hoffnungsvoll, aber oft auch trügerisch. Es kann eine tiefe Erkenntnis der Not und ein entschiedener Entschluß vorhanden sein, und doch können von zwei Suchenden der eine finden und der andere nicht, der eine weise, der andere töricht sein.

Diese beiden Baumeister scheinen auch gleich geschickt in der Baukunst gewesen zu sein. Beide konnten ohne weitere Belehrung ein Haus bauen. Offensichtlich waren sie beide geschickte Baumeister, die ihre Kunst wohl verstanden.

So ist es mit vielen hier. Sie kennen den Plan der Erlösung so gut wie ich. Doch wo die Erkenntnis gleich ist, kann das Ergebnis schließlich doch verschieden sein. Zwei Menschen können in der Schrift gleich unterwiesen sein, doch kann der eine weise, der andere töricht sein. Die Erkenntnis, was der Glaube, was die Reue, was eine gute Hoffnung ist, mögt ihr haben, und doch ist es möglich, daß diese Erkenntnis nur euer Elend vergrößert. Wenn ihr solches wisset, selig seid ihr, wenn ihr es tut. Es ist nicht der Hörer, sondern der Täter des Wortes, der gesegnet wird. Das Wissen bläht auf, die Liebe erbaut.

Meine lieben Freunde, ich habe den ernsten Wunsch, daß diejenigen unter euch, die das ewige Leben in Christo zu finden suchen, sich mit nichts anderem zufrieden geben, als mit einem wahren, tiefen, wirklichen Gnadenwerk in ihren Herzen, denn nicht die Klarheit der Erkenntnis, kein natürlicher Ernst in der Absicht, noch ein eifriger Wunsch kann euch retten. Ohne Anteil an Christus seid ihr ewig verloren. „Ihr müßt von neuem geboren werden", ihr müßt in eine lebendige Vereinigung mit dem lebendigen Heiland kommen, oder euer hoffnungsvoller Zustand wird im Verderben enden.

Noch eins, diese beiden Baumeister vollendeten ihren Bau. Der törichte Mann begann nicht zu bauen und gab sein Werk dann wieder auf, weil er nicht imstande war, es zu vollenden. Nein, sein Haus wurde so vollständig fertig wie das des anderen, und wurde vielleicht ebenso gut möbliert. Wenn ihr die beiden Gebäude angesehen hättet, so würden sie wahrscheinlich vom Grund bis zum Dach gleich stabil ausgesehen haben, und doch bestand ein großer Unterschied zwischen ihnen. Ach, ebenso suchen viele die Erlösung, bis sie sich einbilden, daß sie sie gefunden haben. Sie verharren jahrelang in dem vollen Glauben, daß sie errettet sind. Sie sagen: „Friede, Friede!" und zählen sich zu den Gesegneten, und doch erliegen sie einem Irrtum. Ihre Hoffnung ist eitel und ihr Lebenswerk wird sich als mißlungen erweisen.

Die Häuser der beiden Männer gleichen sich sehr, aber in Wirklichkeit sind sie so verschieden wie der Nordpol vom Südpol, sowohl in ihrem Werk wie in ihrem Charakter. Der eine Baumeister ist töricht, der andere weise; der eine oberflächlich, der andere nachdenklich; der eine anmaßend, der andere aufrichtig. Das Werk des einen Mannes war dort ein ehrliches Werk, wo die Augen der Menschen es nicht beurteilen konnten; das Werk des anderen war nur oberhalb des

Fundamentes gut; aber es bestand keine Festigkeit in den verborgenen Teilen. Daher konnte der erste Baumeister sich freuen, als sein Haus den Sturm aushielt, der andere wurde mit seinem Hause gänzlich in das Verderben geweht.

Die beiden Häuser

So viel von den Baumeistern; jetzt wollen wir über ihre beiden Häuser nachdenken. Ein Hauptunterschied zwischen diesen Bauwerken war wahrscheinlich dieser, daß der eine sein Haus viel schneller baute als der andere.

Der weise Mann hatte lange Zeit mit der Grundlegung zu tun. Lukas erzählt, daß er sehr tief grub und den Grund auf einen Felsen legte. Das Behauen des Felsens, das Eindringen in den harten Granit muß Tage und Wochen in Anspruch genommen haben. Der törichte Mann hatte damit wenig Last; er konnte sofort mit dem Mauern beginnen. Aber „Eile mit Weile“ ist ein gutes Sprichwort, und es gibt einige Menschen, die zu eilfertig sind.

Oberflächliche Bekenner sind oft sehr rasch in ihrem angeblich geistlichen Wachstum. Gestern waren sie noch unbekehrt, heute werden sie gläubig, morgen beginnen sie zu lehren und am Tage darauf scheinen sie vollkommen zu sein. Sie schießen auf in einer Nacht und vergehen auch oft wie Jonas Kürbis wieder in einer Nacht.

Ich möchte nun keine plötzliche Bekehrung in Frage stellen. Nehmt z. B. die Bekehrung des Apostel Paulus. Aber doch sind unter denen, welche bekennen plötzlich bekehrt worden zu sein, eine ziemliche Anzahl, die zu dieser Beschreibung passen, denn sie bauen sehr schnell, viel zu schnell, um das Mauerwerk richtig und dauerhaft herzustellen. Es mag sein, daß mancher bitter klagt und jammert, daß er so wenig Fortschritte in der Gnade macht. „Ich habe monatelang Gott im Gebet gesucht“, sagt jemand, „ich bin schon wochenlang gedemütigt und gebrochen unter dem Gefühl der Sünde und hatte nur dann und wann einen Strahl der Hoffnung, wenn ich imstande war, mein Auge auf den gekreuzigten Heiland zu richten. Ich habe bis jetzt wenig Trost und viele Zweifel. Ich möchte gern das volle Licht der Liebe in meinem Herzen haben, aber die Strahlen dringen nur langsam durch." Gut, mein Freund, du baust langsam, aber wenn der Bau sicher ist, wirst du das tiefe Graben nie zu bereuen haben. Du wirst wenig Grund zur Traurigkeit haben, daß es bei dir länger dauerte, als bei deinem eiligen Freunde, wenn dein Friede ewig währt, während seine Hoffnung im Wolkenland liegt und vom Wind fortgetrieben wird.

Von diesen beiden Häusern wurde das eine ohne Zweifel mit viel weniger Mühe gebaut als das andere. Oft mußte der weise Mann eine kleine Pause machen, um den Schweiß von der Stirn zu wischen; oft legte er sich abends ermattet zur Ruhe, und doch war an der Oberfläche noch kein Stein zu sehen.

Sein Nachbar gegenüber hatte vielleicht seine Mauern schon hochgezogen und den Giebel errichtet und war fast dabei, sein Haus zu decken, als der weise Mann sein Gebäude kaum einen Meter hoch aufgebaut hatte.

„Ach", sagte der, welcher auf den Sand gebaut hatte, „deine viele Arbeit ist nicht nötig. Sieh', wie schnell meine Mauern in die Höhe gekommen sind, und doch plage ich mich nicht so wie du. Ich nehme es leichter und verletze weder mich selbst, noch den Felsen, und sieh', wie schnell mein Haus in die Höhe wächst und wie nett es aussieht! Deine altmodische Weise ist albern. Du gräbst und hämmerst in der Tiefe, als wenn du den Mittelpunkt der Erde suchen wolltest. Warum gebrauchst du nicht deinen gesunden Menschenverstand und gehst daran, wie ich es tue. Weg mit deinem Seufzen und Jammern. Mache es wie ich und freue dich sogleich. Deine Angst wird dich töten."

Auf diese Weise werden wirklich erweckte Seelen von denen verachtet, die es sich leicht machen. Jemand springt in den Frieden und rühmt sich als sicher. Ob sein Vertrauen gegründet ist, für diese Frage nimmt er sich keine Zeit. Das Gut ist schön, warum sich Sorgen machen wegen der Besitzrechte? Das Fest ist reich, warum auf das hochzeitliche Kleid warten? Wenn irgend ein Zweifel entsteht, so schreibt es der fleischlich sichere Mensch dem Teufel zu und legt ihn an die Seite, obwohl es sein eigenes Gewissen und die warnende Stimme Gottes ist, welche ihm befiehlt, auf der Hut zu sein und sich nicht zu täuschen. Das Gebet zum Herrn, Herz und Nieren zu prüfen, kommt nie aufrichtig aus seinem Herzen. Ein solcher Mensch liebt die Selbstprüfung nicht und kann es nicht ertragen, wenn ihm gesagt wird, daß echte Früchte der Buße da sein müssen. Er nimmt die Sache sehr leicht, kommt zu schnellen Entschlüssen und schließt sein Auge vor unangenehmen Tatsachen. Er träumt, daß er reich und satt ist und nichts bedarf, während er elend, jämmerlich, arm, blind und bloß ist. Ach, was wird das für ein Erwachen sein!

Sein ernsterer Mitgenosse, der zur selben Zeit erweckt wurde, ist viel schüchterner und traut sich selbst weniger. Wenn er betet, seufzt sein Herz vor Gott, und doch fürchtet er, daß er nicht recht betet und steht nie selbstzufrieden von seinen Knien auf. „Vielleicht", sagt er, „ist es gar nicht der Glaube der Erwählten Gottes." Er prüft sich selbst, ob er im Glauben steht. Er zittert davor, den Schein eines gottseligen Wesens zu haben, aber seine Kraft zu verleugnen. Er fürchtet sich vor Schein und Täuschung und wünscht Gold zu kaufen, das im Feuer bewährt ist. „Bin ich gewiß", sagt er, „daß meine Reue wirklich ein Haß der Sünde als Sünde ist, oder habe ich Tränen vergossen unter der Aufregung einer Erwekkungs-Versammlung? Bin ich sicher, daß meine Natur durch das Werk des Heiligen Geistes erneuert ist, oder ist es nur eine äußere Verbesserung?"

Ihr seht, daß dieser zweite Mensch viel Seelenarbeit hat. Er arbeitet, in die Ruhe einzugehen und nicht durch irgend etwas daran gehindert zu werden. Er hat sehr zu streben, hat viele Sorgen und prüft sich selbst, weil er aufrichtig ist und sich vor einer Selbsttäuschung fürchtet.

Sei dankbar, lieber Zuhörer, wenn du zu dieser zweiten Gruppe gehörst, denn diese sind die wahren Kinder Gottes und Erben des ewigen Lebens. Dein Haus kostet dich mehr, aber es wird die Kosten wert sein. Hüte dich davor, die Schafskleider zu tragen, aber nicht die Schafsnatur zu haben. Hüte dich, „Herr, Herr" zu sagen, während du ein Knecht der Sünde bist. Hüte dich, eine eingebildete Religion zu haben, indem du deine Erfahrungen aus Lebensbeschreibungen borgst und Gottseligkeit aus zweiter Hand von deinem Vater oder deiner Mutter, von deinen Freunden oder Bekannten nimmst. Welche Herzensnot und welche Angst es auch kosten mag, siehe darauf, daß du wahren Grund erreichst und das Haus so gebaut wird, daß es den Prüfungen, die es unbedingt treffen werden, standhält.

Ich denke, daß im Laufe der Zeit, obwohl der törichte Mensch mit weniger Kosten und viel größerer Schnelligkeit baute, seine Mauern sehr unangenehmer Verbesserungen bedurften, denn Mauern, die kein Fundament haben, sondern auf den Sand gebaut sind, pflegen dann und wann gräßliche Risse zu zeigen. Die Steine weichen hier und das Holzwerk dort aus, und viel Zement ist zum Ausbessern nötig. Welche Arbeit, diese Risse zu verschmieren und das verdorbene Machwerk zu reparieren, damit es wie eine anständige Mauer aussieht! Wenn eine Stelle ausgebessert ist, zeigt sich in der nächsten Mauer eine andere, denn bei einem solchen Grund ist es schwer, den Bau gut zusammenzuhalten, und es wundert mich nicht, wenn es im Laufe der Zeit den törichten Menschen mehr Arbeit kostet, sein elendes Gebäude zusammenzuhalten, als dem weisen Menschen, der zuerst so schwer am Fundament arbeitete.

Merkt wohl, ein formaler Glaube und Heuchelei sind ein sehr schweres Werk. Der Mann hat hart zu kämpfen, um seinen Ruf zu bewahren, indem er ihn mit Lügen stützt und mit frischen Vorwänden polstert. Zuweilen empört sich der unerneuerte Wille heftig und er hat sich zu stellen, als widerstehe er dem Mißgeschick. Fordert eine unbesiegte Lust ihre Befriedigung, so hat er die Sünde zu verbergen mit einem Betrug. Das Gebet wird lästig, und er hat ein elendes Puppenspiel zu treiben. Zugleich ist sein äußeres Leben stets an der Grenze des Gleitens, und er fürchtet Entdeckung. In der einen oder anderen Weise fürchtet er sich wie ein Dieb, daß die Polizei ihn doch endlich findet. Bei jedem Windstoß droht seine Wohnung ihm über dem Kopf zusammenzustürzen. Fast wünscht er, daß er sich die Mühe gegeben hätte, bis auf den Felsen zu graben, aber mit verzweifeltem Entschluß stößt er die Stimme der Vorsicht von sich und will keine von ihren Mahnungen hören.

O liebe Zuhörer, seid versichert, daß die Wahrheit zuletzt doch das Billigste und Leichteste ist. Deine Vergoldung, deine Tünche, deine Malerei der Heuchelei reibt sich bald ab, während die Wirklichkeit keine Kosten der Verschönerung macht. Selbst als eine Sache des Nachdenkens für dieses Leben ist es schwerer, die Vorwände aufrecht zu halten, als die Wahrheit festzuhalten und in Letzterem hast du Gott auf deiner Seite, während Er alles Unwahre verabscheut. Ich bitte euch, seht darauf, daß ihr eure Mauern nicht mit unzubereitetem Mörtel aufbaut, damit sie nicht mit einem Krach niederstürzen, wenn ihr ihren Schutz am meisten benötigt.

Je höher der törichte Mann baute, um so schwerere Arbeit hatte er, den Bau aufrecht zu erhalten, denn jede Steinschicht, die er legte, vergrößerte das Gewicht und verdrängte den Sand. Je näher der Baumeister dem Himmel kam, je mehr neigten sich die Mauern zum Fall. Ein Mensch, der sich nur zum Ziel setzt, für einen achtungswerten Mann gehalten zu werden, wird es nicht schwer haben, eine niedrige Mauer auch ohne Fundament aufrecht zu halten. Ein anderer schließt sich einer weltlichen Gemeinde an – einer Gemeinde, die keinen Anspruch auf Reinheit erhebt – und kann auch leicht Erfolg haben. Wenn er sich aber einer Gemeinde anschließt, welche sorgfältig die Reinheit ihrer Glieder zu erhalten sucht, so wird es ihn viel Arbeit kosten, so zu leben, wie es von ihm gefordert wird.

Geht noch weiter und nehmt an, er werde Diakon oder Ältester und hat keine Gnadenerfahrung, so wird ihm sein höheres Ziel auch viel mehr kosten, denn es blicken mehr Augen auf ihn und es wird mehr von ihm verlangt. Nun betet er öffentlich, spricht ein Wort der Belehrung an die Suchenden. Wie wird der arme Mensch fortwährend aus seinem eigenen Mund verdammt, wenn er so in die Enge getrieben wird. „Ach“, sagt er in seinem Herzen, „ich verstehe nichts von diesen Dingen in meiner Seele, und doch habe ich zu sprechen und zu handeln, als sei ich von Gott belehrt.“ Wenn er Prediger wird, ist er in einer noch schwierigeren Lage. Welch schwere Arbeit muß es sein, das Gesicht zu wahren! Wenn der Turm sich fortwährend höher erhebt auf einem so schwachen Grund, wird er schief werden wie der Turm in Pisa, aber ungleich diesem eigentümlichen Bauwerk wird er fortwährend drohen, mit einem Krach niederzustürzen. Mit der Zeit fällt ein solcher Plunder völlig in sich zusammen, und seine Erhöhung hilft nur, das Unglück zu beeilen.

Meine lieben Zuhörer, je höher ihr euer geistliches Ziel steckt und je mehr ihr nach Nützlichkeit strebt, um so schlimmer für euch, wenn ihr nicht ein gutes Fundament in wahrer Aufrichtigkeit und wirklichen Glauben habt.

Der Hauptunterschied jedoch zwischen den beiden Häusern lag nicht in diesem Einstürzen und den Ausbesserungen, auch nicht im Preis und in der Schnelligkeit des Bauens, sondern er lag außer Sichtweite, im Fundament. Wie viele Menschen gibt es, die denken, wenn eine Sache außer Sicht ist, dann ist sie auch außer Beachtung. Wer kommt darauf, zu graben und das Fundament zu untersuchen? „Ich halte es nicht für nötig“, sagt jemand, „es so genau zu nehmen. Ich glaube nicht, daß man so eigen sein muß. Was niemand sieht, kann nicht ins Gewicht fallen.“

„Bezahle ehrlich, besuche den Gottesdienst, gehe zum Abendmahl, sei barmherzig und verrichte dein Gebet, und um weiteres kümmere dich nicht“, das ist die allgemeine Meinung. „Was nützt es, über das Herz zu trauern? Das ist überschwenglicher Unsinn. Was kann es helfen?“ Damit tröstete sich der törichte Baumeister und hielt den anderen für ein armes, elendes Geschöpf, welches übergenau und trübsinnig sei. Die äußere Erscheinung ist bei den Menschen alles, bei Gott aber nichts.

Der wesentliche Unterschied zwischen dem wahren Kind Gottes und einem Namens-Christen ist nicht so leicht zu entdecken, selbst nicht von einem geistlichen Menschen, aber der Herr sieht ihn. Es ist ein verborgenes, geheimnisvolles Etwas, welches der Herr sieht, denn Er kennt die Seinen. Er trennt das Echte vom Falschen. Er beseitigt die Namens-Christen wie Schlacken, aber Er läßt kein aufrichtiges Herz das Ziel verfehlen.

Lieber Zuhörer, wenn du auf den Felsen bauen willst, so sieh darauf, daß du eine wahre Erkenntnis der Sünde hast. Ich sage nicht, daß die Erkenntnis der Sünde eine Vorbereitung für Christus ist und daß wir die Menschen vom Evangelium zurückweisen müssen, bis sie ihre Sünden fühlen. Aber ich denke, wo ein wahrer Glaube an Jesum ist, ist er mit einer tiefen Abscheu gegen die Sünde verbunden. Der Glaube ohne Zerknirschung ist ein toter und wertloser Glaube. Wenn ich mit Bekennern zusammenkomme, die leicht von der Sünde reden, so schätze ich, daß sie ohne Fundament gebaut haben. Wenn sie je das verwundende und richtende Schwert des Geistes recht gefühlt hätten, so würden sie vor der Sünde fliehen, wie vor einem Löwen oder Bären. Sünder, die wirklich Vergebung empfangen haben, fürchten die Sünde wie ein gebranntes Kind das Feuer. Oberflächliche Reue führt immer zu sorglosem Leben. Der Glaube, der nie von der Reue betaut worden ist, bringt nie die Früchte der Heiligkeit hervor. Bitte ernstlich um ein zerbrochenes Herz. Bedenke, daß es der zerknirschte Geist ist, welcher Gott gefällt. Glaube nicht, daß du Grund zur Freude hast, wenn nie Ursache zur Trauer war. Der verheißene Trost gilt nur den Leidtragenden.

Als nächstes suche wahrhaften Glauben. Manches, was die Menschen Glauben nennen, ist nicht der köstliche Glaube der Auserwählten Gottes. Das aufrichtige Vertrauen auf Jesus Christus wird in verschiedener Weise verfälscht und wird oft so genau nachgemacht, daß man nur durch strenge Selbstprüfung den Betrug entdecken kann. Du mußt auf Christus, dem Felsen, stehen; du mußt dich ganz auf Ihn verlassen; deine ganze Hoffnung und dein ganzes Vertrauen muß auf Ihn gerichtet sein. Wenn du von Herzen glaubst und nicht nur dem Namen nach, dann bist du errettet, aber sonst nicht. Du mußt wahre Reue und wirklichen Glauben haben, oder du bist ein törichter Baumeister.

Suche dann auch eine innere Erfahrung der göttlichen Wahrheit. Bitte Gott, daß sie dir ins Herz eingebrannt werde. Woher kommt es, daß die Menschen die Lehre der Gnade aufgeben, wenn sie mit beredten Verteidigern des „freien Willens“ zusammenkommen? Warum verleugnen sie das rechte Bekenntnis, wenn sie mit gewandten Vernunftlern zusammentreffen, die diesem widersprechen? Weil sie das Wort nie in der Kraft des Heiligen Geistes erfaßt haben, so daß es in ihrem Leben wirksam werden konnte. Ich fürchte, daß viele nicht in der Wahrheit gegründet sind. Ich bitte den

Herrn für euch, meine liebe Herde, daß ihr die Wahrheit recht erkennt, denn dann werdet ihr nicht auf Abwege geleitet werden. Diebe und Räuber werden kommen, aber als Christi Schafe werdet ihr nicht auf sie hören. Es ist etwas anderes, ein Glaubensbekenntnis zu sprechen, als die Wahrheit auf die Tafeln des Herzens geschrieben zu haben. Manche kommen hier zu kurz, weil sie die Wahrheit nie durch die Erfahrung zu ihrem Eigentum gemacht haben.

Bittet auch, daß euer Glaube persönliche Heiligung wirkt. Halte dich nicht errettet von der Sünde, wenn du in der Sünde lebst. Wenn du Vergnügen in den Lüsten des Fleisches finden kannst, mußt du dich ernstlich fragen, ob du ein Kind Gottes bist. Wenn du dich der Trunksucht ergibst, und merkt euch, viele Bekenner tun es – aber sie trinken zu Hause und werden nicht auf der Straße gesehen – wie kann die Gnade Gottes in dir wohnen? Wenn du dich an leichtfertigen Liedern ergötzt und dich oft nach den Vergnügungsorten der Welt begibst, so brauchst du dich nicht lange zu wiegen, denn du bist zu leicht. Wenn du erneuert wärest, so würdest du solche Sachen nicht mehr lieben. Es muß dir eine neugeborene Natur eingepflanzt werden, und wenn sich diese nicht in Heiligkeit des Lebens zeigt, so magst du noch so hoch bauen und so laut über dein Gebäude schwatzen wie du willst, es ist doch nur eine armselige, elende Hütte und wird im letzten Orkan zusammenstürzen.

Mangel an Tiefe, Mangel an Aufrichtigkeit, Mangel an Wirklichkeit im Glauben sind die Schäden unserer Zeit. Mangel im Aufblicken zu Gott, Mangel an aufrichtigem Handeln mit der eigenen Seele, Vernachlässigung der Selbstprüfung, Nichtbeachtung der Warnungen Gottes in Seinem Worte vor Sünde und Sorglosigkeit in betreff des Lebens in Christus, viel Lesen und Sprechen über Ihn, aber wenig Essen Seines Wortes, das sind die Ursachen eines wankenden Bekenntnisses und grundloser Hoffnungen.

So habe ich versucht, das Gleichnis zu erschließen, und ich habe nicht beabsichtigt, irgend eine aufrichtige Seele zu entmutigen, sondern mein Ziel ist gewesen, euch zu sagen: Machet eure Berufung und eure Erwählung fest. Baut auf Christi Liebe, erschließt eure Herzen dem Werk des Heiligen Geistes und betrügt euch nicht!

Die Prüfung

Ob dein Glaube echt ist oder nicht, er wird geprüft werden; ob er Spreu oder Weizen ist, die Worfschaufel des großen Reinigers wird bald in Bewegung kommen. Wenn du mit Gott zu tun hast, so hast du es mit einem „verzehrenden Feuer" zu tun. Ob du ein wahrer oder ein Namens-Christ bist, wenn du Christus nahe kommst, wird Er dich prüfen, wie das Silber geprüft wird. Das Gericht muß beginnen am Hause Gottes, und wenn du es wagst, ins Haus Gottes zu kommen, so wird das Gericht bei dir anfangen. Nebenbei will ich bemerken, wenn es solche Prüfungen für die gibt, die Christen zu sein bekennen, was wird aus euch werden, die ihr kein Bekenntnis habt? „Und wenn der Gerechte mit Not errettet wird, wo will der Gottlose und Sünder erscheinen? Wenn aber zuerst bei uns das Gericht anfängt, was wird das Ende derer sein, die dem Evangelium Gottes nicht gehorchen?" Schrecklicher Gedanke!

Prüfungen werden das Bekenntnis treffen, ob es echt oder falsch ist. Wenn ich es richtig verstehe, so deutet die Erwähnung des Regens, des Wassers und des Windes auf wenigstens drei Arten von Prüfungen hin.

Der Regen bezeichnet Anfechtungen vom Himmel. Gott wird euch Widersacher wie Regenschauer schicken, Trübsale wie Regengüsse. Du wirst wie andere Leute krank werden, und wenn nicht, so wirst du Sorge und Kummer in deinem Hause haben. Kinder und Freunde werden sterben oder

Besitz verlorengehen. Du mußt Prüfungen von Gottes Hand haben, und wenn du dich nicht auf Christus verläßt, wirst du nicht imstande sein, sie zu ertragen. Wenn du nicht im wahren Glauben eins mit Jesus bist, wird selbst Gottes Regen zuviel für dich sein. Aber es werden auch Prüfungen von der Erde kommen.

In früheren Zeiten waren die Fluten der Verfolgung heftiger als jetzt, aber die Verfolgung wird noch gefühlt, und wenn du ein Bekenner bist, so wirst du auch einen Teil davon bekommen. Grausamer Spott wird noch gegen das Volk Gottes eingesetzt. Die Welt liebt die Gemeinde heute um nichts mehr als in alten Zeiten. Kannst du Verleumdungen und Vorwürfe um Jesu willen ertragen? Du kannst es nicht, wenn du nicht fest gewurzelt und gegründet bist. In den Tagen der Versuchung und Verfolgung werden die wurzellosen Pflanzen verwelken.

Dann werden auch geheimnisvolle Prüfungen kommen, die durch den Wind angedeutet werden. Der mächtige Fürst der Luft wird dich mit lästerlichen Einflüsterungen, schrecklichen Versuchungen oder Anspielungen angreifen. Er weiß, wie er Wolken der Verzagtheit über den menschlichen Geist führen kann. Er kann die vier Seiten des Hauses auf einmal durch seine geheimnisvollen Mächte angreifen. Er kann uns auf verschiedene Weise zu derselben Zeit versuchen und uns dahin treiben, daß es mit unserer Weisheit am Ende ist. Wehe dir, wenn du dann keinen besseren Halt hast als den losen Sand des Bekenntnisses!

Wo ein gutes Fundament ist, werden die Prüfungen keinen Schaden anrichten, aber wo kein guter Grund ist, werden sie das Bekenntnis eines Menschen schon in diesem Leben vernichten. Wie viele verlieren ihren Glauben schon gleich am Anfang! „Gefügig“ und „Christ“ reisten beide nach der himmlischen Stadt, beide erwarteten die goldene Krone, aber sie fielen in den Sumpf der Verzagtheit, und als dann der eine sich nach der Seite seines Hauses herausarbeitete und wieder zurück ging in die Stadt Verderben, während der andere mannhaft das andere Ufer zu erreichen suchte, zeigte sich der Unterschied zwischen dem weisen und dem törichten Pilger.

Nachdem die Christen weiter fortgeschritten sind, werden sie in anderer Weise geprüft. Der Unglaube versucht die Christen oft, ich meine das Bezweifeln der wesentlichen Wahrheiten des Glaubens und alle seine Lehren, und diejenigen, welche nicht fest mit dem Felsen verbunden sind, werden leicht zum Unglauben verführt. Unser Zeitalter ist das Zeitalter des Unglaubens, aber diejenigen, welche sich auf den Felsen gründen, werden nicht bewegt werden.

Einem Neger wurde einmal von einem Freund erzählt, daß jemand gesagt habe, die Bibel sei nicht wahr. Nun, unser Freund hatte nie daran gedacht, daß jemand die Bibel anzweifeln könnte, aber seine einfache Weise, diese neue Schwierigkeit zu überwinden, war folgende: „Das Buch soll nicht wahr sein? Wie kann das eine Lüge sein, was mein Herz glücklich macht? Ich habe es in mein Haus genommen, lese es auch und es macht mein Herz froh. Ich war ein Trunkenbold, ein Dieb und ein Lügner, und dieses Buch sprach zu mir und machte aus mir einen neuen Menschen. Nein, das Buch ist keine Lüge.“ Das war der beste Beweis in der Welt, wenigstens für den Mann selbst, wenn nicht für andere. Wir haben in dem Wort gelesen und seine Wahrheit haben wir durch Erfahrung erprobt und sind daher unverwundbar gegen alle Angriffe, während diejenigen, welche solche Erfahrungen nicht gemacht haben, wankend werden.

Wo das Herz wirklich in der Wahrheit fest gegründet ist, werdet ihr feststellen, daß die Irrlehren sowohl wie der Unglaube nur eine geringe Wirkung haben. Der gesunde Christ ist wie ein Stein; wenn er in die Pfütze der falschen Lehren geworfen wird, wird er wohl davon benetzt, aber er nimmt nichts in sein Inneres auf; während der ungesunde Bekenner wie ein Schwamm ist, der alles begierig einsaugt und aufnimmt.

Wie viele werden von der Welt versucht, und wenn ihr Glaube nur ein Bekenntnis ist, so verzehrt die Weltlichkeit dasselbe bald wie der Krebs, und sie verweltlichen. Wenn aber das Herz des Christen recht mit Gott steht, kommt er hindurch und der Hochmut des Lebens bestrickt ihn nicht.

Das Ergebnis der Prüfungen

In dem einen Fall kam der Regen sehr heftig herab und drohte das Haus wegzuwaschen, aber es war auf den Felsen gebaut und das Haus widerstand nicht nur, sondern der Bewohner fand große Ruhe und Behaglichkeit darin. Er konnte hören, wie die heftigen Regenströme aufs Dach schlugen, und dabei konnte er ruhig sitzen und singen. Wenn der Wind gegen die Fenster blies, konnte er nur um so glücklicher sein bei dem Gedanken, einen solchen Schutz zu haben.

Dann kamen die Fluten. Wenn es möglich gewesen wäre, würden sie den Grund unterwühlt haben, aber sie konnten keine Wirkung auf den Felsen ausüben. Obwohl der Wind um das Gebäude heulte, so waren die Steine doch so gut miteinander und wie mit eisernen Banden mit dem alten Felsen verbunden, so daß der Mann glücklich und sicher im Hause sein konnte, weil er auf einen so guten Grund gebaut hatte.

Der Christ ruht friedevoll auf Christus. Kummer und Verdruß kommen oft, aber sie fegen ihn nicht weg, sie machen ihm die auf Jesus Christus gegründete Hoffnung noch teurer. Und wenn zuletzt der Tod kommt, diese schreckliche Flut, die alles, was bewegt werden kann, unterwühlt, so kann sie des weisen Baumeisters Hoffnung nicht erschüttern. Er ruht auf dem, was Christus getan hat, und das kann der Tod nicht fortschaffen. Er glaubt an einen treuen Gott, und der bleibt ihm im Sterben. Er glaubt an den Gnadenbund, der unterzeichnet, besiegelt, bestätigt und in allem wohl geordnet ist. Er hält sich an die Verheißungen eines unveränderlichen Gottes, keine von diesen kann der Tod entwerten. Und wenn das letzte Feuer, welches die Werke der Menschen prüfen wird, vom Throne Gottes kommt, so fürchtet derjenige, der in wahrer Aufrichtigkeit wandelt und sich an Christus hält, diese schrecklichen Stunden nicht. Der Mann Gottes fühlt, daß der Fels, auf den er gebaut hat, nie wanken kann und die Hoffnung, welche ihm die Gnade gegeben hat, nie weggenommen werden kann.

Aber sieh auf den Mann, der seine Hoffnung auf den Sand gebaut hat! Er konnte kaum die Prüfungen des Lebens ertragen; er fiel fast unter den gewöhnlichen Versuchungen; er drehte den Mantel während der Stunden der Verfolgung nach dem Winde, aber empfindlichere Prüfungen erwarten ihn jetzt. Einige Heuchler sind selbst in den letzten Augenblicken noch im Irrtum gewesen und haben vielleicht nie gewußt, daß sie verloren waren, bis sie es deutlich fühlten. Wie der reiche Mann, von dem es heißt: „Und in dem Hades seine Augen aufschlagend, als er in Qualen war.“ Er hatte seine Augen vorher nie aufgehoben; er hatte seine Lage nie erkannt, bis er sie erfahren mußte.

Aber die meisten Menschen, die unter den Schall des Evangeliums gekommen sind und sich als Christen bekannt haben, merken in der Todesstunde, wenn sie Betrüger gewesen sind, und es muß schrecklich sein, diese Entdeckung zu machen. Ach, lieber Freund, wenn du im Irrtum bist, möchtest du es jetzt erkennen und nicht erst auf dem Sterbebett! Möge dein Gebet sein: „Herr, zeige es mir, wenn es so mit mir steht. Wenn mein Bekenntnis ein falsches gewesen ist, dann hilf mir, richtig zu bauen.“ Bete dieses Gebet, ich bitte dich. Bedenke, wenn der Tod dir nicht die Wahrheit offenbart, so wird es das Gericht tun. Da wird kein Versehen geschehen, aber auch keine Gelegenheit zur Buße mehr sein. Dieses zerfallene Haus wurde nie wieder erbaut; es gab keine Rettung von der vollständigen Zerstörung. Verloren, verloren, dann folgt kein anderes Wort, denn einmal verloren ist immer verloren. O lieber Zuhörer, ich bitte dich, wenn du den Namen hast, daß du lebst und tot bist, so stehe auf von den Toten, daß dich Christus erleuchte! Ich bitte dich, wenn du am Suchen bist, begnüge dich nicht mit leeren Hoffnungen und eitlem Vertrauen. Kaufe Wahrheit und verkaufe sie nicht! Ergreife das ewige Leben! Suche den wahren Heiland und sei nicht zufrieden, bis du Ihn hast, denn wenn du verloren gehst, wird das Verderben schrecklich sein.

Ach, jener Feuersee! Hast du nie die Worte gelesen: „So wurde er in den Feuersee geworfen. Das ist der andere Tod?" Geworfen in den Feuersee, das ist ein schreckliches Bild! „Ach", sagt jemand, „das ist eine Bildersprache." Ja, das weiß ich, aber eine Bildersprache ist nur ein Schatten von der Wirklichkeit. Wenn nun der Schatten ein Feuersee ist, was wird die Wirklichkeit sein! Wenn wir es kaum ertragen können, an einen „Wurm, der nicht stirbt und ein Feuer, das nicht erlischt" und an einen feurigen See, dessen Feuerwogen die unsterblichen und hoffnungslosen Seelen umgeben, zu denken, was muß dann die Hölle in Wirklichkeit sein! Die Bilder der Heiligen Schrift möchten uns helfen, tiefe Geheimnisse besser zu verstehen; aber wenn diese so schrecklich sind, wie wird die volle Wirklichkeit sein!

Beleidige Gott nicht, mein Hörer, versuche deinen Gott nicht, vernachlässige die große Erlösung nicht, denn wenn du es tust, wirst du nicht entfliehen. Spiele nicht mit deiner Seele, sei nicht gedankenlos und sorglos betreffs der Wirklichkeit der Ewigkeit.

Möge Gott jetzt, gerade jetzt, dein Gebet erhören, wenn

du es aus dem Innersten deiner Seele zu Ihm emporsendest, und dich durch das köstliche Blut Jesu reinigen und erretten! Amen.

UNNÜTZE KNECHTE

„Und den unnützen Knecht werfet hinaus in die äußere Finsternis: da wird sein das Weinen und das Zähneknirschen.“
(Matth. 25, 30)
„Also auch ihr, wenn ihr alles getan habt, was euch befohlen ist, so sprechet: Wir sind unnütze Knechte; wir haben getan, was wir zu tun schuldig waren.“
(Luk. 17, 10)
„Sein Herr sprach zu ihm: Wohl, du guter und treuer Knecht! Über weniges warst du treu, über vieles werde ich dich setzen; gehe ein in die Freude deines Herrn.“
(Matth. 25, 21)

Es besteht nur eine enge Grenze zwischen Gleichgültigkeit und krankhafter Empfindlichkeit. Einige Menschen scheinen keine heilige Sorge zu fühlen; sie vergraben das Talent ihres Herrn in der Erde, lassen es dort und gehen ihrem Vergnügen und ihrer Bequemlichkeit nach, ohne einen Augenblick beunruhigt zu sein. Andere sind so ängstlich, daß sie zu dem Schluß kommen, es sei ihnen nicht möglich, so zu sein, wie sie sein sollen. Sie erschrecken vor Gott, sehen Seinen Dienst als Zwangsarbeit und Ihn als einen harten Herrn an, obwohl sie es wahrscheinlich nie sagen werden.

Zwischen diesen beiden Linien ist ein schmaler Pfad, welchen wir nur durch die Gnade Gottes betreten können. Dieser Pfad ist sowohl frei von Sorglosigkeit wie von Knechtschaft und besteht in einer Verantwortlichkeit, die tapfer mit der Hilfe des Heiligen Geistes getragen wird.

Der rechte Weg liegt gewöhnlich zwischen zwei Extremen. Es ist der schmale Weg zwischen dem Felsen und dem Wirbelstrom. Es gibt einen herrlichen Weg, der zwischen Selbstüberhebung und Verzagtheit läuft, aber er ist schwer zu finden und schwer zu bewahren. Es sind große Gefahren in dem Bewußtsein, daß du genug getan und Gott mit aller Macht gedient hast, denn du kannst dadurch auf den Gedanken kommen, daß du eine verdienstvolle Person bist, die zu den Fürsten in Israel gezählt zu werden verdient. Die Gefahr, aufgeblasen zu werden, kann niemand zu sehr fürchten. Hochmut kommt vor dem Fall. Aber vielleicht ebenso gefährlich ist andererseits auch der fortwährende Gedanke an die eigene Unwürdigkeit, welcher alle Anstrengung lähmt und den Menschen dahin bringt, daß er sich völlig unfähig für etwas Großes und Gutes hält. Unter diesem Gefühl sind die Menschen aus dem Dienste Gottes geflohen in ein Leben der Einsamkeit. Sie glaubten im Lebenskampf nicht bestehen zu können, und darum flohen sie vom Felde, ehe der Kampf begann, und wurden Einsiedler oder Mönche.

Glücklich ist der Mensch, der den geraden und schmalen Weg findet zwischen hohen Gedanken von sich und harten Gedanken von Gott, zwischen Selbstüberschätzung und furchtsamem Zurückschrecken vor jeder Tätigkeit! Mein Wunsch ist, daß der Geist Gottes uns auf die goldene Mittelstraße leite, wo die Gnade uns erleuchtet und die dem bösen Herzen so natürlichen Laster alle ausgeschlossen sind. Möge der Geist Gottes unsere drei Texte und was sie uns darlegen segnen, damit wir auf den rechten Standpunkt kommen und durch die unbegrenzte Gnade bewahrt bleiben bis zum großen Abrechnungstag!

Wir lesen Matth. 25, 30: „Und den unnützen Knecht werfet hinaus in die äußere Finsternis, da wird sein das Weinen und das Zähneknirschen." In diesem ersten Text haben wir das Urteil der Gerechtigkeit über den Mann, der sein Pfund nicht einsetzt. Der Knecht wird hier unnütz genannt, weil er träge und wertlos war. Er brachte seinem Herrn keine Zinsen für das Geld, noch tat er ihm irgend welche Dienste. Er zeigte sich des Vertrauens, das in ihn gesetzt wurde, nicht würdig. Beachtet zuerst, daß dieser unnütze Knecht ein Knecht war. Er hat es nie in Abrede gestellt, ein Knecht zu sein. Gerade weil er ein Knecht war, bekam er das eine Talent, und diesen Besitz hat er nie bezweifelt. Wäre er fähig gewesen, mehr zu empfangen, so wäre kein Grund vorhanden gewesen, daß er nicht zwei oder fünf Talente empfangen hätte, denn die Schrift sagt uns, daß ein jeder nach seiner Fähigkeit bekam.

Er erkannte die Rechte seines Herrn sogar an, indem er das Talent vergrub und vor ihm erschien, um Rechenschaft zu geben. Dieses macht den Gegenstand um so mehr zu einer ernsten Selbstprüfung für mich und euch, denn wir bekennen auch, Knechte des Herrn, unseres Gottes, zu sein. Das Gericht muß anfangen am Hause Gottes; daß heißt bei denen, die im Hause Gottes als Kinder und Knechte wohnen. Laßt uns deshalb wohl auf unser Tun achten.

Wenn das Gericht zuerst bei uns beginnt, „was wird das Ende derer sein, die dem Evangelium Gottes nicht gehorchen? Und wenn der Gerechte mit Not errettet wird, wo will der Gottlose und Sünder erscheinen?"

Wenn nach diesem Gleichnis ein solches Gericht über den Knecht gehalten wird, wie wird das Gericht über die Feinde sein? Dieser Mann erkannte bis zum letzten Augenblick an, daß er ein Knecht war, und obwohl er grob und unverschämt genug war, eine böse und nichtswürdige Meinung über seinen Herrn auszusprechen, so verleugnete er doch nie seine eigene Stellung als Knecht, noch die Tatsache, daß sein Talent das Eigentum seines Herrn sei, denn er sagte: „Da hast du das Deine."

Mit diesem Worte ging er sogar weiter als manche Namens-Christen es tun, denn sie leben so, als sei das Christentum weiter nichts als das Essen des Fetten und das Trinken des Süßen und gar kein Dienen; als habe der Glaube viele Vorrechte, aber keine Vorschriften. Ach, ich kenne manche, die nie eine Hand für Jesus rühren und Ihn doch Herr und Meister nennen. Ihnen wird es schlimm ergehen bei Seinem Kommen. Viele von uns erkennen an, daß wir Knechte sind, daß alles, was wir haben, dem Herrn gehört und daß wir verpflichtet sind, für Ihn zu leben. So weit ist es gut, aber wir mögen so weit gehen und zuletzt doch als unnütze Knechte erfunden und in die äußere Finsternis geworfen werden: da wird sein das Weinen und Zähneknirschen. Obwohl dieser Mann ein Knecht war, dachte er doch schlecht von seinem Herrn und verachtete seinen Dienst. Er sagte: „Herr, ich kannte dich, daß du ein harter Mann bist: du erntest, wo du nicht gesät, und sammelst, wo du nicht ausgestreut hast."

Gewisse Bekenner, die sich in die Gemeinde geschlichen haben, zeigen denselben Geist. Sie getrauen sich nicht zu sagen, daß sie bereuen, in die Gemeinde gekommen zu sein, aber sie handeln so, daß jeder den Schluß daraus ziehen kann, daß sie es, wenn es rückgängig gemacht würde, zum zweiten Mal nicht tun würden. Sie finden keine Freude am Dienst Gottes, machen aber weiter aus trockener Gewohnheit oder aus einer harten Verpflichtung. Sie geraten in den Geist des älteren Bruders und sagen: „Siehe, so viele Jahre diene ich dir, und niemals habe ich ein Gebot von dir übertreten; und mir hast du niemals ein Böcklein gegeben, auf daß ich mit meinen Freunden fröhlich wäre."

Sie setzen sich an die schattige Seite der Gottseligkeit und kommen nie in die Sonne, die hell scheint. Sie vergessen, daß der Vater zum älteren Sohn sagte: „Alles was mein ist, das ist dein." Er hätte so viele Böcke haben können, wie er gewünscht hätte, es wäre ihm nicht abgeschlagen worden. Die Gegenwart seines Vaters hätte seine höchste Freude sein sollen, mehr als alles Vergnügen mit seinen Freunden, und mit der rechten Herzenseinstellung wäre es auch so gewesen. Der Knecht, welcher sein Talent vergraben hatte, ging in dem trotzigen und bösen Geist viel weiter als der ältere Bruder, aber die Keime sind dieselben und wir müssen danach trachten, sie sofort zu vernichten.

Dieser unnütze Knecht blickte auf seinen Herrn als jemanden, der ernte, wo er nicht gesät, und sammle, wo er nicht gestreut habe. Er glaubte, er habe einem ungerechten Herrn zu dienen, dem zu gefallen sehr schwer sei. Er verurteilte seinen Herrn als einen solchen, der mehr von seinen Knechten erwarte, als recht sei, und er hatte einen solchen Groll gegen sein vermeintlich ungerechtes Wesen, daß er beschloß, ihm gerade ins Gesicht zu sagen, was er von ihm denke.

Diese Haltung kann leicht über die Bekenner kommen. Ich fürchte, sie hat manche ergriffen, denn sie sind nicht mit Christus zufrieden. Wenn sie Vergnügen wünschen, so suchen sie es außerhalb der Gemeinde; ihre Freude liegt nicht in dem Kreis, dessen Mittelpunkt Jesus ist. Ihre Religion ist Arbeit für sie und kein Vergnügen. Ihr Gott ist ihre Furcht und nicht ihre Freude. Sie haben ihre Lust nicht am Herrn, und darum kann Er ihnen nicht geben, was ihr Herz wünscht, und so werden sie immer unzufriedener. Sie können nicht sagen, daß Gott ihre Freude und Wonne ist, und darum ist Er ihnen ein Schrecken. Die Andacht ist ihnen eine trübselige Beschäftigung; sie könnten mit leichtem Gewissen darauf verzichten. Sie sagen es nicht offen, aber zwischen den Zeilen kannst du die Worte lesen: „Wie ermüdend ist es!"

So ist es kein Wunder, wenn es dahin kommt, daß dann ein Bekenner ein unnützer Knecht wird, denn wer kann eine Arbeit, die er haßt, gut machen! Gezwungener Dienst ist nicht wünschenswert, Gott will keine Sklaven, um seine Ehre zu erhöhen. Ein Diener, dem seine Stellung nicht gefällt, tut gut, sie zu verlassen. Ist er nicht zufrieden mit seinem Herrn, dann ist es besser, wenn er sich einen anderen sucht, denn das gegenseitige Verhältnis ist unangenehm und unvorteilhaft. Wenn es dahin kommt, daß du und ich mit unserem Gott unzufrieden werden, so ist es das Beste, daß wir uns nach einem anderen Herrn umsehen (wenn ein solcher uns haben will) denn dem Herrn Jesus werden wir unnütz sein, wenn wir Ihn nicht lieben.

Beachtet weiter, daß dieser Mann, obwohl er nichts für seinen Herrn tat, sich selbst nicht für einen unnützen Knecht hielt. Er zeigte keine Selbstkritik, keine Demütigung, keine Zerknirschung. Er war so kühn wie möglich und sagte ohne rot zu werden: „Siehe, da hast du das Deine." Er kam ohne eine Entschuldigung zu seinem Herrn. Er schloß sich nicht denen an, die alles getan hatten und dann sagten: „Wir sind unnütze Knechte!" denn nach seiner Meinung hatte er seinem Herrn gegenüber gehandelt, wie die Gerechtigkeit es erforderte. Anstatt irgendeinen Fehler seinerseits zu bekennen, fühlte er sich bewogen, seinen Herrn anzuklagen.

So ist es jetzt noch mit solchen Bekennern. Sie haben keine Einsicht, daß sie Heuchler sind; der Gedanke kommt ihnen nicht in den Sinn. Deute darauf hin und du wirst sehen, wie sie sich verteidigen. Wenn sie nicht so leben, wie sie sollten, so beanspruchen sie, bemitleidet statt getadelt zu werden. Sie tadeln Gottes Vorsehung. Es liegt bei ihnen an den Umständen; irgend etwas hat Schuld, nur sie nicht. Sie haben nichts gewirkt, aber sie fühlen sich dabei ruhiger als diejenigen, die alles getan haben. Sie haben sich die Mühe gegeben, das Talent zu vergraben, was sollten sie mehr tun? Ist Gott so genau, daß ich Ihm mehr bringe, als Er mir gegeben hat? Ich bin so dankbar und gebetseifrig wie Gott mich gemacht hat; was will Er mehr verlangen? Es ist keine Rede von einem Niederbeugen in den Staub mit dem Gefühl der Unvollkommenheit, sondern alle Vorwürfe richten sich gegen Gott, und das geschieht noch unter dem Vorwand, Seine unumschränkte Gnade zu ehren! Wie traurig, daß Menschen in der Lage sind, die Wahrheit mit solch eingebildeter Falschheit zu verbinden!

Beachtet auch, daß das Urteil des Gerichtes zuletzt ganz als das Gegenteil dessen erscheinen kann, welches wir selbst über uns gefällt haben. Wer sich als sehr nützlich beurteilt hat, wird unnütz gefunden werden, und wer sich in Bescheidenheit als unnütz angesehen hat, wird vielleicht das Wort hören: „Wohl du guter und getreuer Knecht." So wenig sind wir wegen unseres sündhaften Gewissens in der Lage, uns richtig zu beurteilen. Wir halten uns oft für reich, satt und für solche, die nichts bedürfen, und doch sind wir elend, arm, nackt und bloß. Das war der Fall mit diesem unnützen Knecht. Er hüllte sich in die Täuschung, daß er gerechter sei als sein Herr, und meinte einen Beweis vorgebracht zu haben, der ihn vor jedem Tadel bewahren werde. Es sollte für uns eine Veranlassung zu ernster Selbstprüfung sein wenn wir bedenken, was dieser unnütze Knecht tat oder was er nicht tat. Er brachte das Kapital sicher unter, wo es niemand finden und stehlen konnte, und damit war sein Dienst zu Ende.

Er war kein Dieb und mißbrauchte keine ihm anvertrauten Gelder. Hierin übertrifft er manche, die bekennen, Gottes Knechte zu sein, und doch sich selbst leben. Das Talent, welches sie haben, wird im eigenen Interesse benutzt, aber nicht für die Sache des Herrn. Sie haben die Fähigkeit, etwas Geld zu erwerben, aber das Geld ist nicht für Jesus erworben; solch ein Gedanke kommt ihnen selten oder nie. Ihre Anstrengungen sind nur für sich selbst oder für ihre Familien.

Dort ist jemand, der eine Rednergabe hat, aber er gebraucht sie nicht für den Herrn sondern für sich selbst, damit er beliebt wird und eine achtbare Stellung gewinnt.

Sein einziges Ziel ist, Wasser auf seine eigene Mühle zu tragen und sein Gut zu verbessern. Man findet überall Bekenner, die nur sich selbst leben. Sie sind keine Ehebrecher und Trunkenbolde, weit davon entfernt, noch sind sie Diebe und Verschwender. Sie sind anständige, ordentliche, ruhige Leute, aber doch beginnen sie mit sich selbst und enden mit sich selbst. Was ist das anders, als ein unnützer Knecht zu sein? Was nützt mir ein Diener, der hart für sich selbst arbeitet, aber für mich nichts tut? Ein Bekenner Christi mag arbeiten, daß er zum reichen Mann wird, zum Stadtverordneten, zum Bürgermeister, zum Minister, ja, zum Millionär, aber wofür ist das ein Beweis? Er wird um so mehr verurteilt durch seinen Erfolg. Wenn er für seinen Herrn gearbeitet hätte wie für sich selbst, was hätte er vollbringen können? Der unnütze Knecht im Gleichnis war nicht so schlecht wie einer von diesen, und doch wurde er in die Finsternis hinausgeworfen. Was wird aus einigen von euch werden?

Weiter, der unnütze Knecht mißbrauchte sein Talent nicht. Er führte kein leichtsinniges Leben wie der verlorene Sohn, der sein Vermögen vergeudete. O nein, er war ein viel besserer Mensch. Er verschwendete keinen Pfennig. Er war für das Sparen und setzte sich keiner Gefahr aus. Das Talent war, wie er es erhalten hatte, nur in ein Tuch gewickelt und in der Erde verborgen. Er hatte keinen Pfennig davon genommen für ein Fest oder ein Gelage und konnte daher nicht als Verschwender des Geldes seines Herrn angeklagt werden. In diesem stand er höher als solche, die ihre Kraft der Sünde geben und ihre Fähigkeiten, um ihre eigenen bösen Leidenschaften und die anderer zu befriedigen.

Ich muß leider hinzufügen, daß einige, die sich Diener Christi nennen, ihre Kräfte dazu benutzen, das Evangelium, welches sie zu lehren vorgeben, zu untergraben. Sie sprechen gegen den heiligen Namen, nach welchem sie genannt werden, und gebrauchen so ihr Talent gegen ihren Herrn. Dieser

Mann machte es nicht so; sein Herz war zu allem Schlechten fähig, aber er wurde nie offen zu einem solchen gemeinen Verräter. Er wandte seine Kenntnisse nie dazu an, unnütze Zweifel zu erregen oder den klaren, einfachen Lehren des Wortes Gottes Widerstand zu leisten. Das ist für die Theologen dieser letzten Tage aufbewahrt geblieben, Tage, die Zerrbilder hervorgebracht haben, wie sie in den weniger „gebildeten“ Zeiten unbekannt waren.

Das Talent dieses Mannes war nicht durch seine Hand verschwendet worden; es war so, wie er es erhalten hatte, und darum glaubte er, treu gewesen zu sein. Ach, das ist es nicht, was Jesus Treue nennt, wenn wir so bleiben, wie wir sind. Wenn du denkst daß du Gnade hast, und nur bewahrst, was du hast, ohne mehr zu erlangen, so verbirgst du dein Talent in der Erde und läßt es fruchtlos bleiben. Es ist nicht genug, zu widerstehen, du mußt vorwärts kommen. Das Kapital mag vorhanden sein, aber wo sind die Zinsen?

Sein Herr nannte diesen Diener einen „bösen und faulen Knecht“. Ist denn der böse, der unnütz ist? Setzt dieses Wort denn nicht böse Taten voraus? Nein, denn nicht recht tun, ist böse; nicht für Christus leben, heißt böse sein. Unnütz in der Welt sein, dem Namen des Herrn keine Ehre bringen, träge sein, das heißt böse sein. Es ist klar, daß viele böse Menschen in der Welt sind, die nicht wünschen so genannt zu werden. „Böser und fauler Knecht“, das sind die beiden Worte, die der Herr Jesus, dessen Rede stets weise ist, für den unnützen Knecht gebraucht. Ein Schulknabe wurde von seinem Lehrer gefragt, was er tue. Er glaubte ganz im Recht zu sein mit der Antwort: „Ich habe nichts getan.“ Werden nicht die zur Linken mit einem Fluche entlassen, weil sie nichts getan haben? Steht nicht geschrieben: „Fluchet Meros! spricht der Engel Jehovas, verfluchet seine Bewohner! denn sie sind nicht Jehova zu Hilfe gekommen, Jehova zu Hilfe unter den Helden.“ Wer nichts tut, ist ein böser, träger Knecht. Dieser

Mann wurde in die äußere Finsternis geworfen. Er wurde verurteilt, zu bleiben wie er war, und das mag das Wort des Herrn erklären: „Wer unrecht tut, tue noch unrecht, und wer unrein ist, verunreinige sich noch." In der anderen Welt bleibt der Charakter unverändert. Bleibende Heiligkeit ist der Himmel, fortgesetzte Bosheit ist die Hölle. Dieser Mensch war außerhalb der Familie seines Herrn. Er hielt seinen Herrn für einen harten Mann und bewies damit, daß er keine Liebe zu ihm hatte und keiner der Hausgenossen war. Er war draußen seiner Gesinnung nach, und darum sagte sein Herr: „Bleibe draußen!"

Auch war er im Dunkeln. Er hatte falsche Gedanken über seinen Herrn, denn sein Herr war kein harter Mann; er sammelte nicht, wo er nicht gestreut hatte, und schnitt nicht, wo er nicht gesät hatte. Darum sagte sein Herr: „Du bist am liebsten im Dunkeln. Bleibe in der Finsternis, die draußen ist."

Dieser Mann war neidisch. Er konnte seines Herrn Gedeihen nicht ertragen und biß die Zähne zusammen, wenn er daran dachte. Er wurde verurteilt, in diesem Geiste zu bleiben und an den Ort zu gehen, wo Zähneknirschen sein wird. Es ist das Schreckliche an der ewigen Strafe, daß der Charakter bleibend ist: „Wer unrecht tut, tue noch unrecht, und wer unrein ist, verunreinige sich noch." Während der Charakter der Gottlosen bleibend sein wird, wird er sich immer mehr entwickeln. Das Böse wird dann ohne Widerstand immer böser werden. In der anderen Welt, wo keine Gemeinde und kein Evangelium aufhalten, wird der Mensch zu einer ganz entschiedenen Feindschaft gegen Gott und demzufolge zu einem schrecklichen Elend heranreifen. Elend ist mit der Sünde verbunden, und wenn ein Mensch in der Sündhaftigkeit bleibt, muß er notwendig im Elend bleiben, denn der Gottlose ist wie das ungestüme Meer, welches Schmutz auswirft. Was muß es sein, für immer von der Familie Gottes entfernt zu sein! Nie Gottes Kind zu sein! Nie das Licht heiliger Erkenntnis, Reinheit und Hoffnung zu sehen! Stets mit den Zähnen zu knirschen in peinvoller Verachtung und Verabscheuung Gottes. Dem unnützen Knecht wurde ein schrecklicher Lohn zuteil, als sein Herr mit ihm abrechnete; aber wer darf sagen, daß er diesen nicht verdient hätte? Er bekam den rechten Lohn für seine Werke. O Herr, gib, daß dieses Los nicht das Los eines von uns sei!

Ich muß eure Aufmerksamkeit jetzt auf den zweiten Text lenken. „Also auch ihr, wenn ihr alles getan habt, was euch befohlen ist, so sprechet: Wir sind unnütze Knechte; wir haben getan, was wir zu tun schuldig sind." (Luk. 17, 10). Dies ist das Urteil der Selbstverleugnung, das aus dem Herzen der Knechte kommt, welche die Arbeit des Tages völlig vollendet haben. Dieses Wort ist ein Teil des Gleichnisses, welches alle Gedanken der Selbstüberhebung und des menschlichen Verdienstes zurückweisen soll. Wenn ein Knecht gepflügt oder das Vieh gefüttert hat, so sagt sein Herr nicht zu ihm: „Setze dich, ich will dir aufwarten, denn ich bin tief in deiner Schuld." Nein, sein Herr befiehlt ihm, das Abendessen zu bereiten. Den Dienst ist der Knecht schuldig, und darum lobt ihn sein Herr nicht, als sei seine Arbeit etwas Besonderes und er ein Held. Er tut nur seine Pflicht, wenn er vom Morgen bis zum Sonnenuntergang arbeitet, und er erwartet keineswegs besondere Zahlung oder ergebenen Dank. Ebenso wenig haben wir uns unseres Dienstes zu rühmen, sondern haben gering davon zu denken und zu bekennen, daß wir unnütze Knechte sind. Welchen Schmerz der erste Teil der Predigt euch auch bereitet hat, so habe ich das Vertrauen, daß wir dadurch vorbereitet worden sind, um so tiefer in den Geist unseres zweiten Textes einzugehen. Diese beiden Texte sind wie mit eisernem Griffel in mein Herz geschrieben durch eine Wunde, die mir unbarmherzig geschlagen wurde zu einer Zeit, als ich zu schwach war, es zu ertragen.

Als ich einmal sehr krank im Süden Frankreichs weilte und mich geistig so niedergeschlagen und elend fühlte, daß ich fast verzagte, erhielt ich von einer bösen Person, die zu denen gehörte, welche gewöhnlich bekannte Personen, besonders Prediger, angreifen, einen Brief ohne Unterschrift mit der Bezeichnung: „An den unnützen Knecht C. H. Spurgeon." Dieser Brief enthielt Traktate an die Feinde Jesu, in denen einzelne Stellen unterstrichen und in Anmerkungen auf mich angewandt wurden.

Wie viele solcher Leute haben in ähnlicher Weise an mich geschrieben! Gewöhnlich lese ich ihre Briefe mit der Geduld, welche die Gewohnheit gebracht hat, und dann wandern sie ins Feuer. Ich erwarte keine Ausnahme von diesen Beschwerden, finde es gewöhnlich auch nicht schwer zu ertragen, aber in dieser Stunde, als mein Geist bedrückt war und ich viele Schmerzen litt, verwundete mich dieser schmähliche Brief in der Seele. Ich wälzte mich auf meinem Lager und fragte: „Bin ich denn ein unnützer Knecht?" Es betrübte mich außerordentlich und ich konnte mein Haupt nicht erheben, noch Ruhe finden. Ich blickte auf mein Leben und sah Gebrechen und Unvollkommenheiten, wußte aber nicht durchzufinden, bis dieser zweite Text zu meiner Befreiung kam und das Urteil meines verwundeten Herzens aussprach. Ich sagte mir: „Ich hoffe, daß ich kein unnützer Knecht bin in dem Sinne, in welchem diese Person mich so nennt, aber ich bin gewiß ein solcher in dem anderen Sinne." Ich warf mich wieder auf meinen Herrn und Meister mit einer tieferen Erkenntnis dieser Schriftstelle, als ich sie vorher gehabt hatte. Sein reinigendes Opfer belebte mich wieder und in demütigem Glauben fand ich Ruhe.

Laßt mich euch denn, wenn der erste Text euch Kummer gemacht hat, zu dem Punkt führen, wohin ich selbst kam, so daß ich zuletzt für jenen Brief Gott danken und erkennen konnte, daß er eine heilsame Arznei für meinen Geist gewesen ist. Das, was uns hier in den Mund gelegt wird als ein Bekenntnis, daß wir unnütze Knechte sind, ist ein Tadel für uns, wenn wir uns für etwas halten und denken, daß wir genug getan haben, die wir des Tages Last und Hitze getragen haben und auf unserem Posten geblieben sind, länger als unsere Uhr es erforderte. Wenn wir glauben, daß wir ein gutes Tagewerk in der Ernte vollbracht haben und zur Ruhe gerufen werden sollten, so tadelt uns dieser Text. Wenn wir ein falsches Begehren nach Trost fühlen und von dem Herrn in besonderer Weise ein Geschenk wünschen für das, was wir getan haben, so beschämt uns dieser Text. Zuerst, in welcher Weise können wir Gott nützlich gewesen sein? Eliphas hat wohl gesagt: „Kann ein Mann Gott Nutzen bringen? Vielmehr sich selbst nützt der Einsichtige. Liegt dem Allmächtigen daran, wenn du gerecht bist, oder ist es ihm ein Gewinn, wenn du deine Wege vollkommen machst?“ (Hiob 22, 2. 3)

Wenn wir Gott von Seinem Eigentum gegeben haben, ist Er dann unser Schuldner? In welcher Weise haben wir Ihn bereichert, dem alles Gold und Silber der Erde gehört? Wenn wir unser Leben mit der Ergebung der Märtyrer und Missionare hingegeben haben, was ist das für Ihn, dessen Herrlichkeit Himmel und Erde erfüllt? Wie können wir davon träumen, den Ewigen zu unserem Schuldner zu machen? Wie kann ein Mensch seinen Schöpfer unter eine Verpflichtung gegen ihn bringen? Weg mit solchen lästerlichen Gedanken! Liebe Brüder, wir sollten bedenken, daß jeder Dienst, den wir geleistet haben, eine Schuldigkeit ist. Ich hoffe nicht, daß unsere Moral so tief gesunken ist, daß wir es uns als etwas Großes anrechnen, wenn wir unsere Schulden bezahlen. Ich sehe nicht, daß Geschäftsleute sich brüsten und sagen: „Ich bezahlte heute morgen dem und dem tausend Mark!“ „Hast du sie ihm geschenkt?“ „Nein, ich schuldete sie ihm.“ Ist das etwas Besonderes? Sind wir zu einem so niedrigen Stand in unserer geistlichen Moral gekommen, daß wir denken, etwas Großes getan zu haben, wenn wir Gott geben, was Sein ist? „Er hat uns gemacht und nicht wir selbst.“ Jesus Christus hat uns erkauft. „Wir sind nicht unser selbst; wir sind teuer erkauft.“ Auch sind wir mit Ihm in einen Bund getreten und haben uns Ihm freiwillig übergeben. Wurden wir nicht in Seinem Namen und in Seinen Tod getauft? Was wir tun ist immer etwas, wozu Er als unser Schöpfer und Erlöser und weil wir uns Ihm übergeben haben, ein Recht hat! Wenn wir in der schweren Arbeit des Pflügens ausgeharrt haben, bis kein Feld mehr zu pflügen war; wenn wir die Schafe und Lämmer geweidet haben; wenn wir alles getan haben, so haben wir nur getan, was wir zu tun schuldig waren. Warum brüsten wir uns denn und wünschen eine Belohnung oder erwarten einen Dank?

O nein! Wir haben daran zu denken, daß wir in allem, was wir getan haben, sehr unvollkommen und daher unnütz gewesen sind. Beim Pflügen sind Unebenheiten und beim Füttern des Viehs sind Härten und Vergeßlichkeiten vorgekommen, und das Decken der Tafel ist eines solchen Herrn, dem wir dienen, unwürdig gewesen. Kann jemand von euch auf seinen Dienst für den Herrn mit Befriedigung zurückblikken? Wenn ihr es könnt, kann ich nicht sagen, daß ich euch beneide, denn ich stimme nicht im geringsten mit euch überein. Was mich betrifft, so bin ich genötigt, mit heiligem Ernst zu bekennen, daß ich nicht mit dem zufrieden bin, was ich getan habe. Ich habe oft gewünscht, mein Leben wieder von vorne anfangen zu können, aber jetzt tut es mir leid, daß mein stolzes Herz sich einen solchen Wunsch erlaubt hat, denn aller Wahrscheinlichkeit nach würde das zweite Mal noch schlechter sein. Was die Gnade für mich getan hat, erkenne ich mit tiefer Dankbarkeit an, aber für das, was ich selbst getan habe, bitte ich um Vergebung. Ich bitte Gott, mir meine Gebete zu vergeben, denn sie sind voller Mängel. Ich bitte Gott, selbst dieses Bekenntnis mir zu vergeben, denn es ist nicht so demütig, wie es sein sollte. Ich bitte Ihn, meine Tränen zu waschen und meine Andacht zu reinigen und mich mit meinem Heiland in den Tod zu begraben.

O Herr, Du weißt, wie wir zu kurz kommen in der Demut, die wir haben sollten! Vergib es uns. Wir sind alle unnütze Knechte, und wenn Du uns nach dem Gesetz richten würdest, wären wir alle verloren.

Außerdem können wir uns auch nicht beglückwünschen, selbst wenn wir Erfolg in der Arbeit für den Herrn gehabt haben, denn alles, was wir getan haben, sind wir Seiner unendlichen Gnade schuldig. Wenn wir unsere Pflicht vollständig erfüllt haben, so haben wir das nur tun können, weil Seine Gnade uns dazu befähigt hat. „Strebten wir dem Guten nach", so ist Er es, der das Feuer in Brand gehalten hat. Ist da irgend eine Tugend, irgend ein Lob, irgend ein Glaube, irgend ein Eifer, irgend eine Ähnlichkeit mit Jesus, so sind wir Sein Werk, von Ihm geschaffen und dürfen uns selbst nicht das geringste Lob zuschreiben. Von dem Deinen haben wir Dir gegeben, großer Gott! Soweit etwas Deiner Annahme wert gewesen ist, war es von vornherein Dein Werk. Daher sind auch die Besten unter uns unnütze Knechte. Wenn wir besondere Ursache haben, einen Fehler zu bereuen, so ist es weise, mit demütigem Geist den Fehler zu bekennen und dann eifrig das Tagewerk zu verrichten. Wenn du niedergeschlagen bist, weil du nicht tun kannst, was du wolltest, wenn du das Fehlerhafte deines Dienstes siehst und dich dafür verurteilst, so ist es das Beste, dich aufzumachen und mehr als bisher in der Kraft des Herrn zu tun. Wenn du dem Herrn bisher nicht gut gedient hast, so diene Ihm von jetzt an besser. Hast du einen Fehler gemacht, so erzähle es nicht jedem und sage nicht, du wolltest es nie wieder versuchen, sondern tue zwei gute Dinge um des Fehlers willen. Sage: „Mein treuer Herr soll nicht mehr durch mich verlieren, wenn ich es verhindern kann. Ich will nicht so sehr über das Geschehene trauern, sondern vielmehr für die Zukunft wachsam sein." Brüder, versucht nützlicher zu werden und bittet um mehr Gnade. Des Königs Geschäft wird nicht dadurch ausgerichtet, daß ihr euch in eine Ecke des Feldes stellt und weint, sondern indem ihr pflügt. Ihr sollt nicht mit den Schafen blöken, sondern sie weiden und so eure Liebe zu Jesus zeigen. Stelle dich nicht an das Ende der Tafel und sage: „Ich habe den Tisch für meinen Herrn nicht so gut gedeckt, wie ich es wünschte", sondern decke ihn besser. Habe Mut, du dienst keinem harten Herrn. Und obwohl du dich wahrscheinlich einen unnützen Knecht nennst, so sei doch gutes Mutes, denn es wird bald ein sanfteres Urteil über dich ausgesprochen werden. Du bist nicht dein eigener Richter; ein anderer Richter steht vor der Tür, und wenn Er kommt, wird Er besser von dir denken als dein Selbsttadel zu denken dir erlaubt. Er wird dich nach der Regel der Gnade und nicht nach dem Gesetz richten, und Er wird alle Furcht, die aus einem gesetzlichen Geist kommt und dir allen Mut nehmen will, vertreiben!

Wir kommen nun zu dem dritten Text. „Sein Herr sprach zu ihm: Wohl, du guter und treuer Knecht! Über weniges warst du treu, über vieles werde ich dich setzen; gehe ein in die Freude deines Herrn" (Matth. 25, 21). Ich werde nicht versuchen, über dieses ermunternde Wort zu predigen, sondern nur ein oder zwei Worte darüber sagen. Es ist ein zu großartiger Text, um noch am Ende einer Predigt behandelt zu werden. Wir sehen, daß der Herr denen, die ihre Talente gut angewandt haben, sagt: „Wohl, du guter und treuer Knecht." Dies ist das Urteil der Gnade. Glücklich der Mann, der sich selbst als unnützen Knecht erkannt hat, und glücklich der Mann, zu dem der Herr sagt: „Wohl, du guter und treuer Knecht." Beachtet hier, daß dieses Wort dem treuen Knecht gesagt wird. Es heißt nicht: „Wohl, du guter, glänzender Knecht", denn der Mann hat vielleicht nie in den

Augen derjenigen, welche Glanz und Ruhm suchen, geglänzt. Es heißt nicht: „Wohl, du großer und ausgezeichneter Knecht", denn es ist möglich, daß er außerhalb seines Dorfes nicht bekannt war. Er hat gewissenhaft seine Pflicht mit seinem „Wenigen" getan und nie eine Gelegenheit, Gutes zu tun, versäumt und sich so getreu erwiesen. Dasselbe Lob, das der Mann mit den fünf Talenten erhielt, bekam auch derjenige mit den zwei Talenten. Ihre Stellung war sehr verschieden, aber ihr Lohn war der gleiche. „Wohl, du guter und treuer Knecht", dessen konnten sich beide erfreuen. Ist es nicht gut zu denken, daß, wenn ich auch nur ein Talent habe, ich doch dadurch nicht von meines Herrn Lob ausgeschlossen sein werde? Es ist meine Treue, worauf Er Sein Auge richten wird, und nicht die Zahl meiner Talente. Ich mag viele Fehler gemacht und dieselben mit großer Betrübnis bekannt haben, aber Er wird mich loben, wie Er die Frau lobte von welcher Er sagte: „Sie hat getan, was sie vermochte." Es ist besser, treu zu sein in der Kleinkinderschule als untreu in einer höheren Klasse. Es ist besser, treu zu sein in einer kleinen Dorfgemeinde, als untreu in einer großen Stadtgemeinde, wo Tausende infolgedessen verloren gehen. Es ist besser, treu zu sein in einer kleinen Versammlung und von Jesus, dem Gekreuzigten, zu sprechen, als untreu zu sein in einem großen Gebäude, wo sich Tausende versammeln. Ich bitte euch, seid darin treu, daß ihr alles, was ihr habt und was ihr seid, für Gott tut. Welche Fehler ihr sonst auch habt, seid wenigstens nicht halbherzig oder doppelzüngig, sondern seid treu in euren Absichten und Wünschen. Das ist es, was der Herr lobt, die Treue des Dieners. Dieses Urteil wurde von der unumschränkten Gnade gesprochen. Der Lohn war nicht nach den Werken, denn der Knecht war treu gewesen „über wenigem", aber er wurde „über viel" gesetzt. Das Urteil selbst ist nicht nach dem Gesetz der Werke, sondern nach dem Gesetz der Gnade! Unsere guten Werke sind

Beweise der Gnade in uns. Unsere Treue als Knechte wird daher der Beweis davon sein, daß wir unseren Herrn lieben, also ein Beweis, daß unser Herz verändert worden ist und wir Ihn lieben, für den wir vorher keine Liebe hatten. Unsere Werke sind der Beweis unserer Liebe, und daher stehen sie als Beweis der Gnade Gottes. Gott gibt uns erst Gnade und dann belohnt Er uns dafür. Wenn Er zu dir und mir sagen wird: „Wohl, du guter und treuer Knecht“, so wird es wegen Seiner reichen Gnade und nicht wegen unserer Verdienste sein! Und das ist es, wohin wir alle kommen und wobei wir bleiben müssen, denn die Vorstellung, daß wir persönliche Verdienste haben, wird uns bald dahin bringen, an unserem Herrn und an Seinem Dienste Fehler zu entdecken, als sei Er ein harter Mann. Ich habe manchmal solche Leute bewundert, welche die Lehre, daß die Seligkeit aus Gnaden gegeben wird, als solche verwerfen, aber in ihrer Andacht sie nichtsdestoweniger zugeben. Sie sind in den Kampf dagegen eingetreten und unwillkürlich haben sie es doch geglaubt. Ein besonderes Beispiel liefert der Kardinal Bellarmine, einer der entschiedensten Gegner der Reformation und ein berühmter Gegner der Lehre Luthers. Ich will ein Wort aus seinen eigenen Werken anführen. Er sagt dort: „Wegen der unsicheren Natur unserer eigenen Werke und der Gefahr des falschen Rühmens ist es der sicherste Weg, unser ganzes Vertrauen auf die Gnade und liebende Güte Gottes zu setzen.“ Gut gesagt, Kardinal! Und da wir den sichersten Weg vorziehen, wollen wir unser ganzes Vertrauen auf die Gnade und liebende Güte Gottes setzen!

Es wird aus sicherer Quelle berichtet, daß er im Sterben ein lateinisches Gebet ausgehaucht habe, was so viel sagte, als bitte er Gott, der nicht unser Verdienst wägt, sondern unsere Sünde gnädig vergibt, ihn unter seine Heiligen und Erwählten aufzunehmen. Ist Saul auch unter den Propheten? Betet Bellarmine zuletzt wie ein Calvinist? Solch ein Fall läßt uns hoffen, daß auch viele aus der römischen Kirche errettet werden. Gott sei Dank, daß manche viel besser sind, als ihre Glaubenslehren, und daß sie in ihrem Herzen glauben, was sie als streitende Theologen verneinen. Ich weiß so viel, wenn ich errettet oder belohnt werde, so geschieht es aus Gnaden, denn eine andere Hoffnung habe ich nicht. Was diejenigen anbetrifft, die viel für die Gemeinde getan haben, so wissen wir, daß sie alles Lob abschlagen werden indem sie sagen: „Herr, wann haben wir dich hungrig gesehen, und haben dich gespeist, oder durstig und haben dich getränkt?" Alle treuen Knechte des Herrn werden singen: „Nicht uns, Herr, nicht uns; deinem Namen sei Ehre." Zuletzt, meine Brüder, mit welchem unendlichen Entzücken wird Jesus unser Herz erfüllen, wenn wir durch göttliche Gnade das Glück haben werden, Ihn sagen zu hören: „Wohl, du guter und treuer Knecht!" Wenn wir ausharren, die Versuchungen des Satans, die Schwächen unserer Natur und alle Schlingen der Welt überwinden und unsere Kleider unbefleckt von der Welt halten, um Seelen für Ihn zu gewinnen, welche Ehre wird es sein! Welches Entzücken, Ihn sagen zu hören: „Wohl, du guter und treuer Knecht!" Die Musik dieses Wortes hat für uns den Himmel in sich. Wie verschieden wird es sein von dem Urteil unserer Mitmenschen, die oft dieses oder jenes zu tadeln hatten, obgleich wir unser Bestes taten. Wir konnten ihnen nie gefallen, aber wir haben dem Herrn gefallen. Die Menschen verstanden unsere Worte immer verkehrt und beurteilten unsere Beweggründe falsch, aber Er macht alles gut, indem Er sagt: „Wohl, du guter und treuer Knecht." Dann wird es wenig ausmachen, was die Menschen sagen. Weder das schmeichelhafte Wort der Freunde, noch die harte Beurteilung der Feinde hat Gewicht für uns, wenn Er sagt: „Wohl, du guter und treuer Knecht." Nicht mit Stolz werden wir diesen Lobspruch empfangen, denn wir werden uns selbst dann noch für unnütze Knechte halten, aber wir werden Ihn lieben, wenn Er einen solchen Wert in einem Becher Wasser sieht, den wir Seinen Jüngern gereicht haben, und in dem geringen Dienst, den wir Ihm erwiesen haben. Welche Herablassung, das wohlgetan zu nennen, was wir selbst als übelgetan ansehen! Ich bitte alle Kinder Gottes, die diesen Morgen erst den Anfang gemacht haben mit der Selbstprüfung und dann dem Herrn ihre Unvollkommenheit bekannt haben, sich nun der Tatsache zu erfreuen, daß, wenn wir an Jesus Christus glauben und uns Ihm wirklich übergeben haben, wir dieses Leben beschließen und das nächste beginnen werden mit dem Urteil: „Wohl, du guter und treuer Knecht."

Beachtet jedoch, daß ihr auch solche seid, die alles treu tun. Ich höre manchmal Leute gegen die Selbstgerechtigkeit sprechen, denen ich sagen möchte: „Ihr habt keine Veranlassung, darüber zu sprechen, denn das betrifft euch nicht, da ihr keine Gerechtigkeit habt, auf die ihr stolz sein könntet." Ich höre Menschen gegen die Errettung durch gute Werke sprechen, die nicht in diesen Irrtum fallen können, denn ihr Leben und ihre guten Werke sind weit getrennt. Was ich bewundere ist, einen Mann wie Paulus zu sehen, der für den Herrn lebte und bereit war, für Ihn zu sterben und dennoch am Ende seines Lebens sagte: „Aber was irgend mir Gewinn war, das habe ich um Christi willen für Verlust geachtet; ja wahrlich, ich achte auch alles für Verlust wegen der Vortrefflichkeit der Erkenntnis Christi Jesu, meines Herrn, um dessentwillen ich alles eingebüßt habe und es für Dreck achte, auf daß ich Christum gewinne und in Ihm erfunden werde, indem ich nicht meine Gerechtigkeit habe, die aus dem Gesetz ist, sondern die durch den Glauben an Christum ist – die Gerechtigkeit aus Gott durch den Glauben."

Vorwärts, Brüder, und denkt nicht an die Ruhe, bis das Tagewerk vollendet ist. Dient Gott mit allen Kräften! Tut mehr als die Pharisäer, die durch ihren Eifer selig werden wollten. Tut mehr als eure Brüder von euch erwarten und dann, wenn ihr alles getan habt, legt es zu eures Meisters Füßen mit dem Bekenntnis: „Ich bin ein unnützer Knecht."

Diejenigen sind es, die Treue mit Demut, und Eifer mit Selbstgericht verbinden, denen Jesus sagen wird: „Wohl, du guter und treuer Knecht, du bist über weniges treu gewesen, ich will dich über viel setzen; gehe ein in die Freude deines Herrn." Amen.

DER GUTE HIRTE

„Ich bin der gute Hirte; und ich kenne die Meinen und bin gekannt von den Meinen, gleichwie der Vater mich kennt, und ich den Vater kenne; und ich lasse mein Leben für die Schafe.“ (Joh. 10, 14. 15.)

Der Herr Jesus Christus ruft uns dieses Wort zu. Jedes Wort der Heiligen Schrift ist köstlich. Wenn Gott durch Priester, Propheten oder andere zu uns spricht, so freuen wir uns. Wenn es aber im Alten Testament heißt: „So spricht der Herr“, dann sind wir besonders beeindruckt, die Botschaft unmittelbar aus Gottes Mund zu hören, aber dennoch machen wir keinen Unterschied zwischen solchen Schriftstellen und anderen. Wir nehmen sie alle als von Gott eingegeben an und streiten nicht über verschiedene Grade der Eingebung. Die Sache wäre einfach genug, wenn die ungläubigen Gelehrten sie nicht verwirrt hätten.

„Alle Schrift ist von Gott eingegeben und nütze zur Lehre, zur Überführung, zur Zurechtweisung, zur Unterweisung in der Gerechtigkeit“, und doch sind die Worte, die der Herr Jesus selbst gesprochen hat, unseren Herzen besonders wertvoll; sie sind Honig und Honigseim. In den Worten, die wir gelesen haben, spricht nicht ein Priester, Prophet oder König, sondern jemand, der Priester, Prophet und König ist, unser Herr Jesus Christus.

Beachtet, daß Jesus hier nicht nur der Redende ist, sondern auch der Gegenstand der Rede. Er spricht von sich selbst. Er ist anders als wir, unendlich über uns erhaben und steht nicht unter den Regeln, die für uns Sterbliche gelten. Wenn Er von Seiner Herrlichkeit spricht, erkennen wir, daß Seine Rede kein eitles Rühmen ist. Nein, wenn Er sich preist, so danken wir Ihm vielmehr dafür, daß Er es tut und bewundern Seine Herablassung, von uns armen Menschen Ehre zu wünschen und anzunehmen. Es wäre Stolz von uns, wenn wir Ehre von den Menschen suchten; es ist Demut von Ihm, wenn Er es tut, denn Er ist so groß, daß die Achtung von so geringen Wesen, wie wir es sind, nicht um Seinetwillen, sondern um unsertwillen von Ihm gesucht werden kann. Von allen Worten des Herrn sind das die lieblichsten, die Er von sich selbst spricht.

Meine Brüder, wer kann von Jesus sprechen wie Er selbst? Er beherrscht alle unsere Beredsamkeit. Seine Vollkommenheit übersteigt unsere Erkenntnis; das Licht Seiner Vorzüglichkeit ist zu hell für uns, es blendet unsere Augen. Unser geliebter Heiland muß Sein eigener Spiegel sein. Niemand als Jesus selbst kann Jesus offenbaren. Nur Er selbst kann sich sehen, sich kennen, sich verstehen, und daher kann Ihn niemand offenbaren, als Er selbst. Wir sind sehr froh, daß Er in Seiner Güte sich uns durch so viele herrliche Bilder und Gleichnisse darstellt, wodurch Er uns etwas von Seiner Liebe, die alle Erkenntnis übertrifft, erkennen läßt. Mit eigener Hand füllt Er einen Becher aus dem Meer Seiner Unendlichkeit und reicht ihn uns, damit wir trinken und erfrischt werden. Nehmt denn diese Worte als doppelt erfrischend, weil sie unmittelbar aus dem Munde des Geliebten kommen und reiche Offenbarungen Seiner herrlichen Person enthalten.

Ein vollkommener Charakter

Wenn der Heiland sich durch ein Bild vorstellt, dann ist dieses Bild in weitester und höchster Bedeutung zu verstehen, und doch ist es noch nicht imstande, die volle Bedeutung auszudrücken. Der Herr Jesus füllt jedes Bild und Gleichnis, und wenn das Gefäß voll ist, so fließt es über. Es ist mehr in Jesus, dem guten Hirten, als durch einen Hirten darzustellen ist. Er ist der gute, der große, der Haupt-Hirte, aber Er ist viel mehr. Die Bilder, die Ihn darstellen, können vermehrt werden wie die Tropfen des Morgentaues, aber alle zusammen werden noch nicht imstande sein, Seine ganze Herrlichkeit darzustellen. Die Schöpfung ist ein zu kleiner Rahmen für Sein Bild. Menschliche Gedanken sind zu beschränkt und menschliche Reden zu schwach, Ihn vollständig darzustellen. Wenn alle Bilder im Himmel und auf Erden Ihn beschrieben haben, so ist doch nicht alles beschrieben. Du kannst eher das Quadrat des Kreises finden, als Christus in der menschlichen Sprache darzustellen. Er ist unendlich erhaben über unsere Begriffe und unaussprechlich für unser Sprachvermögen.

Aber beachtet, daß Er sich hier als ein Hirte darstellt. Bleibt einen Augenblick dabei stehen. Ein Hirte ist kein Mann, wie wir ihn heute kennen, welcher die Schafe einige Monate hütet, bis sie geschlachtet werden. Ein Hirte im Morgenland, wie Abraham, Isaak, Jakob oder David, ist eine ganz andere Person.

Der morgenländische Hirte ist im allgemeinen der Besitzer der Herde, oder wenigstens der Sohn des Besitzers. Unsere Hirten sind nur sehr selten die Besitzer der Schafe; sie werden angestellt, diese zu weiden, aber haben weiter kein Interesse daran. Unsere Hirten sind im allgemeinen tüchtige Männer – wenigstens die ich kennengelernt habe, sind gute Arbeiter, aber sie sind nicht wie die morgenländischen Hirten und können es nicht sein, weil sie nicht Besitzer der Herde sind, die sie leiten. Der morgenländische Hirte erinnert sich, wie er in den Besitz der Herde gekommen ist, wann und wo jedes einzelne Schaf geboren ist, wo er sie geweidet hat und welche Prüfungen er in Verbindung mit seiner Herde gehabt hat. Sein Reichtum besteht in seiner Herde. Er hat selten ein eigenes Haus und besitzt gewöhnlich auch nicht viel Land. Er weidet seine Herde auf einer ausgedehnten Trift, die dem ganzen Stamm gehört; sein Besitz ist die Herde. Fragt ihr nach seinem Reichtum, so antwortet er: „Ich besitze so und so viele Schafe."

In der lateinischen Sprache ist das Wort „Geld" von dem Wort „Vieh" abgeleitet, weil bei vielen alten Römern der Reichtum in Wolle und das Vermögen in Herden bestand. Der Herr Jesus ist unser Hirte, wir sind Sein Reichtum. Wenn ihr Ihn fragt, was Sein Erbe ist, so spricht Er „von dem Reichtum der Herrlichkeit seines Erbes in den Heiligen." Fragt ihr nach Seinen Juwelen, so sagt er: „Sie sind ja mein Volk." Wenn ihr fragt, wo Seine Schätze sind, so wird Er sagen: „Des Herrn Teil ist sein Volk." Der Herr Jesus hat nichts, was Er so schätzt wie Seine Gemeinde. Um ihretwillen gab Er alles auf, was Er hatte, und starb arm und bloß am Kreuz. Von Ihm kann gesagt werden: „Er hat die Versammlung geliebt und sich selbst für sie hingegeben."

Weil der Hirte die Schafe besitzt, so sorgt Er auch für sie. Einer unserer Brüder ist ein Feuerwehrmann, und weil er auf der Wache wohnt, ist er stets zum Dienst verpflichtet. Ich fragte ihn, ob er nicht einige Stunden dienstfrei sei, aber er sagte, daß dies nie der Fall sei. Er ist im Dienst, wenn er sich zu Bett legt; er ist im Dienst, wenn er sein Frühstück ißt; er ist im Dienst, wenn er auf die Straße geht. Sobald die Sirene ertönt, muß er am Platz sein und zum Feuer eilen.

Unser Herr Jesus Christus ist nie außer Dienst. Er hat Tag und Nacht Sorge um Sein Volk. Er kann in Wahrheit sagen, was Jakob sagte: „Des Tages verzehrte mich die Hitze, und der Frost des Nachts."

Ich kann euch nicht alle Sorgen eines Hirten mitteilen. Er

hat selten die Herde vollständig gesund. Stets fehlt dem einen oder dem anderen Schaf etwas, aber er stellt es fest und hat Hand, Auge und Herz bereit, zu helfen und zu lindern. Er ist der Eigentümer der Herde und sorgt auch für sie.

Dann muß er auch der Versorger sein, denn es gibt keinen Führer unter ihnen, welcher etwas von der rechten Wahl der Weide versteht. Die Jahreszeit ist vielleicht sehr trocken, und wo sonst Gras steht, ist nur eine dürre Fläche. Es mag sein, daß nur an den fließenden Bächen Kräuter zu finden sind, hier und dort ein wenig. Die Schafe wissen nichts davon, der Hirte muß es für sie wissen. Für Zeit und Ewigkeit, für Leib und Seele versorgt der Herr Jesus alle unsere Nöte aus dem Reichtum Seiner Herrlichkeit. Er ist der große Lagerhalter, von dem wir alles empfangen. Er hat uns versorgt, Er versorgt uns und wird uns versorgen, und jeder von uns kann deshalb singen: „Der Herr ist mein Hirte, mir wird nichts mangeln."

Aber, liebe Freunde, wir denken oft, daß wir die Hirten sind oder daß wir jedenfalls Weide zu suchen haben. Ich konnte es nicht lassen, kürzlich in einer kleinen Gebetsstunde die Bemerkung zu machen, daß es eine Stelle im 23. Psalm gibt, welche uns sagt, daß der Herr etwas für uns tut, was wir nach unserer Meinung selbst tun können. „Er lagert mich auf grünen Auen" (Ps. 23, 2). Wahrlich, wenn ein Schaf auch nichts tun kann, so kann es sich doch niederlegen. Und doch fällt das den Schafen Gottes schwer. Hier muß die volle Macht des ruhegebenden Christus kommen, damit unsere aufgeregte und unruhige Natur sich zur Ruhe legt. Unser Herr kann uns vollkommenen Frieden geben, und Er wird es tun, wenn wir uns auf Seine Fürsorge verlassen. Es ist des Hirten Sache, der Versorger zu sein. Laßt uns daran denken und in Seiner Hut glücklich sein.

Weiter muß der Hirte auch der Führer sein. Er leitet die Schafe, wohin sie zu gehen haben. Ich war oft erstaunt über die Hirten im Süden Frankreichs (das Palästina so sehr ähnlich ist) wenn ich sah, wohin sie ihre Schafe führten. Wöchentlich einmal sah ich, daß der Schäfer herunter nach Mentone kam und eine Herde ans Seeufer führte. Ich konnte dort nichts für sie erkennen als große Steine. Das Volk sagt, daß deswegen das Hammelfleisch so hart wird. Jedenfalls folgen sie dem Hirten, und er geht mit ihnen den steilen Hügel hinauf, bis er an solche Stellen kommt, wo Gras an den Seiten der Hügel wächst. Er weiß den Weg, und die Schafe haben weder den Weg zu suchen noch zu wählen, sondern dem Hirten zu folgen.

Seht ihr nicht, wie unser guter Hirte Wege für euch sucht und euch darauf bewahrt? Sagt ihr nicht: „Ja, Er führt mich, und es ist meine Freude, Ihm zu folgen. Führe uns weiter, o Herr, wir wollen Deinen Fußstapfen folgen!“

Der Hirte im Osten ist auch der Verteidiger der Herde, denn Wölfe durchstreifen diese Gegend. Wilde Tiere greifen die Schafe an und er muß zum Kampf bereit sein. So ist es auch mit unserem Hirten. Kein Löwe kann die Herde anbrüllen ohne einen Größeren zu finden als David. „Siehe, der Hüter Israels schläft und schlummert nicht.“

Der Herr Jesus sagt selbst: „Ich bin der gute Hirte.“ Der gute Hirte; das heißt, Er ist kein Dieb, welcher stiehlt und weiter nichts mit den Schafen zu tun hat, als sie von der Weide zum Schlachter zu führen. Er ist kein Mietling; Er tut nicht einfach, was Ihm befohlen ist oder wofür Er bezahlt wird, sondern Er tut alles mit Liebe und willigem Herzen. Er arbeitet mit ganzer Seele. Seine Güte, Seine Sanftmut, Seine Bereitwilligkeit und Macht in allem, was Er tut, macht Ihn zum vollkommensten Hirten, den es gibt. Er ist weder ein Mietling noch ein Faulpelz. Selbst Hirten, die ihre eigene Herde hatten, haben sie vernachlässigt, wie es Landleute gibt, die ihren Acker nicht gut bearbeiten. Aber so ist es nicht mit Jesus. Er ist der gute Hirte, vollkommen gut. Gut in

Seiner Sanftmut, gut in Seiner Freundlichkeit, gut im Kampf, gut in der Aufsicht und gut in der weisen Führung; in jeder Weise gut im höchsten Grade.

Und dann sagt Er: „Ich bin der gute Hirte.“ Das ist ein Punkt, auf den ich aufmerksam mache. Von anderen Hirten kann man sagen, er ist ein Hirte, aber von Ihm heißt es, Er ist der Hirte, Er ist der gute Hirte. Alle anderen Hirten sind bestenfalls Schatten. Das, was wir mit Augen sehen, ist eigentlich nicht das Wesen, sondern das Bild, der Schatten. Das, was wir nicht mit Augen sehen, das, was nur unser Glaube erkennt, ist eigentlich die wahre Sache. Ich habe Hirten gesehen, aber sie waren mir nur Bilder. Der Hirte, der wirkliche, der wahre, der beste im Hirtenamt ist Jesus selbst, und ihr und ich sind die Schafe. Die Schafe, welche wir auf den Weiden sehen, sind Bilder von uns selbst; wir sind die wahren Schafe, und Jesus ist der wahre Hirte.

Alles Gute, was ihr euch von einem Hirten denken könnt, werdet ihr beim Herrn Jesus finden.

Wenn es Jesus gefällt, mein Hirte zu sein, dann sollte es mir ebenso gefallen, Sein Schaf zu sein. Alle Vorrechte, die damit verbunden sind, daß Er mein Hirte ist und ich Sein Schaf, sollte ich ergreifen. Ich sehe, daß es Ihn nicht beunruhigt, daß ich Sein Schaf bin. Ich sehe, daß meine Nöte Ihn nicht in Verlegenheit bringen. Ich sehe, daß Er sich die Mühe macht, mir in meinen Schwächen und Gebrechen beizustehen. Er freut sich der Tatsache, daß Er der gute Hirte ist. Er lädt mich gleichsam ein, meine Nöte und Beschwerden zu Ihm zu bringen und dann zu Ihm aufzublicken und von Ihm gespeist zu werden. Darum will ich es tun.

Macht es euch nicht sehr glücklich, zu hören, daß euer Herr selbst sagt: „Ich bin der gute Hirte!“ Erwidert ihr nicht: „Ja, Du bist der gute Hirte. Du bist mir ein guter Hirte. Mein Herz legt Nachdruck auf das Wort ‚gut‘. Es ist nur einer gut, und dieser Eine bist Du. Du bist der gute Hirte der Schafe.“

Die vollkommene Erkenntnis

Möge der Heilige Geist das Wort noch mehr segnen, wenn ich in meiner einfachen Weise über den nächsten Punkt spreche. Die Kenntnis Christi betreffs Seiner Schafe und die der Schafe betreffs Seiner ist vollkommen. Ich muß den Text noch einmal lesen: „Ich bin der gute Hirte; und ich kenne die Meinen und bin gekannt von den Meinen, gleichwie der Vater mich kennt, und ich den Vater kenne."

Beachtet zuerst Jesu Kenntnis der Seinen und womit Er diese Kenntnis vergleicht: „gleichwie der Vater mich kennt." Ich kann mir keinen stärkeren Vergleich vorstellen. Weißt du, wie der Vater den Sohn kennt, der Seine Herrlichkeit, Sein Liebling, ja, Gott mit Ihm ist? Weißt du, wie innig die Kenntnis des Vaters von Seinem Sohn sein muß, der Seine eigene Weisheit, ja, Sein eigenes Selbst ist? Wir können nicht sagen, wie innig diese Kenntnis ist, und doch kennt der große Hirte Seine Schafe ebenso innig und vollkommen.

Er kennt ihre Zahl. Er wird nie eins verlieren. „Die du mir gegeben hast", sagt Er, „und ich habe sie behütet, und keiner von ihnen ist verloren." Er kennt die Zahl derer, für die Er den Erlösungspreis gezahlt hat.

Er kennt den Charakter und das Alter eines jeden der Seinen. Er versichert uns, daß selbst die Haare auf unserem Haupt gezählt sind. Jesus hat keine Schafe, die Ihm unbekannt sind. Es ist nicht möglich, daß Er eins übersehen oder vergessen haben sollte. Er hat eine so innige Kenntnis von ihnen allen, die durch Sein kostbares Blut erlöst sind, daß Er nie eines mit dem anderen verwechselt oder eines falsch beurteilt. Er kennt ihren Zustand. Er kennt die Schwachen, die Nervösen, die Starken, die, welche eine Neigung zur Schwindsucht haben, die Tapferen, die Kranken, die Sorgenvollen, Ermatteten oder Verwundeten. Er kennt diejenigen, welche der Teufel jagt, welche sich zwischen den Klauen der

Löwen befinden und geschüttelt werden, bis sie fast das Leben verlieren. Er kennt ihre Gefühle, ihre Furcht, ihren Schrecken.

Er kennt unsere innersten Gedanken und Gefühle besser als irgend jemand von uns selbst. Er kennt unsere Prüfungen, die besondere Prüfung, unter welcher du jetzt niedergebeugt bist, die besondere Schwierigkeit, die dir in den Weg tritt, mein Bruder, gerade jetzt. Alles, was unser Leidenskelch enthält, ist Ihm bekannt. „Ich kenne die Meinen, wie der Vater mich kennt.“ Es ist unmöglich, sich eine Kenntnis zu denken, die vollkommener ist als diejenige, welche Jesus Christus von einem jeden Seiner Erwählten hat. Er kennt unsere Sünden. Ich fühle mich oft bedrückt, wenn ich daran denke, daß Er unsere böse Natur kennt und wußte, was daraus werden würde. Als Er uns erwählte, wußte Er, was wir waren und was wir sein würden. Er kaufte Seine Schafe nicht im Dunkeln. Er erwählte uns nicht, ohne die bösen Wege unseres vergangenen und zukünftigen Lebens zu erkennen.

Hier liegt der Glanz Seiner Gnade. „Denn welche er zuvorerkannt hat, die hat er auch zuvorbestimmt.“ Seine Wahl schließt die Kenntnis aller unserer bösen Gewohnheiten ein. Man sagt von der menschlichen Liebe, daß sie blind sei, aber Christi Liebe hat viele Augen, und alle Seine Augen sind offen, und doch liebt Er uns.

Ich habe nicht nötig, darüber mehr zu sagen. Es sollte jedoch sehr tröstlich für euch sein, daß ihr eurem Herrn so bekannt seid. Er kennt euch in Seinem Herzen. Ihr seid Ihm besonders teuer. Ihr seid von Ihm angenommen worden. Er kennt euch durch eigene Bekanntschaft, nicht vom Hörensagen. Er kennt euch durch Gemeinschaft mit euch. Er hat euch gelesen wie ein Mensch sein Buch liest. Er kennt euch durch Mitleid, denn Er war ein Mensch wie ihr. Er kennt eure Schwächen. Er kennt die Stellen, wo ihr am meisten leidet. „Daher mußte er in allem den Brüdern gleich werden.“

Und indem Er uns gleichgemacht wurde, hat Er uns erkannt und Er kennt uns in einer sehr praktischen und zarten Weise.

Du hast eine Uhr, die nicht gehen will oder die verkehrt geht, und du gibst sie in die Hand eines Menschen, der viel davon versteht, und er sagt: „Ich habe jedes Rad an seinen Ort gebracht. Ich habe sie ganz gemacht von Anfang bis zu Ende." Du denkst: „Dem Mann kann ich trauen betreffs meiner Uhr; er kann sie in Ordnung bringen, denn er hat sie gemacht." Ich freue mich oft bei dem Gedanken, daß der Herr, der mich gemacht hat, mich auch wieder zurechtbringen und so bis ans Ende bewahren kann. Mein Schöpfer ist mein Erlöser. Der mich geschaffen hat, hat mich wiedergeboren und wird mich vollkommen machen zu Seinem Lob und Preis. Das ist der erste Teil der vollkommenen Erkenntnis.

Der zweite Teil dieses Gegenstandes ist unsere Kenntnis des Herrn und die Tatsache, wodurch sie erklärt wird: „. . .und bin gekannt von den Meinen, gleichwie der Vater mich kennt." Vielleicht sagt jemand: „Ich sehe darin nicht so viel. Ich sehe viel darin, daß Jesus uns kennt."

Geliebte, ich sehe sehr viel in unserer Erkenntnis von Christus. Daß Er mich kennt, ist eine große Herablassung, aber es muß Ihm leicht sein, mich zu erkennen. Da Er so göttlich ist und solche durchdringenden Augen hat, ist es eine große Herablassung, aber es ist für Ihn nicht schwer, mich zu erkennen. Das Wunder ist, das ich Ihn je erkenne. Daß eine solch dumme, blinde, taube, tote Seele Ihn je kennen würde, und Ihn so kennen würde, wie Er den Vater kennt, sind tausend Wunder in einem. Bruder, dies ist ein so großes Wunder, daß ich glaube, wir haben es noch nicht begriffen, denn sonst würden wir in freudiger Überraschung sagen: „Das zeigt Ihn uns als den guten Hirten. Nicht nur, daß Er Seine Herde kennt, sondern daß Er sie so belehrt hat, daß sie Ihn kennen! Das ist wunderbar, daß Jesus eine Herde hat, die Er imstande ist, so zu erziehen, daß jedes Schaf Ihn kennt, Ihn so kennt, wie Er den Vater kennt.

O Geliebte, wenn das wahr ist, daß wir unseren Hirten kennen, dann können wir vor Freude in die Hände klatschen! Jedenfalls kenne ich so viel von meinem Hirten, daß mir nichts so viel Freude macht, als von Ihm zu hören. Bruder, es liegt kein eitler Ruhm in dieser Behauptung. Ihr könnt dasselbe sagen. Könnt ihr es nicht? Würde die schönste Predigt euch entzücken, wenn Christus nicht darin wäre? Nein! Aber ihr kommt her und hört mich von Jesus Christus sprechen in so einfachen Worten, wie es mir möglich ist, und ihr sagt zueinander: „Hier ist gut sein."

Nun seht, in welcher Weise Jesus den Vater kennt. Er freut sich Seines Vaters, und ihr freut euch Seiner. Ich weiß, daß ihr es tut, und hierin liegt ein guter Vergleich.

Erquickt nicht der treue Name Jesus eure Seele? Was ist es, das euch drängt, hinwegzueilen, um einen Dienst für den Herrn zu tun? Was macht euch das Herz wach, als wollte es aus dem Körper springen? Was anderes, als wenn ihr von Jesu Herrlichkeit hört? Rührt die Saiten, wie ihr wollt, und ich bleibe taub, aber wenn ihr von Golgatha anfangt und von der freien Gnade und von der Liebe, die für uns starb, sprecht, dann öffnet meine Seele sich weit, und sie ist bereit, vor Freude zu jubeln: „Mein Freund ist mein und ich bin sein!"

Ja, wir kennen Jesus. Brüder, wir kennen Ihn so, daß wir nicht durch falsche Hirten betrogen werden können. Es gibt eine Weise heutzutage, Christus wider Christus zu predigen. Es ist eine neue Erfindung des Teufels, Jesus gegen Jesus zu stellen, Sein Reich gegen Seine Versöhnung, Seine Vorschriften gegen Seine Lehren. Der halbe Christus wird vorgestellt, um die Seelen von dem ganzen Christus, der die Seelen der Menschen sowohl von der Schuld als von der Macht der Sünde erlöst, wegzuziehen. Aber sie können uns in dieser Weise nicht täuschen. Nein, meine Lieben, wir kennen unseren Hirten. Wir kennen den lebendigen Christus, denn wir haben lebendige Gemeinschaft mit Ihm und wir können betreffs Seiner so wenig getäuscht werden wie Er betreffs des Vaters: „Ich bin gekannt von den Meinen, gleichwie der Vater mich kennt.“ Wir kennen Ihn durch die Vereinigung und Gemeinschaft mit Ihm. „Wir haben den Herrn gesehen.“ Unsere Gemeinschaft ist mit dem Vater und mit Seinem Sohn Jesus Christus.

Wir kennen Ihn durch die Liebe; unsere Seele hängt Ihm an wie das Herz Jesu dem Vater anhängt. Wir kennen Ihn durch unser Vertrauen. „Gott ist mein Heil; ich vertraue und fürchte mich nicht“ (Jes. 12, 2).

Ich erinnere mich, daß ich einmal sehr darüber bekümmert war, ob ich ein Kind Gottes sei oder nicht. Ich ging in eine kleine Kapelle und hörte einen guten Mann predigen. Es war ein einfacher Arbeiter. Ich hörte ihn predigen und mein Taschentuch wurde naß von meinen Tränen, als ich ihn über Christus und Sein köstliches Blut sprechen hörte. Wenn ich dieselben Sachen anderen predigte, war es mir fraglich, ob es mein sei, aber da ich es predigen hörte, wußte ich, daß es mein sei, denn meine Seele lebte darin. Ich ging zu dem guten Mann und dankte ihm für die Predigt. Er fragte mich, wer ich sei. Als ich ihm meinen Namen nannte, verlor er alle Farbe. „Ach“, sagte er, „es war Ihre eigene Predigt.“ Ich sagte: „Ja, das weiß ich, und es war gut vom Herrn, mich mit dem zu nähren, was ich als Nahrung für andere bereitet habe.“ Ich merkte, daß ich einen Geschmack hatte für das, was ich als das Evangelium Christi kannte. O ja, wir lieben unseren guten Hirten; wir können nicht anders.

Und wir kennen Ihn auch durch eine tiefe Gemeinschaft mit Ihm. Er liebt es, Seelen zu retten, und wir auch. Würden wir nicht alle Menschen in der Straße retten, wenn wir es könnten? Ja, alle in der Stadt, alle in der Welt! Nichts macht uns so froh wie dies, daß Jesus ein Heiland ist. „Es steht etwas Neues in der Zeitung“, sagt jemand. Die Neuigkeit ist für unsere Seelen von geringer Bedeutung. Ich erfuhr, daß ein armes Dienstmädchen durch meine Predigt zum Frieden gekommen sei, und diese Botschaft hat mich mehr interessiert, als der Sieg oder die Niederlage der Konservativen. Was macht es, wer im Bundestag sitzt, solange Seelen errettet werden! Das ist die Hauptsache. Wenn das Reich Christi wächst, sind alle anderen Sachen von geringer Bedeutung. Das ist das eine Reich, wofür wir leben und wofür wir bereit sind, zu sterben. Wie eine unendliche Gemeinschaft zwischen dem Vater und dem Sohn besteht, so ist es mit dem Herrn Jesus und uns.

Wir kennen Ihn, wie Er den Vater kennt, weil wir eins mit Ihm sind. Die Vereinigung zwischen dem Herrn Jesus und Seinem Volk ist ebenso wirklich und geheimnisvoll wie die Vereinigung zwischen dem Vater und dem Sohn.

Wir haben ein herrliches Bild vor uns. Könnt ihr es euch eine Minute vorstellen? Er ist der Hirte. Sein Volk ist um Ihn und folgt Ihm, wohin Er geht. Er lagert sie auf grünen Auen und führt zu stillen Wassern. Er kennt sie, und ein jedes von ihnen kennt Ihn. Es ist eine tiefe, innige, vertraute und gegenseitige Kenntnis zwischen ihnen. So gewiß, wie Er sie kennt, kennen sie Ihn auch. Die Welt kennt weder den Hirten noch die Schafe, aber Hirte und Schafe kennen sich gegenseitig. So gewiß, wahrhaft und tief wie Gott, der Vater, den Sohn, und Gott, der Sohn, den Vater kennt, so kennen diese Schafe ihren Hirten. So wandern sie Hand in Hand durch die Welt zum Himmel. „Ich kenne die Meinen, wie mich der Vater kennt, und ich den Vater kenne.“ Ist das nicht ein köstliches Bild? Gott helfe uns, es zu gebrauchen.

Die völlige Hingabe

Diese völlige Hingabe wird mit den Worten beschrieben: „Und ich lasse mein Leben für die Schafe." Diese Worte werden in diesem Kapitel in verschiedener Weise viermal wiederholt. Der Heiland fährt fort zu sagen: „Ich lasse mein Leben für die Schafe." Lest den zwölften Vers: „Der gute Hirte läßt sein Leben für die Schafe." Den fünfzehnten Vers: „Ich lasse mein Leben für die Schafe." Den siebzehnten Vers: „Weil ich mein Leben lasse, auf daß ich es wiedernehme." Den achtzehnten Vers: „Ich habe Gewalt es zu lassen, und habe Gewalt es wiederzunehmen." Es scheint, als sei dieses ein anderer Refrain von dem Liede unseres Herrn. Ich nenne diese Stelle Sein Hirtenlied. Der gute Hirte mit Seiner Hirtenflöte singt es sich und Seiner Herde vor, und jeder Vers endet mit den Worten: „Ich lasse mein Leben für die Schafe".

Bedenket dies, daß Er sich Sein ganzes Leben lang hingab. Er legte selbst die Gewänder des Lebens ab, bis Er endlich völlig entkleidet ans Kreuz geschlagen wurde. Sein ganzes Leben, ja, alle Macht die Er hatte, hat Er stets für Seine Schafe hingegeben.

Und dann heißt es, daß die Hingabe wirklich ausgeführt wurde. Er starb nicht nur für die Schafe, sondern Er gab Sein Leben für sie hin, was mehr bedeutet. Mancher Mensch ist für Jesus gestorben, das ist alles, was er konnte. Wir können unser Leben nicht hingeben, weil es schon eine natürliche Schuld vor Gott und es uns nicht erlaubt ist, zu sterben, wenn wir wollen. Das wäre Selbstmord und nicht statthaft. Mit dem Herrn Jesus war es ganz anders. „Ich lasse mein Leben für die Schafe . . . weil ich mein Leben lasse, auf das ich es wiedernehme . . . Dieses Gebot habe ich von meinem Vater empfangen."

Ich liebe es, an unseren guten Hirten zu denken, nicht nur, daß Er für uns starb, sondern daß Er freiwillig für uns starb.

Er gab Sein Leben für uns. Solange Er lebte, gebrauchte Er Sein Leben für uns, und als die Zeit kam, gab Er es für uns dahin. Als Er diese Worte sprach, war es noch nicht geschehen, aber jetzt ist es geschehen. „Ich lasse mein Leben für die Schafe“ könnte jetzt gelesen werden: „Ich habe mein Leben für die Schafe gelassen.“ Für euch, meine Geliebten, hat Er Seine Hände den Nägeln dargeboten und Seine Füße dem grausamen Eisen. Für euch hat Er das Fieber erduldet; für euch hat Er gerufen: „Mein Gott, mein Gott, warum hast du mich verlassen;“ für euch hat Er den Geist aufgegeben.

Und das Schöne dabei ist, daß Er sich nicht schämt, den Gegenstand Seiner Liebe zu nennen: „Ich lasse mein Leben für die Schafe.“ Was Er auch für die Welt getan hat – Sein besonderer Ruhm ist: „Ich lasse mein Leben für die Schafe.“

Großer Hirte, willst Du sagen, daß Du für diese Schafe gestorben bist? Wir wissen, daß es Dich betrübt hätte, zu sehen, wie die Schafe getötet oder vom Wolf ergriffen und zerstreut werden; aber Du bist doch nicht so weit in der Liebe gegangen, für diese Geschöpfe Dein Leben hinzugeben? „O ja“, sagt Er, „ich wollte es und habe es getan.“ Du großer und ewig unbegreiflicher, herrlicher Herr, wolltest Du Dein Leben hingeben für Männer und Frauen wie wir? Wir sind, mit Dir verglichen, weniger als Ameisen und Würmer, bedauernswerte Geschöpfe. Du könntest Millionen von ihnen durch ein Wort schaffen und mit einem Wort vernichten. Es sind doch nur geringe Wesen. Sie haben harte Herzen und einen schwankenden Willen, und die Besten von ihnen sind nicht das, was sie sein sollten. Heiland, starbst Du für solche? Er blickt umher und sagt: „Ja, ich tat es, ich tat es. Ich gab mein Leben für die Schafe. Ich schäme mich nicht, es zu sagen, daß ich für sie starb.“

Nein, Geliebte, Er schämt sich Seiner sterbenden Liebe nicht. Er hat es droben allen Dienern im Hause Seines Vaters kundgetan, und in diesem Hause wird das Lied gesungen:

„Würdig ist das Lamm, das geschlachtet worden ist, zu empfangen die Macht und Reichtum und Weisheit und Stärke und Ehre und Herrlichkeit und Segnung."

Was die Menschen auch von einer besonderen Erlösung sagen, Jesus schämt sich dessen nicht. Es ist Sein Ruhm, daß er Sein Leben für Seine Schafe gegeben hat. Er sagt, „für die Schafe, nicht für die Welt. Es gibt eine Wohltat des Todes Jesu für die Welt, aber hier rühmt Er das Besondere Seines Opfers: „Ich lasse mein Leben für die Schafe." Man könnte auch sagen: „statt der Schafe." Er rühmt die Stellvertretung. Er macht es zu Seinem Ruhm, wenn Er von Seinen Erwählten spricht, daß Er an ihrer Statt gelitten hat, daß Er den Zorn Gottes für ihre Sünden getragen hat. Was Sein Ruhm ist, wollen wir auch rühmen. „Von mir aber sei es ferne, mich zu rühmen, als nur des Kreuzes unseres Herrn Jesus Christus, durch welches mir die Welt gekreuzigt ist, und ich der Welt."

O Geliebte, welch einen herrlichen Christus haben wir, der uns liebt, der uns kennt, und den wir auch kennen und lieben! Mögen auch andere belehrt werden, Ihn zu kennen und zu lieben! Mögen sie in diesem Augenblick ihr Vertrauen auf Ihn setzen, wie die Schafe auf den Hirten vertrauen! Wir bitten darum um Jesu Willen. Amen.

DIE SICHERHEIT DER GLÄUBIGEN

„Meine Schafe hören meine Stimme, und ich kenne sie, und sie folgen mir; und ich gebe ihnen ewiges Leben, und sie gehen nicht verloren ewiglich, und niemand wird sie aus meiner Hand rauben. Mein Vater, der sie mir gegeben hat, ist größer als alles, und niemand kann sie aus der Hand meines Vaters rauben. Ich und der Vater sind eins.“
(Joh. 10, 27–30)

Unser Heiland scheute sich nicht, vor einem gemischten Publikum die tiefen Lehren des Evangeliums zu predigen. Als Er in Nazareth, wo Er erzogen wurde, zu predigen begann, sammelten sich alle mit Bewunderung um Ihn. Als Er aber die Lehre von der Erwählung verkündigte, wurden sie so unwillig, daß sie Ihn töten wollten. Die Rede, daß Elias an den Witwen in Israel vorübergegangen war und die Witwe in Sarepta vorgezogen hatte, daß ein heidnischer Aussätziger geheilt wurde, während viele Aussätzige ihres Volkes keine Hilfe fanden, war ihnen unerträglich.

Die Lehre von der Gnadenwahl scheint die Köpfe zu erhitzen und den Zorn vieler anzufachen. Nicht, daß sie selbst von Gott erwählt sein möchten, sondern wie ein Hund am Napf möchten sie anderen dieses Vorrecht entziehen. Nicht einmal um dem Ausbruch ihrer Wut vorzubeugen, verschwieg unser Herr die Lehre von der ewigen Erwählung. Hier, bei Seiner Ansprache an die Juden, zögerte Er nicht, selbst vor dem einfachen Volk über diese herrliche Lehre zu reden. Er sagt:

„Aber ihr glaubet nicht, denn ihr seid nicht von meinen Schafen, wie ich euch gesagt habe." Er läßt das Panier der Lehre nicht herunter, sondern behauptet Seinen Platz und trägt den Kampf ins Lager der Feinde.

Die Ansicht, daß gewisse Wahrheiten für besondere Versammlungen von Gläubigen reserviert werden müssen, ist meiner Meinung nach ein entsetzlicher Irrtum. Christus hat uns nicht befohlen, einen Teil der biblischen Lehren dem Volk vorzuenthalten und diese allein den Priestern zu überlassen. Er will die öffentliche Verkündigung der ganzen Wahrheit. „Was ich euch sage in der Finsternis, redet in dem Lichte, und was ihr höret ins Ohr, rufet aus auf den Dächern" (Matthäus 10, 27).

Die Juden hatten zu Ihm gesagt: „Wenn du der Christus bist, so sage es uns frei heraus." Sie bekannten, daß sie noch Genaueres über Ihn wissen wollten. Das war unnötig, denn Er hatte ihnen alles gesagt, was sie wissen mußten, aber sie hatten Ihm nicht geglaubt. Manchmal liegt der Mangel des Menschen nicht darin, daß er das Evangelium nicht kennt. Er mag alles von Christus wissen, was zu seiner Errettung nötig ist, aber er weiß vielleicht nicht genug von sich selbst und seinem verlorenen Zustand.

Ich bitte Gott, das Wort an vielen zu segnen, daß sie mehr das Werk Christi in ihrem Herzen erkennen, mehr einsehen, wie sehr sie es nötig haben und dann dahin geführt werden, heute noch Jesus zu suchen und Ihn als ihren Heiland und Hirten zu finden.

„Meine Schafe"

Die Schafe werden zuerst als Sein besonderer Besitz bezeichnet: „Meine Schafe." Nicht alle Menschen sind Schafe, denn einige sind listige Füchse oder reißende Wölfe, andere werden mit Hunden und Löwen verglichen. Nicht alle, die

Schafe genannt werden könnten, sind Christi Schafe. Nicht alle gehören zu Seiner Herde.

Es mag viele Schafe geben, aber der Heiland sagt „Meine Schafe“ zu denen, welche Er zuvor erwählt und die der Vater Ihm gegeben hat. Sie sind mit Seinem Blut erkauft und durch Seine Macht erlöst worden, denn Er hat sie zurückgekauft aus der Hand des Feindes und beansprucht sie daher als die Seinen.

Sein Volk ist Sein erwähltes Erbteil. Er redet von „Seinen Schafen“ als Seinem besonderen Erbteil. Er ist nicht nur ihr Verwalter, sondern ihr Besitzer. Wir lesen von dem Mietling, dem die Schafe nicht eigen sind, von dem guten Hirten aber heißt es, daß Er Sein Leben läßt für Seine Schafe.

Die Schafe zeichnen sich durch ein besonderes Wesen aus. Sie sind abhängig, schüchtern, zitternd, gehorsam, und zu solchen Schafen sind wir durch Seinen Geist gemacht. Sie haben eine Natur erhalten, die sehr verschieden ist von der Hunde-Natur der Welt, wie auch von der Schweine-Natur der großen Menge und der des wölfischen Verfolgers. Das Wesen von Menschen, in denen der Geist Gottes wohnt, ist deshalb rein, sanft und voller Liebe. Er nennt sie „Meine Schafe“, denn sie haben eine besondere Beziehung zu Ihm. Da sie Seine Schafe sind, ist Er sowohl ihr Beschützer, als auch ihr Besitzer.

Wir sollten uns heute selbst prüfen und darüber nachdenken, ob wir Christi Schafe sind. Erkennen wir an, daß wir Ihm gehören mit Geist, Seele und Leib? Halten wir uns Ihm gegenüber nicht für klüger und stärker als Schafe dem Hirten gegenüber?

Ich kenne einige, die gewiß keine Schafe der Herde Christi sind, denn sie wollen von niemand im Himmel und auf Erden geführt werden, sondern ihre eigenen Wege gehen. Sie sind Kritiker, aber keine Schüler der Bibel. Sie wären vielleicht sehr gute Hunde, sind aber sehr sonderbare Schafe. Sie würden auch nicht zu verachtende Wölfe darstellen, denn sie sind groß in ihrer zerstörenden Kritik, aber sie sind sicherlich keine Schafe, denn ihre Gesinnung beweist das Gegenteil. „Wie, dahin gehen, wohin ich geführt werde? Mich niederlegen, wo es mir befohlen wird? Nicht meine eigenen Wege gehen? Nichts sehen und nichts wissen, sondern mich von einem anderen Geist als meinem eigenen leiten lassen? Wird das verlangt? Soll ich dem Herrn Jesus nichts sein als ein Schaf?“ Ja, genau so ist es, deshalb ist der moderne Weise ungehalten und verwirft stolz das Wesen eines Schafes.

Was uns betrifft, so bejahen wir alles, was der Name einschließt. O Brüder, vor anderen Menschen mögen wir den Großen spielen können, wenn wir aber vor unseren Herrn treten, so fühlen wir, daß dem Hirten gegenüber das Schaf nur ein Tier ist, ja, wir fühlen uns noch geringer. Wie oft haben wir mit David gerufen: „Da war ich dumm und wußte nichts; ein Tier war ich bei dir“ (Psalm 73, 22).

Ein besonderes Merkmal des Volkes Gottes ist das Hören auf Seine Stimme: „Meine Schafe hören.“ Sie können hören, weil ihnen „geistliche Ohren“ gegeben worden sind. Früher hätte der Hirte den ganzen Tag rufen können, ohne daß sie Ihn gehört hätten, aber jetzt ist es anders. Ihr Herr hat zu ihnen geredet; sie haben Seine Stimme gehört und kennen und unterscheiden Seine Stimme von anderen Stimmen. „Einem Fremden aber werden sie nicht folgen, sondern werden vor ihm fliehen, weil sie die Stimme der Fremden nicht kennen“ (Joh. 10, 5). Sie hören Seine Stimme und gehorchen ihr freudig.

Sagst du nicht manchmal zu einem ungehorsamen Kind: „Hast du mich nicht gehört, Kind?“ So könnte Christus zu vielen sagen, die Ihn nur mit dem äußeren Ohr hören, Ihm aber nicht gehorchen wollen, denn sie haben nicht mit dem inneren Ohr gehört. Es ist etwas Schreckliches, wenn das Ohr der Stimme des Heilandes verschlossen bleibt. Du kannst die Schafe Christi durch ihr „Zeichen“ am Ohr erkennen. „Meine Schafe hören meine Stimme.“ Sie mögen manches nicht hören, was andere hören; sie freuen sich vielleicht, taub dafür zu sein. Es gibt manche Töne, welche dem fleischlichen Ohr wie herrliche Musik sein mögen, die aber für sie keinen Reiz haben. Sie verschließen ihr Ohr vor solchen Stimmen, die ihnen nur Versuchungen bereiten würden, sie hören aber Christi Stimme. Wenn Er spricht, sind alle da; ihre Seele wartet, um auf Sein Flüstern zu lauschen. Sie hören, möchten aber noch deutlicher hören und der Stimme, welche durch die Kammern ihrer Seele dringt, noch gehorsamer werden.

So seht ihr, daß in dem Hören der Erwählten auf die Stimme Jesu, ihres Hirten, etwas Besonderes liegt. Er ruft andere vergebens, aber Seine Schafe hören Seine Stimme.

Ein anderes Merkmal des Volkes Gottes ist das Vertrauen. „Meine Schafe hören meine Stimme, und ich kenne sie.“ „Ich kenne sie.“ Ja, der Herr erkennt sie. Er findet sie heraus: „Der Herr kennt die Seinen.“ Manchmal erkennen wir sie nicht, Er aber sagt: „Ich kenne sie.“ In dunklen Zeiten kennen sie sich selbst nicht, Er aber sagt: „Ich kenne sie.“ Wenn ein Kind Gottes nicht weiß, ob es ein Kind Gottes ist oder nicht, so kennt der Vater Seine Kinder, und der große Hirte kennt Seine eigenen Schafe. In Seinem Erkennen täuscht Er sich nie. Der Heuchler kann nicht in die wahre Herde Christi eingehen. Er mag sich in die sichtbare Herde drängen, aber nicht in die wirkliche, geistliche Herde, denn Christus kennt ihn nicht und befiehlt ihm, zu weichen. Dieses ist das Siegel des festen Grundes Gottes: „Der Herr kennt die Seinen.“ Sein Auge unterscheidet zwischen Gerechten und Gottlosen; zwischen dem, der Gott fürchtet, und dem, der Ihn nicht fürchtet.

„Ich kenne sie“, sagt der Hirte. „Ich freue mich ihrer. Ich kenne ihre geheimen Seufzer und ihre Trauer. Ich höre ihre verborgenen Gebete. Ich kenne den Lobpreis in der Stille ihres Herzens. Ich kenne ihre Hingabe und ihr Verlangen, mir besser zu dienen. Ich kenne ihre Sehnsucht und ihre Liebe. Ich weiß, wie sie sich meiner freuen. Ich weiß, wie sie meinen Verheißungen trauen. Ich weiß, wie sie auf mein versöhnendes Blut blicken. Ich weiß, wie sie im Innersten ihrer Seele sich meines Namens freuen. Ich kenne sie und kenne ihre verborgenen Gedanken."

Dieses göttliche Wohlgefallen führt dazu, daß Er die Seinen genau beobachtet. Er kennt den Weg, den ich einschlage. „Der Herr kennt den Weg der Gerechten." Er sieht sie und Seine Ohren hören auf ihr Schreien, Er hört ihr Flehen. Obwohl Er das ganze Weltall beachtet, so blickt Er doch auf einen jeden der Seinen, als ob dieser die einzige Person im ganzen Weltall wäre. Oh, dieser Gedanke! „Ich kenne sie" klingt wie Musik, wenn wir die Worte in diesem Sinne betrachten. Er, der die Sterne und die unermeßliche Zahl der Geschöpfe kennt, kennt einen jeden Seiner Auserwählten.

Prüft euch hier ein wenig, ob ihr zu denen gehört, die Er kennt. Kennt der Herr euch als die Seinen? Hat Er eine persönliche Beziehung mit euch und ihr mit Ihm? Oder wird Er endlich zu euch sagen: „Ich habe euch niemals gekannt"? Einige von euch kennt Er. Ihr seid zu Ihm gekommen in großen Prüfungen und in großem Kummer, und habt Ihn in tiefer Angst angerufen, so daß ihr sagen könnt, wenn Er nach eurem Namen fragt: „Als Du meine große Sündennot sahst, da kanntest Du mich, o mein Herr! Fragst Du, wer ich bin? O Herr, Du kennst meinen Namen." Gerade so, wie einige Leute den aufdringlichen Bettler kennen, der oft an ihre Tür kommt, so gewiß kennt der Herr einige von euch, denn ihr erscheint täglich als Bettler an Seiner Tür und empfangt laufend Almosen aus Seiner Hand. Außerdem dankt ihr Ihm jeden Tag für die empfangenen Gnadengaben. Er kann eure Seufzer und Bitten nicht vergessen, und ebenso sind Tag für

Tag eure Loblieder in Seiner Erinnerung. Wegen Seiner Liebe, Seinem Mitleid und Seiner Teilnahme erinnert Er sich gewiß an euch. Eher könnte eine Mutter ihres Säuglings vergessen, als daß der Herr euch vergessen könnte.

Aber hier ist noch etwas: tätiger Gehorsam. „Ich kenne sie, und sie folgen mir." Alle Schafe des Herrn sind sowohl am Fuß wie am Ohr „gezeichnet". Das „Fuß- und Ohrzeichen" muß an jedem Schaf der Herde des Herrn sein. „Sie folgen mir", das heißt, sie erkennen Ihn öffentlich als ihren Hirten an. Andere Hirten kommen und andere Schafe folgen ihnen, aber diese Schafe kennen den Herrn Jesus und folgen Ihm. Er allein ist ihr Führer. Sie schämen sich nicht, das zu bekennen. Sie nehmen das Kreuz auf sich, folgen dem Kreuzträger und tragen Seinen Namen.

Noch mehr: Sie leben ihr offenes Bekenntnis auch praktisch aus; sie folgen Ihm im täglichen Leben und werden Seinem Vorbild gleich. Sie sagen nicht nur, daß Er ihr Führer ist, sondern folgen Ihm auch. Christi Schafe versuchen, in die Fußstapfen ihres Hirten zu treten. Christi Jünger sind nie so glücklich, wie wenn sie den Fuß dahin stellen können, wohin Christus Seinen Fuß gestellt hat. Den ganzen Tag und jeden Tag möchten wir den Spuren Seiner blutenden Füße folgen. Geliebte, achtet ihr sorgfältig darauf? Das tun, was Jesus tat, jedes seinem Maß und seiner Kraft angemessen, das ist es, was das Volk Gottes zu tun versucht. Wenn du dich nicht bemühst, Christus ähnlich zu werden, so bist du Sein Schaf nicht, denn von Seinen Schafen ist es wahr: „Ich kenne sie, und sie folgen mir."

Es läßt sich in unserer Sprache nicht so wiedergeben, wie der griechische Text hier der ganzen Gesellschaft einen besonderen Charakter zuschreibt. „Meine Schafe hören meine Stimme", das heißt, die ganze Gottesherde. „Ich kenne sie", das ist wieder die ganze Herde. „Sie folgen mir", das heißt, jeder einzelne folgt mir. Wir, die wir des Herrn

Erwählte sind, gehören einer Gemeinschaft an, und der Herr kennt die ganze Gemeinde. Sie ist als ein Ganzes durch Christum erlöst worden, wir folgen Ihm aber persönlich, jeder einzelne für sich, durch Seine Gnade. „Sie folgen mir.“ Ich liebe dieses persönliche Fürwort in der Einzahl. Es steht nicht geschrieben: „Sie folgen meinen Befehlen“, obwohl sie auch das tun. Es heißt nicht: „Sie folgen dem Wege, den ich ihnen vorgeschrieben habe“, obwohl sie es tun. Aber „sie folgen mir.“ Dies ist das große Zeichen eines Christen. Er führt nicht nur ein moralisches, ein rechtschaffenes, ein heiliges Leben, sondern dieses alles in Verbindung mit Christus. „Sie folgen Ihm“, ihrem Herrn. Ein tugendhaftes Leben ist gut für jeden Menschen. Wir können nicht übel von der Tugend reden, selbst von der eines gewöhnlichen Moralisten nicht, aber solche Tugend ist nicht das Zeichen der Schafe Christi. Die Tugenden an Christi Schafen stehen in Verbindung mit Ihm selbst. Der Christ ist heilig und alles das, aber er ist es, weil er seinem vollkommenen Meister folgt und sich dicht an Ihn hält. Dies ist eins der besonderen und unfehlbaren Kennzeichen eines Kindes Gottes.

Ich habe diese Beschreibung sehr kurz gegeben und überlasse es nun euch, weiter darüber nachzudenken, wenn ihr allein seid. Die Beschreibung der Schafe Christi ist des Lesens, Beachtens und Betrachtens wert.

Die großen Vorrechte des Volkes Gottes

Christus hat den Seinen die unschätzbare Gabe der ewigen Sicherheit in Ihm zugesagt. Kein Schaf Christi wird je verloren gehen; keins, das Er mit Seinem Blut erkauft und zu Seinem Eigentum gemacht hat, wird je so abirren, daß es zuletzt verloren ginge.

Die Sicherheit des Volkes Gottes liegt zuerst in dem Wesen des Lebens, dessen sie teilhaftig geworden sind. Hört:

„Ich gebe ihnen ewiges Leben." Alles geistliche Leben, welches das Schaf der Herde jetzt besitzt, ist ihm von Seinem Hirten gegeben worden. Nie hat es eine andere Herde gegeben, von der solches hätte gesagt werden können. Außer diesem Hirten kann keiner seinen Schafen Leben geben, aber Er hat ihnen alles wahre Leben gegeben, das sie haben. Aber warte – Er hat ihnen nicht nur das Leben gegeben, sondern Er erhält es auch durch eine beständige Gabe. Beachtet, es heißt nicht: „Ich habe ihnen das ewige Leben gegeben", sondern: „Ich gebe ihnen ewiges Leben." Sie leben fortwährend durch die Kraft des Lebens, welches Er stets gibt. Sie empfangen Seiner Zusage gemäß fortwährend das Leben von Ihm: „Ich lebe, und ihr sollt auch leben." Was er immer gibt, müssen sie immer empfangen, und daher kann es nicht aufhören.

Beachte die Natur dieses Lebens: „Ich gebe meinen Schafen ewiges Leben." Nun wißt ihr alle, was ewig bedeutet, oder sagen wir lieber, niemand kann sich eine Vorstellung von der Ewigkeit machen, noch die Länge ihrer Dauer ergründen. Nur das wissen wir, daß sie kein Ende hat und daher nicht aufhören kann. Wenn jemand sagt, er habe das ewige Leben wieder verloren, so widerspricht er sich einfach. Es könnte nicht ewig sein, wenn er es nicht noch hätte. Wenn es ewig ist, so ist es eben ewig und hat kein Ende. Wenn das Leben, welches Christus uns in der Wiedergeburt gibt, sterben kann, so ist es kein ewiges Leben, oder die Worte hätten aufgehört, irgendeinen Sinn zu haben. In seiner Natur ist das Leben, welches uns in der Wiedergeburt geschenkt wird, unsterblich. Hat nicht der Heilige Geist uns bezeichnet als solche, die wiedergeboren sind, nicht aus vergänglichem, sondern aus unvergänglichem Samen, aus dem lebendigen Wort Gottes, das ewig bleibt?

Aber besonders verweile ich bei dem herrlichen Charakter des Gebers. „Ich gebe meinen Schafen ewiges Leben." Das

Leben, welches Christus gibt, ist nicht ein armseliges Leben, welches dem Bekenner nur einige Wochen bleibt und dann wieder dahinsiecht und ausstirbt, oder welches nur anhält solange die Erweckung dauert und nachher wieder aufhört, so daß der Bekehrte wieder von vorn anfangen muß. So ist wohl das religiöse Leben, welches von Menschen erregt worden ist, aber so ist es nicht mit dem Leben, das von Gott kommt. Ich sagte, daß der nicht wirklich bekehrte Mensch wieder anfängt, obwohl ich nicht weiß, wie er anfängt, weil ich in der Schrift wohl von Wiedergeborenen lese, aber nie von Leuten, die immer aufs neue wiedergeboren werden.

Es ist mir gesagt worden, daß durch manche Evangelisten Menschen viele Male bekehrt und wiedergeboren worden sind, ja, ich hörte, daß in einer gewissen Versammlung eine Frau zwölfmal wiedergeboren worden sei. Der Erzähler dieser Tatsache machte freilich dabei die boshafte Bemerkung, er befürchte, das letzte Mal sei es auch nicht gut geschehen. Wer wiedergeboren ist, hat nach der Schrift das ewige Leben empfangen, und dieses ist das einzige Leben, das des Empfangens wert ist. Ich würde mir den Atem nicht auspredigen, um eine vergängliche Schein-Erlösung zu verkündigen; aber für die Predigt, daß der Herr Jesus ewiges Leben gibt, dafür lohnt es sich zu leben und zu sterben.

Ich muß euch sagen, daß mich diese Wahrheit zu Christus gebracht hat. Als ich noch jung war, stellte ich fest, daß bessere, ausgezeichnete junge Burschen, die mit mir aufgewachsen waren, nach der Entlassung aus der Schule in ihren neuen Stellungen den Versuchungen erlagen, ihren Glauben aufgaben und in die Irre gingen. Aber als ich las, daß Jesus Seinen Schafen das ewige Leben gibt, sah ich es als eine Lebensversicherung meiner Seele an; ich kam zu Christus und traute es Ihm zu, mich bis ans Ende zu bewahren. Ich würde mich aufs schmerzlichste getäuscht fühlen, wenn ich je feststellen würde, daß das Leben von Gott in mir kein ewiges ist, und daß die neue Geburt kein Beharren bis ans Ende einschließt. Ich habe keine Fahrkarte für den vierten Teil des Himmelsweges genommen, sondern für den ganzen Weg. Ich vertraue darauf, ja ich weiß, daß mir nach meinem Glauben geschehen wird. Ich bin erfreut, daß ich meine Durchreisefahrkarte bei mir habe und glaube, wenn der Zug der göttlichen Gnade nicht zertrümmert wird – was gewiß nie geschieht – daß ich zur himmlischen Endstation gelangen werde, denn es steht geschrieben: „Ich gebe meinen Schafen das ewige Leben."

Verlaß dich darauf, daß das, was du den Menschen predigst, viel dazu beiträgt, wie sie sich später betragen. Sage ihnen, daß sie, wenn sie an Christus glauben, nicht das ewige Leben, sondern solange sie gut dafür sorgen, ein zeitweises Leben erhalten werden, und ich fürchte, daß es sich auch so erweisen wird. Es mag ihnen die kleine Veränderung, die du ihnen bringst, gut tun, aber so gewiß, wie sie zu einem solchen Leben bekehrt werden, so gewiß werden sie auch bald absterben. Du hast ja gesagt, daß es so kommen wird, du hast ihnen nicht mehr angeboten. Aber wenn du ihnen verkündigst: „Hier ist durch Christus ewiges Leben zu haben", dann ergreifen sie es als solches. Sie glauben dann in dieser Weise an Christus, ihnen geschieht nach ihrem Glauben und der Herr und Geber des Lebens wird verherrlicht, indem Er ihnen diese große, herrliche Gabe, die größte aller Gaben, gibt: „Ich gebe meinen Schafen das ewige Leben."

Ich weiß nicht, wie man anders über diesen Text predigen kann, als ich es tue. Einige sagen: „Das ist Calvinismus." Mich kümmert nicht, was es ist. Es ist schriftgemäß. Ich habe dieses vom Geist Gottes eingegebene Buch vor mir und kann keinen anderen Sinn in diesem Wort finden, als daß die, welche von dem Herrn Jesus das Leben empfangen, ein ewiges Erbteil haben. „Ich gebe meinen Schafen das ewige Leben", kann nichts anderes bedeuten, als daß die Gläubigen ewig sicher sind.

„Es ist eine gefährliche Lehre", ruft jemand. Ich habe sie nicht gefährlich gefunden, sondern sie manches Jahr erprobt. Ich glaube, es würde viel gefährlicher sein, den Menschen zu sagen, daß sie bekehrt werden können und trotzdem das Werk der Gnade in sechs Monaten wieder enden könnte, daß sie dann wieder von neuem anfangen müßten, sooft es ihnen gefällt. Das Wort Gottes sagt, daß, wenn sie abfallen, es unmöglich ist, sie wiederum zur Buße zu erneuern. Die Menschen mögen fallen und zurückgebracht werden, aber wenn sie völlig abfielen, so gibt es kein anderes Werk, das für sie getan werden könnte. Wenn dieses ewige Leben sterben könnte, so hätte der Heilige Geist Sein Möglichstes getan, und es würde nichts anderes zu tun übrigbleiben. Wenn es so wäre, daß dieses Salz, welches gut ist, seinen Geschmack verliert, womit könnte man es dann salzen? Seht, welche Kluft sich vor euch auftut, und vertraut nicht auf ein Werk, welches nicht jeden möglichen Angriff ertragen kann. O möchtest du dieses ewige Leben empfangen!

Wir gehen einen Schritt weiter. Die Kinder Gottes sind nicht nur sicher wegen des empfangenen Lebens, sondern auch, weil die inneren Gefahren abgewehrt werden. Nimm den nächsten Satz: „. . . und sie gehen nicht verloren ewiglich." Sie sind zu geistlichen Krankheiten geneigt, aber ihr Hirte will sie heilen, und sie werden nicht umkommen. Sie sind Schafe und zu Irrwegen fähig, aber ihr Hirte wird sie so bewahren, daß sie nicht verloren gehen. Sie werden geprüft, sie werden alt, die Glaubensfrische verliert sich, aber sie werden nicht verloren gehen. Denkt von ihnen, was ihr wollt; sie werden nicht umkommen – dafür bürgt die Verheißung.

Die erste Feststellung: „Ich gebe ihnen ewiges Leben", geht weit, aber das: „sie gehen nicht verloren ewiglich" geht noch weiter. Diese Regel hat keine Ausnahme. Sie werden alle bewahrt bleiben. Und wenn sie Methusalahs Alter erreichten, sie werden niemals umkommen, welche Versuchungen sie auch anfechten werden. Sie mögen so geprüft, bekümmert und niedergebeugt sein, daß sie kaum imstande sind zu leben – sie werden ewig nicht verloren gehen. Gott sei gelobt, daß die Verheißung fest steht: „Sie werden nicht verloren gehen ewiglich."

Wir müssen noch einen Schritt weitergehen. Sie sind auch sicher, weil äußere Angriffe abgewehrt werden. „Niemand wird sie aus meiner Hand rauben." Viele werden es versuchen, aber niemand wird es können. Der Teufel wird ihnen manch schrecklichen Ruck und Stoß versetzen, um sie fortzureißen, aber nie wird er sie aus der Hand des großen Hirten rauben können. Ihre alten Genossen und die Erinnerung an ihre alten Sünden werden mit schweren, listigen Angriffen kommen, aber der Heiland sagt: „Niemand wird sie aus meiner Hand rauben."

Sie sind in Seiner Hand, das heißt, in Seinem Besitz, und Er ergreift sie, wie ein Mensch etwas in seiner Hand hält, und sagt: „Sie sind mein." Es kann sie auch niemand aus Seinem Schutz nehmen. Nie werden sie von Jesus weggerissen werden. Mit diesen Worten verpfändet Er Seine Ehre für ihre Bewahrung. Könnte Ihm eins aus Seiner Hand geraubt werden, so würde der Teufel in der Hölle sich freuen und sagen: „Er konnte es nicht erhalten. Er hat zwar gesagt, daß Er es will, aber Er vermochte es nicht. Wir haben es möglich gemacht, diesen und jenen aus der durchgrabenen Hand des Erlösers zu reißen." Aber ein solch schrecklicher Triumph wird in alle Ewigkeit nicht gehört werden. „Sie gehen nicht verloren ewiglich, und niemand wird sie aus meiner Hand rauben."

Jemand wirft ein: „Sie können selbst Seiner Hand entkommen." Wie kann das wahr sein, wenn es im ersten Satz heißt: „Sie gehen nicht verloren ewiglich?" Betrachte die Schrift ehrlich und aufrichtig, und du wirst zugeben müssen, daß die Verheißung „sie gehen nicht verloren ewiglich" die Möglichkeit ausschließt, daß sie durch ihr eigenes Tun und Treiben aus Seiner Hand kommen können.

Wer kann den Griff der Hand lösen, die für mich von Nägeln durchbohrt wurde? Der Herr Jesus hat mich zu teuer erkauft, um mich je zu lassen. Er liebt mich so, daß Er mich mit Seiner großen Macht in Seiner Hand hält, und bis es etwas Größeres gibt als die Gottheit, kann ich nie aus Seiner teuren, mich festhaltenden Hand gerissen werden.

Um uns das ganz deutlich zu machen und den Trost zu stärken, weist der Heiland noch auf die Fürsorge und die Macht Gottes selbst hin. Unser Herr sagt: „Mein Vater, der sie mir gegeben hat." Die Kinder Gottes sind sicher, weil der Vater sie dem Sohn gegeben hat. Er hat Ihm kein flüchtiges Erbe gegeben. Er gab Ihm nicht etwas, was Er doch verlieren könnte. Wird der Herr Jesus verlieren, was der Vater Ihm gegeben hat? Ihr wißt, daß man sagt: „Oh, ich hoffe, wenn ein Dieb etwas aus meinem Hause nimmt, daß er diesen Becher, ein Erbstück, nicht nehmen wird! Mein Vater hat ihn mir gegeben." Wenn jemand sein Eigentum zu verteidigen hätte, so würde er besonders für das sorgen, was eine wertvolle Ehrengabe zur Erinnerung an eine denkwürdige Begebenheit ist. So ist es mit unserem Herrn Jesus. Er schätzt das, was der Vater Ihm gegeben hat. Dieser Gedanke ist mir sehr köstlich. Ich stelle mir den hochgelobten Herrn vor, wie Er auf jedes Seiner Gläubigen blickt und sagt: „Mein Vater hat dich mir gegeben." Von jener armen Frau, jenem kämpfenden jungen Mann, jener abgelebten alten Dame, jenem Mann, der halb verhungert ist, aber seinen Herrn liebt – von einem jeden sagt Jesus: „Mein Vater hat mir diese Seele gegeben." Er kann nicht verlieren, was Sein Vater Ihm gegeben hat. Sein Tod hat ihre Erlösung vor jeder Gefahr gesichert. Er gab Sein Leben für Seine Schafe. Der Löwe kam und sprang in die Hürde, aber der Hirte begegnete dem Löwen, ergriff ihn, schlug und tötete ihn. Es war eine schreckliche Anstrengung. Der Hirte schwitzte große Blutstropfen, als Er das Ungeheuer ergriff, aber Er zerriß es, schleuderte es auf die Erde und rief: „Es ist vollbracht!" Und es war vollbracht. Er hat Seine Herde bis zu dieser Stunde errettet, und wir sind gewiß, daß Er nie eins von denen verlieren wird, die Sein Vater Ihm anvertraut hat. „Mein Vater hat sie mir gegeben."

Dann sagt Er, daß Sein Volk durch die Macht des Vaters bewahrt wird: „Mein Vater, der sie mir gegeben hat, ist größer als alles, und niemand kann sie aus meines Vaters Hand rauben." Geliebte, obwohl Gott uns Christus gegeben hat, so hat Er doch nicht aufgehört, selbst für uns zu sorgen.

Laßt mich die letzten Worte unseres Textes mit einem Bild erklären. Die Kinder Gottes sind in der Hand Christi. Seht ihr jene festgeschlossene Hand? Sie sind sicher darin. Jesus sagt: „Niemand wird sie aus meiner Hand rauben." Aber seht den Vater: Er legt Seine Hand über die Hand Jesu. Ihr seid also in zwei Händen. „Und niemand kann sie aus meines Vaters Hand rauben." O die köstliche Sicherheit derer, welche die Stimme Christi hören und die Er Seine Schafe nennt! Eine doppelhändige Macht bewahrt sie vor allem Übel. Reiße nur, Satan! Du wirst sie nie aus der Hand Jesu und der Hand Seines Vaters reißen. „Wer will uns scheiden von der Liebe Gottes?"

Und dann schließt der Heiland, nachdem Er von dem Vater und sich geredet hat, mit dem, was sie als Personen sind, nämlich solche, die in ihrem göttlichen Wesen eins sind. Er sagt: „Ich und der Vater sind eins" – besonders eins in der Liebe zu Gottes Volk. „Der Vater hat euch lieb", wie Er den Sohn liebt. Und wenn du die Liebe des Sohnes in Seinem Tod erkennst, so siehst du in diesem großen Opfer ebenso die Liebe des Vaters. Es ist ja wahr, „daß der Herr Jesus die Gemeinde geliebt und sich selbst für sie hingegeben hat", aber es ist ebensowahr vom Vater: „Denn also hat Gott die Welt geliebt, daß er seinen eingeborenen Sohn gab." Sie sind eins in unendlicher Liebe zu allen, die Nachfolger Christi sind und Seine Stimme hören. Ich komme mit großer Freude auf die gesegnete Überzeugung zurück, daß Er die nicht umkommen lassen wird, die von Ihm das ewige Leben empfangen haben. Wenn du sagst: „Ich habe mich Christus übergeben, und ich vertraue Ihm völlig, ohne Rückhalt, daß Er mich mein ganzes Leben hindurch bewahren wird"; so wird Er es tun, denn ich bin gewiß, daß Er bis an jenen Tag zu bewahren vermag, was Ihm übergeben worden ist. „Daß der, welcher ein gutes Werk in euch angefangen hat, es vollführen wird bis auf den Tag Jesu Christi" (Philipper 1, 6).

In Christi Hand bist du sicher. Glaube es und freue dich darüber. „Ach", sagt jemand, „wenn ich so dächte, würde ich in Sünden geraten!" Es tut mir leid um dich wegen dieser sonderbaren Wirkung. Nichts bindet mich so an meinen Herrn, wie ein starker Glaube an Seine unveränderliche Liebe. „Es würde aber viel sicherer sein, wenn Sie Ihren Zuhörern sagten, daß sie von der Sünde überwunden werden und umkommen könnten." Ich will nicht sagen, was ich nicht glaube. Ich will meinen Herrn nicht durch eine Falschheit entehren. Soll ich in dein Haus kommen und deinen Kindern sagen, daß du sie töten wirst, wenn sie Unrecht tun, oder daß sie, wenn sie ungehorsam sind, aufhören, deine Kinder zu sein? Wenn ich ihnen solches sagen würde, so würden deine Kinder ungehalten werden über eine solche Verleumdung ihres Vaters. Sie würden sagen: „Nein, das wissen wir besser." Lieber würde ich zu ihnen sagen: „Meine lieben Kinder, euer Vater liebt euch. Er wird euch stets lieben, darum betrübt ihn nicht." Nach solcher Belehrung werden treue Kinder sagen: „Wir lieben unseren Vater. Wir wollen ihm nicht ungehorsam sein, sondern uns Mühe geben, auf seinen Wegen zu gehen." Unser liebender Herr wird keinen von sich stoßen, mit dem Er durch die innigsten Bande der Liebe verbunden ist.

„Nun, aber angenommen, wir sündigen!" Dann wird Er

uns züchtigen und zurückbringen. „Wenn ich diese Lehre glaubte, würde ich leben, wie es mir gefällt“, sagt einer. Dann bist du keines Seiner Schafe, denn Seine Schafe lieben Heiligkeit und nicht Ungerechtigkeit. Die Veränderung durch die neue Geburt ist eine solche, daß keines wieder nach seinen alten Sündenwegen und Torheiten zurückkehren will. Das ist die Lehre; wie kannst du sie nur als Nachsicht mit der Sünde ansehen? Wahre Gläubige werden nie durch die Gnade Gottes zur Zügellosigkeit geführt, sondern bereits das Erwähnen der ewigen Liebe treibt sie zu gewissenhaftem Gehorsam.

Eins muß ich zum Schluß noch sagen. Manche Prediger verkündigen ein Evangelium mit einer sehr weiten Tür, aber wenn du eintrittst, ist nichts zu haben. Es ist mir gesagt worden, daß ich die Tür ein wenig zu eng mache. Das ist nicht der Fall, denn ich predige mit aller Kraft das Evangelium aller Kreatur unter dem Himmel; aber wenn die Tür eng ist, so ist auch etwas da, was des Habens wert ist, wenn du durch sie eintrittst. Der Weg ist schmal, aber wenn du einmal eingegangen bist, dann hast du das ewige Leben gefunden und wirst nicht umkommen, niemand wird dich aus Christi Hand reißen. Sünder, komm, nimm einen ewigen Segen! Er ist des Besitzens wert. Komm und nimm! Wenn du glaubst, wirst du gewiß gerettet werden. „Wer da glaubt und getauft wird, der wird errettet werden.“

Laßt uns heute abend unseren Geist Seinen Händen übergeben und wir dürfen dessen gewiß sein, daß wir auf ewig gerettet sind. Amen.

HANDELT, BIS ICH KOMME!

„Während sie aber dieses hörten, fügte er noch ein Gleichnis hinzu, weil er nahe bei Jerusalem war, und sie meinten, daß das Reich Gottes alsbald erscheinen sollte. Er sprach nun: Ein gewisser hochgeborener Mann zog in ein fernes Land, um ein Reich für sich zu empfangen und wiederzukommen. Er berief aber seine zehn Knechte und gab ihnen zehn Pfunde und sprach zu ihnen: Handelt, bis ich komme.“
(Lukas 19, 11–13)

Es wird uns die Ursache genannt, warum der Herr dieses Gleichnis zu dieser besonderen Zeit wählte. Er ging hinauf nach Jerusalem und die begeisterte, aber unwissende Menge hoffte, daß Er jetzt Sein irdisches Reich aufrichten würde. Sie meinten, daß das Reich Gottes bald erscheinen würde. Um ihnen den Gedanken an ein irdisches Reich, in welchem jeder Jude ein Minister sei, aus dem Kopf zu schlagen, erzählte Er ihnen diese Geschichte. Ich sage absichtlich Geschichte, denn dieses Gleichnis ist auch eine Tatsache. Er wollte ihnen zeigen, daß sie jetzt noch keine Genossen eines Königreiches seien, sondern auf einen Herrn zu warten hätten, der weit weggezogen ist, um ein Reich zu empfangen. In Seiner Abwesenheit waren Seine Jünger in der Stellung von Knechten, die bis zur Rückkehr ihres Herrn mit der Verwaltung gewisser Pfunde betraut waren.

Ich gestehe, daß ich die Bedeutung dieses Gleichnisses

nicht völlig verstand, bis ich durch einen ausgezeichneten Ausleger auf eine Stelle im Josephus gewiesen wurde. Herodes war, wie wir wissen, König von Judäa, aber er stand als solcher unter dem römischen Kaiser. Als Herodes gestorben war, folgte ihm sein Sohn Archelaus, von dem wir im Evangelium Matthäus lesen, daß Joseph sich seinetwegen fürchtete, wieder nach Bethlehem zu ziehen. Dieser Archelaus hatte kein Recht auf den Thron, bis er ihn vom römischen Kaiser erhielt, und deshalb reiste er nach Rom, welches für jene Zeit ein fernes Land war, damit er das Reich bekomme und als König zurückkehre. Als er abgereist war, sandten seine Bürger, die ihn haßten, ihm eine Gesandtschaft nach mit der Botschaft an den Kaiser: „Wir wollen nicht, daß dieser Mensch über uns herrsche." Die Botschafter stellten dem Kaiser vor, daß Archelaus nicht passend sei, der König der Juden zu sein. Manche ihrer Gründe hat Josephus mitgeteilt, und sie zeigen, daß schon vor zweitausend Jahren die Rechtsgelehrten fast in derselben Weise redeten wie ihre heutigen Kollegen. Das Volk war der Herodianer überdrüssig und zog irgendeine andere Regierung ihrer grausamen Regierung vor. Sie baten sogar darum, Judäa zu einer römischen Provinz zu machen und mit Syrien zu vereinigen, weil ihnen dieses lieber war, als unter dem verhaßten Joch der idumäischen Tyrannen zu stehen. Es ist uns klar, daß das Volk den Archelaus haßte und sagte: „Wir wollen nicht, daß dieser über uns herrsche." Es gefiel dem Kaiser, das Reich zu teilen und Archelaus als Ethnarch auf den Thron zu setzen – mit geringerer Macht als ein König. Als er zurückgekehrt war, übte er blutige Rache an denen, die ihm widerstanden hatten, und belohnte seine Getreuen sehr freigebig.

Diese Begebenheit, die dreißig Jahre vorher geschehen war, mußte dem Volk ins Gedächtnis kommen, als Jesus sprach, denn Archelaus hatte sich in der Nähe Jerichos einen Palast gebaut, und vielleicht war es in der Nähe dieses Palastes, wo Jesus diese Tatsache zu einem Gleichnis benutzte. Diejenigen, welche damals lebten, mußten Seine Andeutungen besser verstehen als wir, die wir zweitausend Jahre später leben.

Der Heiland vergleicht sich mit dem Hochgeborenen. Er war hier auf Erden ein Mensch unter Menschen – und wahrlich ein Edler unter Seinen Mitmenschen. Es gehörte sich, daß Er König würde, König der ganzen Erde. Er war es durch Geburt und Recht, aber Er mußte zuerst durch Tod, Auferstehung und Himmelfahrt an den hohen Hof gehen und dort vom höchsten Herrn das Königreich empfangen. Es steht geschrieben: „Fordere von mir, und ich will dir zum Erbteil geben die Nationen und zum Besitztum die Enden der Erde“ (Psalm 2, 8), und darum mußte Jesus Seine Ansprüche vor den König bringen und Seine Sache gewinnen.

Der Tag kommt, an welchem Er zurückkehren wird, angetan mit Herrlichkeit und Ehre, um die Herrschaft anzutreten, denn Er muß regieren, bis alle Feinde unter Seinen Füßen liegen. Wenn Er kommt, werden Seine Feinde bestraft und Seine treuen Diener reichlich belohnt.

Möge der Geist Gottes uns helfen, praktische Lehren aus diesem Gleichnis zu ziehen!

Zwei Menschenklassen

Wir sehen die Feinde, die nicht wollen, daß dieser über sie herrsche, und die Diener, welche mit seinem Geld zu handeln haben. Es gibt viele Klassen unter den Menschen; sie unterscheiden sich nach dem Rang, nach der Beschäftigung und nach dem Charakter. Jedoch wird die Einteilung doch nur diese sein: Feinde oder Diener Jesu Christi. Wenn ihr keine Diener seid, seid ihr Feinde, und wenn ihr keine Feinde seid, müßt ihr Sorge tragen, Diener zu sein. Ich erkenne keine anderen Personen in dem Gleichnis, und ich bin gewiß, daß es keine anderen auf dem Erdboden gibt. Ihr alle seid entweder Diener oder Feinde Jesu.

Beachte die Feinde! Die Person, welche sie hassen, ist ein Hochgeborener. Er ist ein Mensch, aber ein edler Mensch. Welch ein Mensch ist der Herr Jesus! Vergeßt Seine Gottheit einen Augenblick und denkt nur an Ihn als Mensch. Welch ein Mensch! Ich will nichts über den Adel Seiner Geburt sagen – Er war vom Samen Davids – aber ich erinnere euch an den Adel Seines Charakters, denn darin besteht der wahre Adel. Wo kann in dieser Hinsicht ein Adelsstand mit dem Seinigen verglichen werden! Brüder, es würde unmöglich sein, einen zweiten Menschen zu finden, der irgend mit Ihm verglichen werden könnte. Selbst diejenigen, die Ihm am meisten ähnlich werden möchten, bekennen traurig, daß sie in vielen Dingen zu kurz kommen. Es war nicht das geringste selbstsüchtige oder niedrige Wesen an Jesus von Nazareth zu finden. Er war ganz und gar ein edler Mensch. Er ließ sich in Seiner Gnade herab, ein Bürger unter uns zu werden, ein Mensch unter Menschen. Er gehörte zur Zunft der Zimmerleute und Er gesellte sich zu den Fischern, die Netz und Ruder handhabten. Er ging bei den einfachen Leuten ein und aus, und in Kleidung und Lebensweise unterschied Er sich nicht von Seinen Landsleuten.

Die Bürger haßten Ihn, aber sie haßten Ihn ohne Ursache. Es gibt immer einige Gründe, weshalb man uns nicht mag, aber bei Ihm war kein Grund vorhanden. Im Reden und im Betragen gibt selbst der Beste Veranlassung zur Kritik, aber bei Ihm war nichts vorhanden, was ihren Haß entschuldigen konnte. Es war eine mutwillige Verwerfung des Herrschers, der am fähigsten war, das Land zu regieren.

Als Er beanspruchte, der König der Juden zu sein, haßten sie besonders Seine Königswürde. „Wir wollen nicht, daß dieser über uns herrsche!" und wieder: „Wir haben keinen König, als nur den Kaiser!" „Er kam in das Seinige, und die

Seinigen nahmen ihn nicht an.“ Und doch, meine Brüder, wenn wir Jesus auch nur als Mensch betrachten, so sollte Er, wenn wir einen König zu wählen hätten, von der ganzen Menschheit mit freudigem Beifall gewählt werden. Heil Dir, mächtiger Eroberer, regiere ewiglich! König der Könige, der Du die Menschenkinder liebst und um unsertwillen Dein kostbares Blut vergossen hast, Du hast es verdient, der König aller Könige zu sein! Der königlichste Mensch sollte König der Menschen sein. Doch sie haßten Seine königlichen Ansprüche, und auch das ohne Grund.

Welche von ihnen hatte Er unterdrückt? Welche Einkünfte hatte Er vom Volk erpreßt? Welches Seiner Gesetze war hart und grausam? In welchem Fall hatte Er je ungerecht gerichtet? Und doch haßten Ihn Seine Bürger. Derselbe Haß gegen Christus ist noch in der Welt. Hassen einige von euch den Herrn Jesus? „Nein“, sagt ihr. Aber ihr behandelt Ihn mit größerer Verachtung als solche, die Ihm widerstehen. Ihr geht an Ihm vorüber, Er kommt nicht in eure Gedanken. Ihr verhaltet euch so, als sei Er nicht einmal wert, Ihm zu widerstehen; ihr achtet Ihn für nichts. Zuweilen mögt ihr mit gewisser Bewunderung von Seinem Charakter sprechen, aber wirkliche Bewunderung führt zur Nachahmung.

Wenn Jesus ein Heiland ist, so könnt ihr Ihn durch nichts schlechter behandeln, als wenn ihr euch nicht von Ihm retten lassen wollt. Ich klage euch Gleichgültige als solche an, die im Inneren des Herzens Seine schlimmsten Feinde sind. Würdet ihr doch bereuen und euch zu Ihm wenden, denn Er wird wiederkommen, und wenn Er kommt, wird Er sagen: „Doch jene, meine Feinde, bringet her und erschlaget sie vor mir.“ Der Ausdruck ist schrecklich! Erschlagen zu werden vor den Augen der verletzten Liebe ist der doppelte Tod. Der Herr bewahre uns vor einem so schrecklichen Schicksal!

Die anderen Personen waren Knechte, Leibeigene. Diejenigen, welche nicht seine Feinde waren, waren seine treuen

Diener. Ich vermute, daß der Herr sie für sein Geld gekauft hatte, oder daß sie in seinem Haus geboren waren, oder daß sie sich freiwillig durch einen Vertrag mit ihm verbunden hatten. Wenn ich sage, daß diese seine Leibeigenen waren, so sagt ihr im stillen: „Dann seid ihr, die ihr an Jesum glaubt, Seine Leibeigenen!“ Bezeichnet uns nur gern mit dem härteren Wort „Sklave“. Wir waren nie frei bis wir unter Jesu Joch kamen, und unsere Freiheit nimmt zu, indem wir uns Ihm ergeben. Paulus sagt: „Ich trage die Malzeichen des Herrn Jesu an meinem Leibe“, als ob das heiße Eisen der Anfechtung ihm den Namen Jesu auf den Arm gebrannt hätte. Ja, wir sind das Eigentum des Herrn Jesu und nicht unser selbst. Wir können keine Worte finden, welche in ganzer Fülle ausdrücken, wie wir zu Jesu gehören. Wir wünschen in Christus und um Seinetwillen nichts zu werden. Es ist wahr, Er hat uns Freunde genannt, aber wir nennen uns Diener.

Wir haben große Freude daran, Ihn zum Herrn zu haben – wie David, welcher sagte: „O Herr, ich bin dein Knecht; ich bin dein Knecht, der Sohn deiner Magd.“ Er wurde als Knecht geboren von einer Mutter, welche auch eine Dienerin war. Dann fügt er hinzu: „Du hast meine Fesseln zerrissen.“ In Jesu Dienst ist vollkommene Freiheit. Wir erwarten nie zur vollkommenen Freiheit zu gelangen, bis Er jeden Gedanken, jeden Begriff, jede Einbildung und jeden Wunsch in Seine Gefangenschaft gebracht hat. Wir sind mit Seinem Geld erkauft und sind Ihm wertvoll geworden. Auch sind wir in Seinem Haus geboren durch die Wiedergeburt und so sind wir wirklich auf einer anderen Seite als die Feinde, denn wir sind freiwillig Seine Diener.

Ich habe euch die beiden Klassen vorgestellt. Möge der Heilige Geist uns erleuchten, damit wir uns selbst erkennen und wissen, wozu wir gehören. Sind wir Feinde, so möge Er uns jetzt zu Seinen Dienern machen.

Der Auftrag

Wir gehen nun einen Schritt weiter und beachten den Auftrag dieser Diener. Ihr Herr ging fort und ließ jeden seiner zehn Diener mit einem kleinen Kapital zur Verwaltung zurück, womit sie für ihn handeln sollten bis zu seiner Rückkehr. Er sagte ihnen nicht, wie lange er fortbleiben würde. „Ich gehe weg", sagte er, „ihr seid meine Diener, und ich lasse euch mitten unter meinen Feinden zurück. Bleibt mir treu, und zeigt eure Treue dadurch, daß ihr in meinem Namen handelt. Ich werde jedem von euch eine kleine Summe Geld anvertrauen und durch das Handeln in meinem Namen werdet ihr täglich den Feinden zeigen, daß ihr mir treu seid."

Beachte zuerst, daß dies eine Ehrensache war. Es wurde ihnen keine große Summe anvertraut, aber die Summe war groß genug, um sie zu erproben. Sie wurden bei ihrer Ehre angefaßt. Wenn sie ihrem Herrn wirklich zugetan waren, so mußten sie fühlen, daß er ein Vertrauen in sie gesetzt hatte, welches sie rechtfertigen mußten. Sklaven wird nicht oft Geld anvertraut, denn die Knechtschaft hat dem Charakter gewöhnlich die Vertrauenswürdigkeit genommen. Unsere Knechtschaft dem Herrn Jesus gegenüber hat die entgegengesetzte Wirkung, denn es ist keine Knechtschaft. Diese Diener wurden in gewisser Weise wie Teilhaber behandelt; sie hatten Gemeinschaft mit ihrem Herrn in seinem Eigentum. Sie waren seine Vertrauten und Verwalter. Sein Auge bewachte sie nicht, denn er war in ein fernes Land gezogen und er vertraute auf ihre Treue. Sie hatten nicht täglich Rechenschaft abzulegen, sondern waren selbständig bis ihr Herr wiederkam.

So behandelt uns der Herr. Er hat uns mit dem Evangelium betraut und das sollte für uns eine Ehre sein. Er ruft uns nicht sogleich zu einem Verhör, denn Er ist nicht hier. Ich denke nicht, daß ein Kirchenregiment, welches in gewissem

Sinne ein System von Spionen ist, nach den Gedanken des Herrn ist. Wenn Christen das sind, was sie sein sollten, so kann man ihnen vertrauen; sie sind sich selbst ein Gesetz. Der Herr stellt euch nicht unter gewisse Regeln und Gesetze, so daß Er z. B. angeordnet hätte, den Zehnten zu geben, obwohl ich wünsche, daß ihr wenigstens soviel gebt. Nein, ihr seid nicht unter dem Gesetz, sondern unter der Gnade. Wenn ihr den Herrn liebt, werdet ihr bald entdecken, was ihr für Ihn tun könnt und ihr werdet es mit Freuden tun. Der Herr gibt keine strengen Regeln, um die und die Stunde morgens zu beginnen und eine bestimmte Zeit zu arbeiten. Nein; Er sagt: „Nimm das Pfund und handle damit, bis ich komme." Der Herr hat uns Vertrauen geschenkt und Er wird nicht heute oder morgen kommen, um Revision zu halten, obwohl Er schließlich eine genaue Rechenschaft verlangen wird. Mittlerweile ist Er fortgegangen, aber uns hat Er hiergelassen in der Mitte Seiner Feinde. Wir sollen ihnen zeigen, daß Er einige Freunde hat und ein guter Herr sein muß, da selbst diejenigen, welche sich selbst als Seine Diener ansehen, mit Freude ihr ganzes Leben in Seinem Dienst verbringen. Ich sagte, Er gab ihnen ehrenhafte Arbeit. War es nicht so?

Es war eine Arbeit, wozu er ihnen das Kapital gab. Er gab jedem ein Pfund. „Nicht viel", werdet ihr sagen. Nein; er wollte auch nicht, daß es viel sein sollte. Sie waren nicht imstande, viel zu verwalten. Wenn sie treu mit dem wenigen waren, konnte er ihnen mehr anvertrauen. Ich lese nicht, daß jemand von ihnen sich über das geringe Kapital beklagt hat oder gern das Doppelte gehabt hätte. Brüder, wir haben nicht nötig, um mehrere Pfunde zu bitten, wir haben genau so viel, wie wir verantworten können.

Prediger haben nicht nötig, einen größeren Wirkungskreis zu suchen, sondern haben treu zu sein in dem Kreis, in dem sie sich befinden. Ein Bruder sagte mir: „Ich kann nicht viel tun unter hundert Zuhörern", und ich erwiderte: „Du wirst es sehr schwer finden, selbst für nur hundert Rechenschaft abzulegen." Ich bekenne es aufrichtig, daß ich schon oft eine kleine Gemeinde gewünscht habe, damit ich über jede Seele wachen könnte, aber nun bin ich zu einer immerwährenden Unzufriedenheit mit meinem Werk verurteilt, denn was bin ich unter so vielen? Ich kann nur fühlen, daß ich noch nicht begonnen habe, den hundertsten Teil dessen zu tun, was in einer solchen Gemeinde wie diese getan werden sollte. Jeder hatte ein Pfund in der Hand und der Herr sagte nur: „Handelt damit."

Er erwartete nicht, daß sie mehr erhandeln sollten, als mit einem Pfund möglich war, denn er war kein harter Mann. „Nimm das Pfund", sagte er, „und tue dein Bestes. Ich weiß, die Zeiten sind schlecht, denn ihr habt unter Feinden zu arbeiten. Ihr könntet unter solchen Verhältnissen vielleicht nicht mit zwanzig Pfund arbeiten, aber ihr könnt ein Pfund verwalten und benutzen."

Mein Freund, hast du dieses Pfund bei dir? „Ach", sagt jemand, „ich habe keine Fähigkeiten." Dein Herr gab dir ein Pfund, wo ist es geblieben? Du bist einer von Seinen Dienern, und wenn du nichts tust, bist du in einer schlechten Lage und solltest dich schämen. Was hast du mit dem Pfund gemacht? Stecke deine Hand noch einmal in die Tasche. Ist es nicht da? Ist es vielleicht im Schweißtuch? In dem Tuch, das du hättest benutzen sollen, den Schweiß bei der Arbeit von der Stirn zu wischen! Hast du das Pfund nicht bekommen? Du sagst: „Das ist nicht viel." Der Herr sagte nicht, daß es viel sei; im Gegenteil, Er nennt es wenig. Hast du das Wenige benutzt? Du bist behandelt worden wie ein vertrauenswürdiger Diener, und doch bist du deinem Herrn nicht treu gewesen. Wie kommt das?

Was sie mit dem Pfund zu tun hatten, wurde ihnen kurz mitgeteilt. Sie sollten damit handeln, nicht damit spielen. Ich darf wohl sagen, daß sie geneigt waren zu denken: „Unseres

Herrn Sache ist in Gefahr, laßt uns für ihn kämpfen", aber er sagte nicht: kämpft! sondern: handelt! Petrus zog sein Schwert. O ja, wir sind eifrige Kämpfer, aber langsame Kaufleute. Manche zeigen einen herausfordernden Geist und sind nur zufrieden wenn sie in Kampf und Streit sind. Die Diener in diesem Gleichnis hatten nicht zu kämpfen, sondern zu handeln. Das Handeln aber wird allgemein für eine kalte Sache gehalten. Wir können die Feinde des Herrn sich selbst überlassen, der Herr wird eines Tages mit ihrer Empörung fertig werden.

Ohne Zweifel mögen einige von ihnen gedacht haben, daß das Pfund gut sein würde, sich Bequemlichkeiten oder gar Luxusgegenstände zu kaufen, Kleidungsstücke oder Mobilien. Vielleicht dachten einige auch an ihre Familien. Aber ihr Herr hatte von diesem allem nichts gesagt, sondern nur „handelt damit, bis ich wiederkomme". Sie sollten nicht damit kämpfen, noch es verwahren, noch es ausgeben, sondern für ihn damit handeln.

Das Pfund wird ihnen nicht übergeben, um damit zu prahlen. Sie sollten sich nicht über andere, die keinen Pfennig hatten, erheben und damit brüsten; denn obwohl sie ein kleines Kapital hatten, so war es doch das Eigentum ihres Herrn. Es ist traurig, wenn wir mit den Gaben und der Gnade angeben, als seien sie unser Eigentum. Ein Händler, dessen Geschäft gut geht, hat selten viel bares Geld; er steckt alles in das Geschäft. Manchmal hat er kaum hundert Mark in Händen, denn die Kasse ist leer; das goldene Korn ist ausgesät. Wenn ich von mir selbst spreche, so kann ich keinen Grund finden, mich zu rühmen, denn wenn ich Gnade und Kraft habe, so habe ich doch nichts übrig. Ich habe kaum genug für die Arbeit der Gegenwart, aber nicht genug für den Dienst, der noch bevorsteht. Unser Pfund soll nicht an der Uhrkette hängen, sondern für den Herrn eingesetzt werden.

Das Handeln ist eine alltägliche, aber höchst praktische

Beschäftigung, und es hat eine ausgezeichnete Wirkung auf diejenigen, die sich damit beschäftigen. Der Mann, der mit seinem einen Pfund zehn gewann, machte das beste Geschäft. Er sah nicht auf das Angenehme, sondern auf das Vorteilhafte. So, liebe Freunde, ist es euch überlassen, die Art und Weise eures Dienstes für den Herrn zu wählen, nur müßt ihr für Ihn handeln und für Ihn muß alles gut getan werden. Zur Zeit bezahlt sich kein „Handel" besser als die Mission im Kongo oder unter den Bergbewohnern in Indien; große „Dividenden" kommen auch aus dem Handel mit den Ärmsten der Armen in den verkommenen Stadtvierteln und ebenso mit den Witwen und Waisen, welche im äußersten Elend leben. Wenn die Menschen ihr Leben für den Herrn Jesus niederlegen, indem es vom Fieber langsam verzehrt wird, ist der „Gewinn" erstaunlich. Wo die Not am größten ist, erhält der Herr am meisten Ehre. Es ist deinem eigenen Urteil überlassen, was du tust, wie du es tust und wo du es tust. Arbeite da, wo du wahrscheinlich am meisten Seelen gewinnen und das Reich deines Herrn am meisten fördern wirst, urteile vorsichtig und stelle dich in den Dienst, der die größten Einkünfte für deinen Herrn bringt.

Die Arbeit, welche getan werden sollte, regt zur weiteren Tätigkeit an. Kennt ihr den Mann, der keinen Erfolg im Handel hat? Ich kenne ihn. Er klagt darüber, daß er einen kurzen Verstand hat, und es ist auch so. Er müßte ein Geschäft haben, wo die Brote ihm ins Haus gebracht würden, und selbst dann bekäme er noch kein Frühstück, wenn sie ihm nicht klein geschnitten auf den Tisch gelegt würden. Der Mann, der in dieser Zeit Erfolg im Geschäft haben will, muß Vertrauen und einen klaren Blick haben. Er muß wach sein und seine Augen stets offen halten. Unsere Zeiten sind hart, aber nicht so hart wie die in unserem Gleichnis. Der Handel entwickelt bei den Menschen Ausdauer, Geduld und Mut; er stellt die Ehrlichkeit, Treue und Festigkeit auf die Probe, und ist eine ausgezeichnete Übung für den Charakter. Als dieser Edle seinen Dienern das Pfund gab wollte er prüfen, aus welchem „Stoff" sie waren. Das Handeln mit einem kleinen Kapital erfordert persönliche und schwere Arbeit; eine lange Tagesarbeit und wenige Feiertage, viele Enttäuschungen und wenig Verdienst. Es heißt mit Herz und Seele arbeiten und mit ganzem Herzen dabei sein. In dieser Weise haben wir Christus zu dienen.

Das Wort „Handel" bedeutet sehr viel. Ich kann nicht mehr darüber sagen, aber das ist auch nicht nötig, denn viele von euch verstehen mehr davon als ich, und ihr könnt selbst darüber nachdenken. Ihr habt für den Herrn Jesus intensiver zu handeln, als ihr für euch selbst gehandelt habt. Mit eurer körperlichen Kraft, mit euren geistigen Fähigkeiten, mit eurem Eigentum, mit euren Familien, mit allem habt ihr Gott zu verherrlichen und den Namen Jesu zu ehren. Es ist das Werk eures Lebens, für Jesus und mit Jesus zu arbeiten.

Wenn der Handel mit Erfolg betrieben wird, ist es ein Geschäft, welches den ganzen Mann herausfordert. Und darin liegt der Grund, warum der Herr seine Diener dazu anhielt; er wollte sie später in einem höheren Dienst gebrauchen. Brüder, lernt, was mit Handeln gemeint ist, und dann beginnt mit ganzem Herzen einen geistlichen Handel.

Weiter ist zu sagen, daß es ein ihren Fähigkeiten entsprechendes Werk war. Wenn das Kapital auch klein war, so war es doch genug für sie, denn sie waren nicht mehr als Diener. Ihr Herr gab ihnen nur ein Pfund. Dafür kann kein Laden gemietet und keine Ware eingekauft werden. Sie konnten nicht darüber klagen, daß sie in ein Geschäft gestellt wurden, welches für sie zu groß war.

Der Herr Jesus verlangt nicht mehr von dir, als du tun kannst; Er drückt dich nicht mit Aufgaben nieder, die deine Fähigkeiten übersteigen. Wir haben die Schranken unserer Kraft noch nicht erreicht; wir können noch mehr tun. Jesus ist kein harter Meister. Das ist ein lügenhafter Diener, welcher Ihn einen harten Mann nennt, der angeblich erntet, wo Er nicht gesät hat, und sammelt, wo Er nicht gestreut hat. Nein, Er hat uns ein leichtes Geschäft gegeben. Unsere Arbeit für Ihn ist unserer beschränkten Kraft angemessen und Er ist bereit, durch Seinen Heiligen Geist uns zu helfen. Laßt uns unser einziges Pfund gut einsetzen. Laßt es unser Bestreben sein, wenigstens zehn daraus zu machen. Möge der Herr unsere Arbeit gnädig mit Erfolg krönen, damit wir Ihm hohe Zinsen zeigen können, wenn Er kommt.

Habt ihr nach dem Lebensunterhalt dieser Männer gefragt? Der Herr hat ihnen nicht gesagt, daß sie von dem Pfund leben sollten. Nein, sie waren seine Diener und lebten als solche unter seinem Dache, und er sorgte für alle ihre Bedürfnisse. Er war abgereist, aber sein Haushalt hatte nicht aufgehört; der Tisch wurde noch gedeckt und die Kinder und die Diener hatten noch Brot übrig. „Ja“, sagt einer, „das ändert die Sache.“ Gewiß, aber es ändert nicht deine Sache, oder, wenn es geschieht, so tust du mir leid. Bist du dein eigener Versorger? Rufst du: „Was werden wir essen? was werden wir trinken?“ Weißt du nicht, daß nach solchem allen die Heiden trachten? Jesus sagt: „Euer himmlischer Vater weiß, daß ihr das alles bedürfet.“ So weit ich das geistliche Leben verstehe, habe ich meines Herrn Werk zu tun und Er hat für mich zu sorgen. Er mag es durch meinen eigenen Fleiß tun, aber doch ist es Sein Werk und nicht das meinige. Wenn die Vorsehung Gottes nicht imstande ist, für mich zu sorgen, dann bin ich gewiß, daß wir selber sicher nicht für uns sorgen können. Und wenn Gottes Fürsorge für alle Bedürfnisse ausreichend ist, so wird es weise von uns sein, alle unsere Sorgen auf den Herrn zu werfen und ungeteilt zu Seiner Ehre zu leben. Denkt an das Wort: „Trachtet aber zuerst nach dem Reiche Gottes und nach seiner Gerechtigkeit, und dies alles wird euch hinzugefügt werden “ (Matth. 6, 33). Du als Diener hast dich nicht mit bangen Sorgen in deine eigenen Interessen zu verstricken, sondern hast deine Gedanken und dein Leben dem Dienst des Herrn zu weihen. Er wird dich jetzt versorgen und später belohnen, wenn Er kommt.

Er kommt wieder

Den Dienern war gesagt worden, daß er wiederkommen würde, und zwar als König. Die Bürger glaubten es nicht. Sie hofften, daß der Kaiser ihm den Thron verwehren würde. Wir aber sind gewiß, daß unser Herr das Reich erhalten wird. Diese rebellische Welt glaubt nicht, daß Jesus je König sein wird. Wir lasen kürzlich vom Verfall des Christentums. Fortwährend sehen wir, daß Seine Herrschaft angegriffen wird. Man sagt, daß es sich praktisch als Mißerfolg gezeigt habe. Ist es so? Meine Herren, entschuldigt mich, ich bin sehr im Vorurteil, denn ich bin Sein Diener. Ich schulde Ihm mein Leben und alles was ich habe. Ich bin überzeugt, daß Er der König aller Könige ist. Ich kenne Ihn genau und ich bin gewiß, daß Er am Hof, wohin Er gegangen ist, Erfolg haben wird. Er steht dort in großer Gunst. Das letzte Mal, als ich das Angesicht des großen Königs sah, wurde mir eine große Gunst durch das Nennen Seines Namens gewährt. Ich erhalte alles, um was ich bitte, wenn ich in Seinem Namen bitte, und daher weiß ich, daß Er dort in gutem Ruf steht. Ja, Sein Vater ist der große Fürst. Ich bin gewiß, daß Er das Reich Seinem eingeborenen Sohn nicht verweigern wird. Jesus wird als König wiederkommen, dessen bin ich gewiß. Laßt uns wirken in der vollen Überzeugung, daß unser Herr bald wiederkommen wird, geschmückt mit einem herrlichen Diadem.

Seine Diener hatten ihren abwesenden Herrn schon als König erkannt, und sie hatten so unter den Feinden zu handeln, daß sie nie ihre Treue verletzten. Sie gehörten zur Partei des Königs und zu keiner anderen. Es ist eine sehr schwierige Aufgabe, unter einem Volk zu handeln, welches eurem König feind ist. Ihr müßt klug sein wie die Schlangen und ohne Falsch wie die Tauben. Das ist genau unsere Stellung. Wir haben unseren Herrn zu erheben unter Leuten, die, wenn sie es könnten, Ihn noch einmal kreuzigen würden. Wir haben unter ihnen aus- und einzugehen in einer solchen Weise, daß sie nie sagen können, wir würden mit ihnen an der Rebellion teilnehmen. Wir können nicht auf gutem Fuß mit denen stehen, deren Leben eine Beleidigung der Kronrechte des Königs ist. Wir müssen vor allen Dingen unsere Treue gegen unseren abwesenden Herrn beweisen.

Ich finde, daß wir dem Sinn des Grundtextes gemäß die Stelle so zu verstehen haben, daß sie ihren Herrn als schon zurückkehrend anzusehen hatten. Das sollte unsere Ansicht von der Wiederkunft Christi sein. Er ist schon auf dem Wege hierher. Er kommt so schnell, wie die ewige Weisheit es gestattet. Ich bin gewiß, daß der Heiland keinen Augenblick länger säumen wird, als unumgänglich nötig ist, denn Er liebt die Gemeinde, Seine Braut, und als Bräutigam wird Er die langersehnte Stunde der Vereinigung, auf die keine Trennung folgt, nicht verschieben. Jesus wünscht zu kommen. Sein Herz hört mit Wohlgefallen unseren Ruf, wenn wir sagen: „Komme bald!" Er wird eher kommen, als wir denken. Wir haben zu glauben, daß Er jetzt auf dem Weg ist, und wir haben zu leben, als könnte Er jeden Augenblick kommen.

Wir müssen weiter handeln, bis unser Herr gekommen ist. Wir dürfen uns vom Werk des Herrn nicht zurückziehen, selbst wenn wir uns von unserem eigenen Beruf zurückziehen. Wir dürfen nicht aufhören indem wir uns einbilden, genug getan zu haben. Die Zeit der Ruhe kommt, wenn Er gekommen ist.

Laßt uns arbeiten, als sei Er wirklich anwesend. Wie würdest du arbeiten, wenn Jesus neben dir stände! Arbeite dementsprechend. Sei getrost, das Auge deines Erlösers sieht dich und Er gibt dir Kraft, richtig zu wandeln und zu handeln!

Die geheime Absicht des Herrn

Nun kommt der schönste Teil des Gleichnisses. Ist es euch aufgefallen, daß dieser Hochgeborene etwas Besonderes für seine Diener wünschte? Hatte dieser Herr jedem seiner Diener ein Pfund gegeben mit dem einzigen Vorhaben, daß sie Geld für ihn verdienen sollten? Es wäre töricht, so zu denken. Ein paar Pfund spielen keine Rolle bei jemandem, der zum König gemacht wird. Ein echter Christ will nicht Geld machen, sondern Charaktere bilden. Sein Vorhaben war nicht, durch sie etwas zu erwerben, sondern sie zu erziehen.

Zuerst war es eine Probe, daß sie mit einem Pfund betraut wurden. Dieser Edle sagte sich: „Wenn ich erst König bin, muß ich treue Diener um mich haben, die mit Macht betraut werden können. Mein Fortgehen gibt mir Gelegenheit zu prüfen, wie meine Diener sind. Ich werde ihre Fähigkeit und ihren Fleiß, ihre Treue und ihren Eifer prüfen. Wenn sie im Kleinen treu sind, werden sie eines größeren Vertrauens würdig sein. Zur Prüfung bekommen sie nur ein Pfund; damit konnte im schlimmsten Fall nicht viel Unheil angerichtet werden, aber es war genug, ihre Fähigkeit und ihre Treue zu prüfen, denn wer im Geringen treu ist, wird auch im Großen treu sein. Nicht alle verstanden die Prüfung, aber dadurch offenbarte er ihren Charakter.

Es war eine Vorbereitung für ihren zukünftigen Dienst. Er wollte aus Dienern Herrscher machen. Sie mußten also eine gewisse Verantwortung auf sich nehmen, um zu selbständigen Männern herangebildet zu werden. Die beste Weise zu lernen, wie man Herr wird, ist ein Diener zu sein; und der Grund weshalb viele Herren hart und tyrannisch sind, ist der, daß sie die Empfindungen eines Dieners nicht aus Erfahrung kennen. Sie waren nie Diener, und daher haben sie nicht die Weisheit, den Großmut und die Zartheit, welche die Herren gegen die Diener zeigen sollten. Dieser Herr war weise, er prüfte und erzog seine Diener zugleich.

Außerdem, glaube ich, gab er ihnen einen kleinen Vorgeschmack ihrer zukünftigen Ehre. Er wollte sie zu Herrschern über Städte machen und machte sie zuerst zu Herrschern über Pfunde. Sie waren Diener und hatten jeden Morgen ihre Befehle erhalten; aber nun hatten sie keinen Herrn, zu dem sie gehen konnten, und hatten nach eigenem Antrieb zu handeln. Sie waren in Wirklichkeit in einem kleinen Kreis zu kleinen Königen gemacht worden. In diesem Land hatten die Bürger sich empört, aber es bestand ein kleines Königreich aus des Königs eigenen Dienern, und diese gehorchten ihm und taten ihr Bestes, seine Interessen in ihrem kleinen Kreis zu wahren. Sie waren schon frei gemacht und hatten eine gewisse Vollmacht und kannten die Lust und die Last der persönlichen Verantwortung.

Oh, die ihr für Gott arbeitet, wenn ihr Aufseher über andere seid, wenn ihr Seelen für Ihn gewinnt und wenn ihr in Seinem Namen Feinde überwindet, so habt ihr schon einen Vorgeschmack eurer ewigen Belohnung. Wenn ihr euer Pfund verbergt und den Dienst des Herrn vernachlässigt, so vermindert ihr euren Lohn in Seinem tausendjährigen Reich. Ihr, die ihr euch selbst Seinem heiligen Dienst ergebt und euch völlig dem Herrn weiht, werdet große Ehre haben wenn Er kommt um unter Seinem Banner zu regieren.

Als er zu dem Knecht kam, der zehn Pfund gewonnen hatte, gab er ihm zehn Städte. Denkt daran! Es ist kein Verhältnis zwischen dem geringen Dienst und der reichen Belohnung. Ein Pfund wird mit einer Stadt belohnt. Die Belohnung im tausendjährigen Reich wird offensichtlich ganz aus Gnaden sein, weil sie so unendlich höher ist, als was die Diener nach ihrem Erfolg verdient hätten. Ihr Herr war nicht verpflichtet, ihnen irgend eine Belohnung zu geben, denn sie waren seine Knechte, und was er ihnen gab, kam aus seiner überfließenden Gnade. Ich glaube nicht, daß derjenige, der fünf Pfund brachte, im geringsten getadelt wurde. Er mag ebenso fleißig gewesen sein wie der andere, aber er besaß weniger Fähigkeiten. Was mag er aber für Augen gemacht haben, als der Herr ihm fünf Städte gab! Vielleicht wunderte er sich mehr als der Erste. Denkt euch, wenn jemand mit einem Pfund in Kommission gehandelt hätte und würde fünf Städte als Belohnung bekommen! Das verdiente Geld wäre nicht genügend gewesen, das kleinste Haus zu kaufen und doch bringt es dem Arbeiter fünf Städte! Es kam nie in sein Herz, seinen Bruder, der zehn Städte bekommen hatte, zu beneiden , denn die fünf waren eine zu große Belohnung. Er muß ganz außer sich gewesen sein mit der vor ihm liegenden Zukunft. Es mag verschiedene Grade der Herrlichkeit geben, aber alle Gefäße werden voll sein, wenn sie auch nicht alle gleich groß sind.Der Diener mit den zehn Pfund wird einfach ein großes Gefäß sein bis oben gefüllt, und der Diener mit fünf Pfund wird von geringerer Fähigkeit sein, aber ebenso voll zu seinem freudigen Erstaunen und seiner höchsten Überraschung. Doch laßt uns versuchen die zehn Pfund zu gewinnen, wenn wir es können. Um unseres Herrn Willen laßt uns in geistlichen Dingen handeln mit ganzem Herzen.

„Aber", fragt jemand, „wo und was werden diese Städte sein?" Es ist möglich, daß alles dies buchstäblich erfüllt werden wird im tausendjährigen Reich, aber ich weiß es nicht. Jesus hat uns zu Königen und zu Priestern gemacht. Oh, wenn ich in dieser Versammlung lernte, den Ruhm meines Herrn der Welt zu verkündigen! Jedenfalls würde ich, wenn ich je eine Stimme bekommen würde, die laut genug wäre von Millionen Menschen gehört zu werden, nichts anderes ausrufen als diese herrlichen Wahrheiten, welche Gott in Jesus Christus geoffenbart hat.

Wenn wir hier treu sind, können wir uns darauf verlassen, daß der Herr uns nachher mit einem höheren Dienst beauftragen wird. Laßt uns nur darauf achten, daß wir die Prüfung bestehen. Wie unsere Arbeit in dem Geringen sein wird, so wird es in der Ewigkeit mit dem Großen sein. Herrscher über zehn Städte! Herrscher über fünf Städte! Brüder, ihr seid nicht fähig zu solcher Würde, wenn ihr in dieser Welt dem Herrn nicht mit dem wenigen dienen könnt, was euch anvertraut ist. Wenn ihr hier ganz für Ihn lebt, so werdet ihr vorbereitet für die unaussprechliche Herrlichkeit. Laßt uns heute noch ein geheiligtes Leben beginnen!

Die Zeit ist so kurz und die Dinge, mit denen wir handeln, sind verhältnismäßig klein! Wir kommen bald aus der Eierschale der Zeit heraus, und wenn wir in der Ewigkeit ankommen, dann werden wir erstaunt sein über den Dienst, der uns übertragen wird als Belohnung für den Dienst hier. O Herr, mach uns treu! Amen.

EIN PREDIGER AUS DEN TOTEN

„Wenn sie Moses und die Propheten nicht hören, so werden sie auch nicht überzeugt werden, wenn jemand aus den Toten aufersteht."
(Lukas 16, 31)

Der Mensch neigt nicht dazu, schlecht von sich zu denken, aber die meisten Menschen sind sehr geneigt sich zu entschuldigen, wenn sie sich der Sünde hingeben. Sie sagen: „Wenn wir in besseren Zeiten lebten, würden wir bessere Menschen sein; und wenn wir unseren Platz in einer besseren Umgebung hätten, würden wir heiliger leben."

Wenn die Menschen die Ursache der Sünde suchen, so suchen sie dieselbe überall, nur nicht am rechten Ort. Einige von ihnen finden den Fehler in ihren Verhältnissen. „Wenn ich im Reichtum anstatt in Armut geboren wäre", sagt der eine, „so würde ich nicht unehrlich geworden sein." „Wenn ich im Mittelstand geboren wäre und nicht reich", sagt ein anderer, „so wäre ich den Versuchungen der Lüste und des Stolzes nicht so ausgesetzt wie jetzt; aber meine Lage ist so, daß ich durch die Stellung, die ich in der Gesellschaft einnehme, gezwungen bin ganz anders zu sein als ich sein sollte."

Andere kehren es um und finden den Fehler in der Gesellschaft. Sie sagen, daß alles in der Regierung, im Staat, in den menschlichen Einrichtungen so schlecht ist, daß sie nicht gut sein können. Andere wieder schieben die Schuld auf ihre Erziehung. Hätten ihre Eltern sie anders erzogen, dann wären sie nicht geworden, was sie jetzt sind. Es ist die Schuld ihrer Eltern, die Sünde lag vor der Tür des Vaters oder der Mutter. Oder es ist ihr Charakter. Höre, wie sie für sich sprechen: „Wenn ich ein solches Temperament hätte wie der und der, was würde ich für ein guter Mensch sein! Aber bei meinem widerspenstigen Charakter ist es unmöglich.“ Andere gehen weiter und beschuldigen den Prediger. „Wenn der Prediger“, sagen sie, „damals ernster gepredigt hätte, wenn es mein Vorrecht gewesen wäre, unter gesunder Lehre zu sitzen und das Wort Gottes treuer ausgelegt zu bekommen, dann würde ich besser sein.“

Ach, meine Herren, ihr legt den Sattel auf das verkehrte Pferd und die Bürde auf den falschen Rücken. Wenn eure Herzen erneuert wären, dann würdet ihr besser sein, aber ehe das geschehen ist, werdet ihr euch nicht verändern, selbst wenn die Gesellschaft zur Vollkommenheit gebracht, die Prediger Engel und die Religionsbekenner Seraphim geworden wären. Da ihr dann aber weniger Entschuldigungen für eure Sünden hättet, würdet ihr doppelt schuldig sein. Aber die Menschen werden immer sagen, wenn ihre Umgebung besser wäre, würden sie auch besser sein, während die Veränderung doch bei ihnen selbst erfolgen muß, wenn sie an der rechten Stelle beginnen soll.

Unter anderen ‚Grillen', die im menschlichen Geiste vorkommen, gibt es manchmal auch solche wie in meinem Text. „Wenn jemand von den Toten zu ihnen geht, so werden sie Buße tun“ (Lukas 16,30), sagte der reiche Mann in der Hölle. Einige haben gesagt: „Wenn mein alter Vater oder ein ehrwürdiger Patriarch von den Toten auferstehen und predigen könnte, so würden wir uns alle zu Gott wenden.“ Das ist eine andere Weise, den Tadel in ein falsches Quartier zu senden. Wir werden uns bemühen so gut wir können, eine solche Vermutung zu widerlegen und die Lehre des Textes zu bestätigen: „Wenn sie Moses und die Propheten nicht hören, so werden sie auch nicht überzeugt werden, wenn jemand aus den Toten aufersteht.“

Angenommen, ein Prediger würde aus einer anderen Welt kommen, um uns zu predigen, so müssen wir natürlich annehmen, daß er aus dem Himmel kommt. Selbst der reiche Mann bat nicht, daß er oder ein anderer seiner Genossen aus der Hölle gehen könne, um zu predigen. Die Seelen, die verloren sind, können diese Erde nicht besuchen, und wenn sie es täten, so könnten sie die Wahrheit nicht bezeugen, noch uns den Weg zum Himmel zeigen, denn sie selbst haben ihn nicht betreten. Die Ankunft eines solchen auf der Erde würde ein Fluch sein, ein Verderben. Wenn es möglich ist, daß ein Prediger aus einer anderen Welt kommt, so muß er aus dem Himmel kommen. Es muß ein Lazarus sein, der in Abrahams Schoß gesessen hat, ein reines, vollkommenes und heiliges Wesen.

Nun stellt euch einen Augenblick vor, daß ein solcher auf die Erde herabgekommen sei. Denkt euch, wir hörten morgen die wunderbare Nachricht, daß ein ehrwürdiger Verstorbener, der schon lange begraben gewesen ist, plötzlich sein Grab und seinen Sarg aufgebrochen hätte und nun das Wort des Lebens predigte. Oh, welches Drängen würde es geben, ihn predigen zu hören! Welcher Raum würde groß genug sein, seine Zuhörer zu fassen! Wie würdet ihr euch drängen, ihm zuzuhören! Wie viele tausend Bilder würden von ihm erscheinen, die ihn in seinem Totengewand oder als einen Engel aus dem Himmel darstellten! Wie würde unsere Stadt erregt werden, und nicht nur diese Stadt, sondern das ganze Land! Die entferntesten Völker würden bald diese Neuigkeit erfahren und jeder Bahnzug und jedes Schiff würde Reisende bringen, welche diesen wunderbaren Prediger zu hören wünschten. Und wie aufmerksam würdet ihr zuhören, wie feierlich würdet ihr auf die überirdische Erscheinung blicken! Wie würden eure Ohren auf jedes Wort achten! Jede Silbe würde aufgefangen und gedruckt werden als die Äußerung eines Menschen, der tot war und wieder lebendig geworden ist. Und wir vermuten, daß zahllose Bekehrungen stattfinden würden, wenn sich so etwas ereignete, denn gewiß würden solche anziehenden Versammlungen reich gesegnet werden. Viele verhärtete Sünder würden zur Buße kommen, Hunderte von Zögernden würden eine Entscheidung treffen und viel Gutes würde getan werden.

Halt, wenn auch der erste Teil des schönen Traumes stattfinden würde, so doch nicht der zweite. Wenn einer von den Toten auferstünde, so würden durch seine Predigten nicht mehr Sünder zur Buße kommen, als durch die Predigten irgend eines anderen. Gott könnte solche Predigten segnen, wenn Er wollte, aber an sich selbst wäre in der Predigt eines Auferstandenen im Totengewand oder in der Gestalt eines Engels nicht mehr Kraft als in der Predigt eines einfachen Mannes unserer Tage.

Aber doch würden viele Menschen vermuten, daß aus der Auferstehung eines Heiligen Vorteile entstehen würden. Die Vorteile, denke ich, könnten nur drei sein. Einige würden sagen, *es lägen Vorteile in der Kraft der Beweise,* denn wenn jemand wirklich aus den Perlentoren Jerusalems kommt, so könnte nicht mehr über die Wahrheit der Offenbarung gestritten werden. Einige würden vermuten, daß er uns *mehr als Moses und die Propheten erzählen könnte,* und daß es sowohl ein Vorteil sein würde in der Belehrung, die er geben könnte, wie in den Beweisen, die er bringen würde. Und drittens würden einige vermuten, daß ein Vorteil *in der Redeweise eines solchen liegen würde.* Denn gewiß würde er mit großer Beredsamkeit sprechen und mit viel größerer Kraft und mit einem tieferen Gefühl als irgend ein gewöhnlicher Prediger, der nie den tiefen Ernst einer anderen Welt gesehen hat. Wir wollen diese drei Punkte nacheinander betrachten, und wir hoffen, darüber Klarheit zu bekommen.

Eine Bestätigung des Evangeliums?

Meine Freunde, wenn das Zeugnis eines Menschen, der von den Toten auferstanden ist, irgend einen Wert für die Bestätigung des Evangeliums hätte, würde Gott es dann nicht schon vorher angewandt haben? Das soll mein erster Beweis sein. Es ist zweifellos wahr, daß einige von den Toten auferstanden sind. Wir finden in der Heiligen Schrift Berichte, daß einige durch die Macht Jesu Christi oder durch die Vermittlung der Propheten von den Toten auferweckt worden sind; aber ihr werdet die merkwürdige Tatsache feststellen, daß keiner von ihnen ein Wort von dem gesprochen hat, was er gesehen hatte, während er tot war.

Oh, welche Geheimnisse hätte Lazarus, der vier Tage im Grabe lag, offenbaren können! Könnt ihr euch nicht vorstellen, daß seine Schwestern ihn fragten, was er gesehen habe, ob er vor dem feurigen Thron Gottes gestanden habe, ob er gerichtet worden sei für das, was er zu Lebzeiten getan habe, und ob er zur Ruhe eingegangen sei. Aber wenn sie ihn auch fragten, so ist es gewiß, daß er keine Antwort gegeben hat, denn hätte er eine Antwort gegeben, so würden wir sie jetzt wissen. Die Überlieferung würde den Bericht bewahrt haben.

Und denkt ihr nicht daran, daß, als Paulus einst das Wort bis Mitternacht verzog, ein junger Mann, Eutychus, im Schlaf hinabfiel und tot aufgehoben wurde? Paulus kam hinzu, betete, und der junge Mann wurde wieder lebendig. Stand aber Eutychus auf und predigte, als er von den Toten auferstanden war? Nein. Paulus fuhr in seiner Predigt fort und alle hörten ihm zu und kümmerten sich nicht um das, was Eutychus gesehen hatte. Er hatte nicht mehr zu sagen, als was Paulus sagen konnte. Von allen, die durch die göttliche Macht wieder aus dem Schatten des Todes zurückgebracht worden sind, ich wiederhole es, ist uns kein Geheimnis mitgeteilt, auch kein Geheimnis enthüllt worden. Gott weiß am besten, warum. Wenn Gott entschieden hat, daß die auferstandenen Menschen still sein sollen, dann ist es das Beste. Ihr Zeugnis würde uns wenig geholfen haben, sonst würde es uns mitgeteilt worden sein.

Aber weiter denke ich, wenn heute ein Mensch aus seinem Grab auferstünde und die Wahrheit des Evangeliums bestätigte, daß die ungläubige Welt dadurch dem Glauben nicht näher käme als jetzt. Hier ist ein ungläubiger Kritiker. Er leugnet die Beweise für die Echtheit der Bibel, Beweise, die so überzeugend dastehen, daß wir gezwungen sind anzunehmen, sein Leugnen ist entweder Lästerung oder Unsinn. Wir lassen ihm die Wahl zwischen beiden. Aber er wagt es, die Wahrheit der Heiligen Schrift zu leugnen und nimmt an, daß alle Wunder unwahr und erdacht sind. Denkt ihr, daß ein Auferstandener einen solchen Menschen zum Glauben überreden könnte?

Wenn Gottes Schöpfung von der Wissenschaft durchforscht worden ist und die Wahrheit der Offenbarung bezeugt hat; wenn die Geschichte der begrabenen Städte und ausgestorbenen Völker nur die Wahrheit der Bibel bezeugt hat; wenn jeder Landstrich im fernen Osten eine Darstellung und Bestätigung der Weissagungen der Bibel ist, und trotzdem die Menschen nicht überzeugt sind, so vermute ich, daß auch ein Auferstandener sie nicht überzeugen würde. Ich sehe schon, wie der kritisierende Lästerer für seinen Kampf bewaffnet ist. Hört ihm zu: „Ich glaube nicht, daß du tot warst. Du bekennst, von den Toten auferstanden zu sein, aber ich glaube es nicht. Du sagst, du seiest tot und in dem Himmel gewesen. Mein lieber Mann, du hast eine Verzükkung gehabt. Du mußt deine Sterbeurkunde bringen." Sie wird herbeigeschafft. „Nun mußt du beweisen, daß du begraben worden bist." Auch dieses wird von einem alten Totengräber bezeugt. „Das ist soweit alles gut, aber nun mußt du beweisen, daß du wirklich derjenige bist, der begraben wurde." „Ich bin es. Ich weiß, daß ich es bin. Ich sage dir als ehrlicher Mann, daß ich im Himmel gewesen und wieder herabgekommen bin." „Nun wohl", sagt der Ungläubige, „das widerspricht meinem Verstand. Es ist lächerlich anzunehmen, daß ein Mensch, der gestorben und begraben worden ist, wieder ins Leben zurückkehren kann." So würden ihn die Menschen behandeln, und der Sünde, viele Wunder zu leugnen, die hinzufügen, noch ein Wunder mehr zu leugnen, aber der Wahrheit würden sie keinen Zoll näher kommen.

Und wenn das Wunder in einem fernen Land geschehen wäre und hier berichtet würde, so würde die ungläubige Welt wohl ausrufen: „Solche kindischen Erzählungen und Überlieferungen sind überall im Umlauf gewesen, aber wir sind vernünftige Leute und glauben das nicht." Ein ganzer Friedhof könnte auferstehen und vor den Ungläubigen treten, der die Wahrheiten des Christentums leugnet, doch alle Friedhöfe der Welt würden nicht Beweis genug sein, ihn zu überzeugen. Der Unglaube würde noch mehr verlangen. Er ist wie die zwei Töchter des Blutegels, die da sprechen: „Bringe her, bringe her!" Beweise dem Ungläubigen eine Tatsache, und er wünscht sie stets von neuem bewiesen zu haben. So viel ist gewiß, die Auferstehung eines Toten würde wenig Wert haben, einen solchen Menschen zu überzeugen.

Aber denkt daran, meine lieben Freunde, daß die meisten Ungläubigen Menschen sind, die nicht nachdenken. Es gibt viele Menschen in diesem Land, die wohl essen, trinken und arbeiten, aber es gibt wenige, die nachdenken. Sie denken nur daran, die Fensterläden in ihrem Geschäft am Morgen zu öffnen und am Abend zu schließen; sie denken auch an das Steigen und Fallen der Börsenkurse, an die Brotpreise oder wie die Waren am besten abzusetzen sind. Ihr Gehirn scheint ihnen für nichts anderes gegeben zu sein, als über Käse und Brot nachzudenken. Die Religion ist ihnen eine Sache von geringer Bedeutung. Sie wagen zu sagen, daß die Bibel wahr ist; sie wagen zu sagen, daß der Glaube richtig ist, aber sie kümmern sich nicht darum. Sie halten sich für Christen. Sind sie nicht ‚getauft' worden, als sie noch Säuglinge waren? Sie müssen Christen sein, wenigstens vermuten sie es, aber niemals setzen sie sich nieder und denken darüber nach. Sie gehen manchmal zur Kirche oder zur Kapelle, aber es bedeutet ihnen nicht viel. Ein Prediger mag dem anderen widersprechen; sie wissen es nicht oder wagen zu sagen, daß beide recht haben. Das Denken ist für sie eine so schwere Arbeit, daß sie sich damit überhaupt nicht plagen. Wenn nun morgen ein Toter auferstünde, so würden diese Leute nicht bestürzt sein. Ja, sie würden hingehen und ihn einmal sehen, wie sie zu irgend einer anderen Sehenswürdigkeit gehen. Sie würden auch viel davon sprechen, daß einer von den Toten auferstanden sei. Vielleicht würden sie auch an einem Winterabend eine seiner Predigten lesen, aber sie würden sich nie damit auseinandersetzen, ob sein Zeugnis Autorität hat oder nicht. Nein, sie sind solche Klötze, daß sie nie beunruhigt werden. Und wenn der von den Toten Auferstandene in ihre Wohnung käme, so würden sie eine schreckliche Furcht haben, aber über das, was er sagt, würde ihr Gehirn sich nicht anstrengen und ihre Sinne nicht erregt werden. Wenn auch einer von den Toten auferstünde, so würde die große Masse dieses Volkes nicht überführt werden.

Und außerdem, meine Freunde, wenn die Menschen das Zeugnis Gottes nicht glauben, so ist es unmöglich, daß sie das Zeugnis eines Menschen glauben. Wenn die Stimme Gottes vom Berg Sinai und Seine Stimme durch Mose im Buch des Gesetzes, wenn Seine Stimme durch die verschiedenen Propheten im Alten Testament und besonders Sein eigenes Wort durch Seinen Sohn, der die Unverweslichkeit ans Licht gebracht hat, die Menschen nicht überzeugen kann, so ist nichts in der Welt, das dieses Werk vollführen kann. Nein, wenn Gott einmal spricht, die Menschen aber nicht darauf achten, so brauchen wir uns nicht zu wundern, daß wir oft zu predigen haben, ohne beachtet zu werden. Wir wollen dem Gedanken keinen Raum geben, daß die Worte eines solchen, der von den Toten auferstanden ist, mehr Überzeugungskraft haben als die Worte Gottes. Wenn die Bibel ohne den Heiligen Geist nicht genügt, euch zu bekehren, und gewiß genügt sie nicht, dann gibt es nichts in der Welt, welches dieses ohne Seinen Einfluß kann. Wenn die Offenbarung, welche Gott von Seinem Sohne Jesus Christus in diesem heiligen Buche gegeben hat, wenn die Heilige Schrift nicht genug ist, euch zum Glauben an Christum zu bringen, dann werdet ihr auch unerrettet und ungesegnet bleiben, selbst wenn ein Engel vom Himmel, die Heiligen aus der Herrlichkeit, ja, wenn Gott selbst herab käme, euch zu predigen. „Wenn sie Moses und die Propheten nicht hören, so werden sie auch nicht überzeugt werden, wenn jemand aus den Toten aufersteht."

Neue Erkenntnisse?

Vielleicht denken einige, daß einer der Vollendeten, wenn er auf die Erde zurückkehrte – selbst wenn die Zweifler sein Zeugnis auch verwerfen würden – doch eine wichtige Belehrung über den Himmel geben könnte.

„Gewiß", sagt jemand, „wenn Lazarus aus Abrahams Schoß gekommen wäre, so hätte er einen Bericht geben können wobei uns die Haare zu Berge stehen würden, wenn er von der Qual des reichen Mannes erzählt hätte. Wenn er vom Ort des Entzückens in den Ort der Qual geblickt hätte, so hätte er uns etwas von dem Wurm, der nicht stirbt, und von dem Feuer, welches nicht erlischt, erzählen können. Einige schreckliche Einzelheiten, einige schauerliche Worte der Angst und Furcht von den Lippen der Verdammten hätte er äußern können, welche uns mehr von dem zukünftigen

Zustand der Gottlosen offenbart hätten, als wir jetzt wissen." „Und", sagt der heitere Gläubige, „wenn er auf die Erde gekommen wäre, hätte er uns etwas von der ewigen Ruhe der Heiligen mitteilen können. Er hätte uns die herrliche Stadt, die Gott zum ewigen Licht hat, deren Straßen von Gold und deren Tore von Perlen sind, beschreiben können. Oh, wie lieblich hätte er von der Gegenwart Christi und der Glückseligkeit der Gesegneten singen können! Gewiß hätte er eine Handvoll „Trauben von Eskol" mitgebracht. Er wäre imstande gewesen, uns einige himmlische Geheimnisse mitzuteilen, die unsere Herzen ermuntert und gestärkt hätten."

Halt, auch das ist ein Traum! Einer der Gerechten, der vom Himmel herabkommt, könnte uns nicht mehr erzählen, was Nutzen für uns hätte, als was wir schon wissen. Was könnte ein Geist vom Himmel uns mehr von den Höllenqualen erzählen? Ist nicht die Bibel klar und deutlich genug? Haben die Lippen Christi das Feuer nicht genügend beschrieben? Hat Er, der selbst über die Menschen weinte, uns nicht in ernster Sprache erzählt, daß Gott zuletzt sagen wird: „Gehet von mir, ihr Verfluchte, in das ewige Feuer, das bereitet ist dem Teufel und seinen Engeln?" Bedürft ihr schrecklichere Worte als diese: „Da ihr Wurm nicht stirbt und ihr Feuer nicht erlischt?" Habt ihr ernstere Warnungen nötig als diese: „Wer von uns kann weilen bei verzehrendem Feuer? Wer von uns kann weilen bei ewigen Gluten?" (Jes. 33, 14). Ihr versucht es ja jetzt schon, davonzulaufen und sagt, die Schrift sei zu schrecklich, denn sie sage zu viel von der Verdammnis und der Hölle. Würdet ihr dann jemand anhören, der euch noch mehr davon erzählt? Nein, ihr wünscht nicht mehr zu wissen und es würde euch auch keinen Nutzen bringen, mehr zu wissen. Habt ihr mehr Einzelheiten nötig betreffs des Gerichtes, des Tages des Zorns, dem wir uns alle nähern? Wird uns nicht erzählt, daß der König sitzen wird auf dem Thron Seiner Herrlichkeit und vor Ihm alle

Völker versammelt werden, und daß Er sie voneinander scheiden wird, wie ein Hirte die Schafe von den Böcken scheidet?

Angenommen, es wäre jemand hier, der die ernsten Vorbereitungen dieses großen Gerichtes gesehen hätte, einer, der gestanden hätte, wo der Thron aufgerichtet wird, und die Zukunft mit einem Auge betrachtet hätte, welches klarer sieht als das unsrige, von welchem Vorteil würde es für euch sein? Könnte er uns mehr erzählen, als die Heilige Schrift uns erzählt? Eins ist mir gewiß, er würde uns nicht mehr von dem Gericht erzählen, als wir schon wissen. „Geist, der du zurückgekehrt bist von einer anderen Welt, sage mir, wie werden die Menschen gerichtet? Warum werden sie verdammt? Warum werden sie selig?“ Ich höre ihn sagen: „Die Menschen werden verdammt wegen der Sünde. Lies die zehn Gebote und du findest zehn große Verurteilungen, durch welche die Menschen auf ewig verurteilt werden.“ „Ich wußte das schon, du hast mir nichts Neues erzählt“. „Nein“, sagt er, „und ich kann dir nichts Neues erzählen“.

Wenn du den Unterschied zwischen Recht und Unrecht nicht durch die Schrift erkennst, so würdest du ihn auch nicht erkennen, wenn es dir ein Geist sagt. Wenn du den Weg zur Hölle oder zum Himmel nicht aus der Bibel selbst weißt, so wirst du ihn nie wissen. Kein Buch kann klarer sein, keine Offenbarung deutlicher, kein Zeugnis einfacher.

Geliebte, wir wiederholen es ernstlich, daß die Heilige Schrift so vollkommen, so vollständig ist, daß keine Ergänzung oder Erklärung betreffs des zukünftigen Zustandes nötig ist. Alles, was du über die Zukunft wissen solltest, kannst du aus der Heiligen Schrift erfahren. Gott sei Dank, daß die Gläubigen nicht hinunter blicken in einen bodenlosen Abgrund, sondern hinauf zu einer Stadt, die eine Grundlage hat, dessen Baumeister und Schöpfer Gott ist. Auch blicken selbst die Gottlosen nicht in einen unbekannten Abgrund hinab, denn es ist ihnen klar geoffenbart worden, wo sie sein werden. Obwohl noch kein Auge die Qualen der Hölle gesehen und kein Ohr sie gehört hat, so hat uns die Heilige Schrift doch genügend davon erzählt, um es klar zu erkennen, so daß es den Gottlosen, wenn sie mit Tod, Hölle und Schrecken zusammentreffen, nichts Neues sein wird. Schwätzer, müßige und neugierige Leute würden an einem solchen Mann große Freude haben. Was würde er für sie ein köstlicher Prediger sein, wenn sie ihn dahin bringen könnten, alle Geheimnisse auszusprechen! Wie würden sie ihn ehren, wie würden sie sich seiner freuen! Sie würden sagen: „Er weiß viel mehr, als irgend jemand anders. Er weiß viel mehr, als die Bibel uns erzählt. Er weiß so viele Einzelheiten und es ist interessant, seine wunderbaren Erklärungen anzuhören." Aber damit wäre die Sache auch zu Ende. Es wäre nur eine Befriedigung der Neugierde, aber Segen würde es keinen bringen, denn wenn mehr Wissen von der Zukunft ein Segen für uns wäre, so würde Gott es nicht zurückgehalten haben. Es ist nicht nötig, daß uns mehr mitgeteilt wird. Wenn das, was du weißt, dich nicht überführt, so wirst du auch nicht überzeugt werden, wenn jemand von den Toten aufersteht.

Eine feurige Predigt?

Doch einige sagen: „Wenn ein solcher Geist herabgekommen wäre, wie würde er predigen! Welch himmlische Beredsamkeit würde von seinen Lippen fließen! Wie majestätisch würde er seine Rede fassen! Wie mächtig würde er seine Hörer bewegen! Welch wunderbaren Worte würde er aussprechen! Es würde keine Stumpfheit bei einem solchen Prediger sein und es würde uns gefallen, ihn täglich zu hören und seine wunderbaren Reden würden uns nie ermüden. Einen solchen Prediger hat die Erde noch nie gehört. Wenn er nur kommen würde, wie würden wir ihm zuhören!"

Halt, auch das ist ein Traum. Ich glaube, Lazarus aus

Abrahams Schoß würde kein so guter Prediger sein wie ein Mensch, der zwar noch nicht gestorben ist, dessen Lippen aber mit einer Kohle vom Altar berührt worden sind. Könnte ein Geist aus der anderen Welt feierlicher zu euch reden, als Mose und die Propheten gesprochen haben? Oder könnte er ernster zu euch reden, als ihr das Wort schon bei verschiedenen Gelegenheiten gehört habt? O Freunde, einige von euch haben Predigten gehört, die so feierlich waren wie der Tod und so ernst wie das Grab. Ich kann euch einige Gelegenheiten ins Gedächtnis zurückrufen, bei welchen ihr unter dem Schall des Wortes die ganze Zeit gezittert und gebebt habt. Es schien, als habe der Prediger Pfeil und Bogen mitgebracht und euer Gewissen zu seiner Zielscheibe bestimmt. Ihr habt vergessen, wo ihr wart, und erschraket so, daß eure Kniee zusammenschlugen und Tränen flossen. Was wünscht ihr noch mehr? Wenn das ernste Predigen eines mächtigen Predigers euch nicht errettet hat, was kann euch dann retten, ohne den Einfluß des Heiligen Geistes?

Ihr habt mehr ernste Predigten gehört als diese. Du hattest eine kleine Tochter. Das Kind hatte die Sonntagschule besucht. Es wurde totkrank. Tag und Nacht hast du am Krankenbett gesessen, aber das Fieber nahm zu und du sahst, daß sie sterben mußte. Du hast noch nicht vergessen, wie dir deine kleine Tochter eine Predigt gehalten hat, die wirklich ernst war. Kurz vor dem Sterben ergriff sie mit ihrer kleinen Hand die deinige und sprach: „Vater, ich gehe in den Himmel. Willst du mir folgen?" Das war dir eine feierliche Predigt. Was hätte ein Verstorbener mehr sagen können?

Du hast noch nicht vergessen wie dein Vater, ein Gottesmann, der seinem Herrn gedient hat, auf dem Sterbebett lag und ihr Schwestern und Brüder um ihn standet und er euch einzeln anredete. Du hast es noch nicht vergessen, trotz deiner Sünden und deiner Gottlosigkeit, wie er dich anblickte und sagte: „Meine Tochter, es wäre besser für dich, wenn du nie geboren wärest, als daß du Christus verachtest und die Seligkeit verwirfst.“ Ihr habt es nie vergessen, wie er euch mit Tränen in den Augen ansah und sagte: „Meine Kinder, ich fordere euch auf bei Tod und Ewigkeit; ich fordere euch auf, wenn ihr eure eigene Seele liebt, verachtet das Evangelium Christi nicht. Verlaßt eure Torheiten und wendet euch zu Gott und lebt.“ Welch einen besseren Prediger bedürft ihr? Welche Stimme kann ernster sein als die Stimme eures eigenen Vaters an der Grenze der Ewigkeit?

Und du bist noch nicht ganz dem Einfluß einer anderen ernsten Szene entschlüpft. Du hattest einen Freund, einen sogenannten Freund. Er war ein Schurke; einer, der in Sünden lebte und sich gegen den allmächtigen Gott empörte. Du denkst an sein Sterbebett. Als sein Tod nahte, umfingen ihn die Schrecken; die Flammen der Hölle fingen an, nach ihm zu züngeln, ehe er die Welt verlassen hatte. Du hast sein Wimmern und Stöhnen noch nicht vergessen. Du bist noch nicht ganz frei in deinen Träumen von dem Ausdruck des Gesichtes, verzerrt von den schrecklichen Krämpfen der Furcht. Dir klingt das schreckliche Angstgeschrei, mit dem der Geist das Land der Lebendigen verließ und in die dunkle Ewigkeit ging, noch in den Ohren. Welchen Prediger bedarfst du, wenn du diesen gehört und doch nicht zur Buße gekommen bist? Wenn du nach allem diesen noch verhärtet bist, so würdest du auch nicht von einem Auferstandenen überredet werden.

Ach, sagst du, du bedarfst jemand, der mit mehr Gefühl predigt. Dann, Freund, kann es ein solcher nicht sein. Ein Geist vom Himmel könnte kein gefühlvoller Prediger sein. Es würde Lazarus, der in Abrahams Schoß gewesen ist, unmöglich sein, dir eine erschütternde Predigt zu halten. Als vollkommenes Wesen ist er natürlich glücklich. Stell dir vor, daß an diesem Morgen ein glückliches Wesen dir von der Buße und dem zukünftigen Gericht predigen würde. Siehst du ihn nicht? Es ist ein sanftes Lächeln auf seinem Gesicht, vom Himmelslicht vergoldet. Er spricht von den Schrecken der Hölle. Es ist der Ort für Seufzer und Klagen, aber er kann nicht seufzen. Er spricht von der Qual der Gottlosen; es ist Zeit zum Weinen, aber er kann nicht weinen, das wäre unvereinbar mit seiner Seligkeit. Der Mann predigt schreckliche Dinge mit einem Lächeln auf seinem Gesicht. Auf seinen Wangen ist Sommer, und Winter auf seinen Lippen; der Himmel ist in seinen Augen und die Hölle in seinem Munde. Ihr könntet einen solchen Prediger nicht ertragen; er würde euch zu verspotten scheinen.

Der Prediger muß ein Mensch sein wie wir. Es ist jemand nötig, der, wenn er von Christus predigt, seine Hörer mit Liebe anlächelt, und wenn er von den Schrecken und dem Zorne Gottes spricht, in seinem Geiste zittert. Die größte Wirkung der Predigt liegt nächst dem Beistande des Heiligen Geistes in der inneren Betroffenheit des Predigers. Wir werden nie viel mit unserem Predigen ausrichten, wenn wir nicht empfinden, was wir sagen. „Da wir nun den Schrecken des Herrn kennen, so überreden wir die Menschen" (2. Kor. 5, 11). Ein Geist vom Himmel könnte von der Herrlichkeit des Himmels sprechen, und wie würde sein Gesicht immer mehr strahlen, wenn er die Wunder der anderen Welt erzählte! Aber wenn er auffordern würde, dem zukünftigen Zorn zu entfliehen, so würde seine Stimme ebenso lieblich klingen. Wenn er von Tod und Gericht spräche, so würde es in derselben Weise geschehen, als wie von der Herrlichkeit. Der Klang seiner Stimme würde nicht passend sein, die Gedanken des Geistes auszudrücken. Ein solcher Prediger könnte kein kraftvoller Prediger sein, selbst wenn er von den Toten käme.

Und noch eins sollten wir sagen. Er könnte nicht natürlicher und inniger predigen, als euch die Wahrheit schon gepredigt worden ist. Ich habe mich bestrebt, oft sehr persönlich zu sein. Ich habe mich nicht gescheut, einige in der Versammlung besonders anzureden und euch ein Wort der Ermahnung zuzurufen, das ihr nicht mißverstehen konntet. Ich habe euch nicht geschont wo ich wußte, daß ihr euch der Sünde ergabet. Ich danke Gott, daß ich mich nicht fürchte, den Pfeil auf jeden einzelnen Mann zu schießen, wenn er es nötig hat. Aber dennoch kann ich nicht so natürlich zu euch reden, wie ich es wünsche. Ihr denkt alle, euer Nachbar sei gemeint, wenn ihr es selbst sein sollt.

Ein großer Prediger kam eines Tages in euer Haus, sein Name ist Krebs und Tod. Ein schrecklicher Prediger ist es! Mit grimmigen Worten und harter Betonung kam er und legte seine Hand auf deine Frau und dann legte er seine andere Hand auch auf dich. Du erinnerst dich, wie er dir predigte. Er regte dein Gewissen immer wieder an; er ließ dich nicht still liegen und brachte dein ganzes bisheriges Leben ans Licht und machte dein sündiges Leben offenbar. Von deiner Kindheit an führte er dir alle deine Verirrungen vor, und dann nahm er die Peitsche des Gesetzes und fing an, deinen Rücken zu pflügen. Er erschreckte dich mit dem zukünftigen Zorn. Du ließest deinen Prediger kommen und ihn beten und du dachtest, du hättest auch selbst gebetet, aber der Prediger ging wieder fort und hatte einen vergeblichen Weg gemacht. Nichts Gutes ist daraus hervorgekommen. Du bist ein wenig erschreckt und erregt worden, aber du bist heute, wie du damals warst, unbekehrt und unerrettet. Deshalb würdest du auch nicht bekehrt werden, wenn einer von den Toten auferstehen würde. Du hast Schiffbruch gelitten, du bist dem Rachen des Todes nahe gewesen durch das Fieber; du bist durch einen Unglücksfall nahe daran gewesen, zu sterben, und doch bist du trotz all dieser persönlichen Predigten und der Stimme deines Gewissens heute noch unbekehrt. Dann lerne diese Wahrheit, daß kein äußeres Mittel in der Welt dich zum Fußschemel der göttlichen Gnade bringen kann, wenn es Mose und den Propheten nicht gelungen ist.

Alles, was nun getan werden kann, ist folgendes. Der Geist Gottes muß dir das Wort nahe bringen und segnen, sonst kann weder dein Gewissen noch deine Vernunft dich erwekken; weder ernste Mahnungen, noch erweckliche Predigten dich zu Christo bringen. Niemand anders kann es tun als Gott, der Heilige Geist. Fühlst du, daß du heute gezogen wirst? Zieht dich eine zarte Hand zu Jesus und spricht eine sanfte Stimme: „Komm zum Heiland, Sünder. Hoffnung ist auch für dich da.“ Das ist der Geist Gottes; danke Ihm dafür. Aber wenn du dir selbst überlassen bleibst, wirst du gewiß sterben.

Brüder und Schwestern, laßt uns unsere Hände zur Fürbitte erheben für die Sünder, damit sie zu Christus gezogen und erweckt werden, schuldig und beladen auf Jesum zu blikken. Mögen sie durch den Heiligen Geist erleuchtet und überzeugt werden, Jesus als ihr alles und sich als nichts zu erkennen. O Gott, segne dieses Wort um Jesu Christi willen. Amen.

DIE KÖNIGLICHE HOCHZEIT

„Das Reich der Himmel ist einem Könige gleich geworden, der seinem Sohne Hochzeit machte. Und er sandte seine Knechte aus, um die Geladenen zur Hochzeit zu rufen; und sie wollten nicht kommen. Wiederum sandte er andere Knechte aus und sprach: Saget den Geladenen: Siehe, mein Mahl habe ich bereitet, meine Ochsen und mein Mastvieh sind geschlachtet, und alles ist bereit; kommt zur Hochzeit.“
(Matth. 22, 2–4)

Wenn Gott mir Kraft schenkt, hoffe ich das ganze Gleichnis zu behandeln. Heute jedoch wollen wir uns nur mit der Eröffnung des königlichen Festes beschäftigen.

Ich bin dankbar, daß es Gott gefallen hat, sich herabzulassen und in Gleichnissen zu uns zu reden, damit Seine Kinder die Geheimnisse des Himmelreiches kennenlernen. Wenn es schon unter den Menschen bewundert wird, wenn große Männer bereit sind, sich zu Niedrigen herabzulassen, so ist es das größte Wunder, daß Gott selbst vom Himmel auf unsere Erde herabkommt, um unserer Unwissenheit und unserem Unvermögen entgegenzukommen.

Wenn der Professor vor den Studenten eine wissenschaftliche Vorlesung gehalten hat und dann nach Hause kommt, sein Kind auf den Schoß nimmt und mit kindlichen Begriffen große Wahrheiten zu erklären versucht, dann sieht man die große Liebe in seinem Herzen. Wenn nun der große Gott sich herabläßt, Seine Kinder zu unterweisen und ihnen den Weg des Lebens zu zeigen, so offenbart sich hier eine ganz besondere Liebe. Gerade wie wir unseren Kindern Bilder geben, um ihre Aufmerksamkeit zu fesseln und ihnen gleichsam spielend Wahrheiten beizubringen, so hat der Herr in Seiner unendlichen Liebe uns bedeutungsvolle Vorbilder und Gleichnisse gegeben, womit Er unser Interesse aufwecken und durch den Heiligen Geist unseren Verstand erleuchten möchte. Wenn Er, dessen Donner die Berge erbeben läßt, sich herabläßt, mit einer stillen, sanften Stimme zu uns zu sprechen, dann laßt uns wie Maria zu Seinen Füßen sitzen und willig von Ihm lernen.

Ein herrliches Fest

Ein gewisser König eines großen Reiches beschließt, aus einem besonderen Anlaß ein herrliches Fest zu geben. Der Kronprinz, sein vielgeliebter Sohn und Erbe, will seine Braut heimführen, und daher wünscht der Vater, diese Gelegenheit mit außerordentlicher Ehre zu feiern.

Blicken wir von der Erde zum Himmel! Das große Ziel Gottes, des Vaters, ist, Seinen Sohn zu ehren. Es ist Sein Wille, „daß alle den Sohn ehren, wie sie den Vater ehren". Jesus Christus, der Sohn Gottes, ist schon herrlich in Seiner Göttlichkeit. Er ist unaussprechlich und unendlich darüber erhaben, Ehre zu bedürfen. Alle Engel dienen Ihm und Sein Ruhm erfüllt den Himmel. Er begann Seine Tätigkeit als Schöpfer, und als solcher ist Seine Herrlichkeit vollkommen. „Denn durch ihn sind alle Dinge geschaffen worden, die in den Himmeln und die auf der Erde, die sichtbaren und die unsichtbaren, es seien Throne oder Herrschaften oder Fürstentümer oder Gewalten: alle Dinge sind durch ihn und für ihn geschaffen" (Kol. 1, 16). Er sprach: „Es werde Licht", und es ward Licht. Er befahl den Bergen, ihre Häupter zu erheben, und ihre Spitzen drangen durch die Wolken. Er schuf die Wasserfluten und befahl ihnen, sich ihren Weg zu bahnen und setzte ihre Grenzen fest. Nichts fehlt an der Herrlichkeit des Wortes Gottes, welches im Anfang bei Gott war. Er spricht und es geschieht, Er gebietet und es steht da. Er ist auch hoch erhaben als der Erhalter, denn Er war vor allen Dingen und alle Dinge waren durch Ihn. Die Schlüssel des Himmels, des Todes und des Hades sind an Seinem goldenen Gürtel und die Herrschaft ruht auf Seiner Schulter und Er heißt Wunderbar. Er hat einen Namen, der über alle Namen ist und vor dem sich alle beugen werden, die im Himmel und auf der Erde und unter der Erde sind. Er ist Gott über alles. Er ist ewig gepriesen. Ihm, der da ist, der da war und der da sein wird, wird ewig Lob gesungen.

Aber es gibt noch eine andere Beziehung, in welcher es dem Sohne Gottes gefallen hat, mit uns in Verbindung zu treten.

Er hat es übernommen, ein *Erlöser* zu sein und ein *Bräutigam* zu werden. Er hatte schon Herrlichkeit genug, aber in der Güte Seines Herzens wollte Er Sein Mitleid zeigen und kam darum herab, wurde Mensch, damit Er uns von der Strafe unserer Sünden erlösen könnte. Als Heiland wollte der Vater den Sohn ehren, und das Evangeliumsfest ist nicht zur Ehre Seiner Person an und für sich, sondern in dieser neuen, aber schon vor Grundlegung der Welt beschlossenen Beziehung.

Brüder, wenn ich sagte, daß hier eine großartige Gelegenheit war, den Sohn zu ehren, dann sollte es auch unser Ergötzen sein, den Sohn Gottes zu verherrlichen. Für alle treuen Untertanen ist eine Hochzeit in der königlichen Familie von großem Interesse. In dem vor uns liegenden Beispiel fordert die Hochzeit alle Untertanen zur besonderen Freude und Dankbarkeit heraus.

Mit wem findet die Hochzeit statt? Mit Engeln? Er nahm

sich nicht der Engel an. Es ist die Hochzeit mit uns, mit dem Samen Abrahams. Sollten wir nicht jubeln, wenn der große Herr des Himmels Fleisch wird und sich herabläßt, die Menschen von dem Verderben zu erlösen? Die Engel freuten sich, aber sie haben nicht solchen Anteil an der Freude wie wir. Es ist die höchste Freude für die Menschheit, daß Jesus Christus, der es nicht für einen Raub hielt, Gott gleich zu sein, in der Gestalt des Fleisches erschien.

Es gab eine Menge Gründe, warum die Gäste freudig kommen und sich glücklich schätzen sollten, zu einem solchen Fest geladen zu sein.

Bedenken wir die *königliche Abstammung* des Bräutigams. Denkt daran, daß Jesus Christus, unser Heiland, wahrer Gott ist. Werden wir aufgefordert, Ihn zu verehren? Es ist recht, denn wem sollten wir sonst Ehre erweisen? Gewiß sollten wir unseren Schöpfer und Erhalter ehren! Es ist eigensinniger Ungehorsam, den nicht achten zu wollen, der so hoch erhaben und aller Achtung würdig ist. Es ist der Himmel, einem solchen Herrn zu dienen. Sein Ruhm geht bis in die Wolken und ewig soll Er gepriesen werden. Laßt uns anbeten und niederfallen, laßt uns freudig den Befehlen Gottes gehorchen, welche auf die Ehre Seines Sohnes zielen!

Bedenke auch die Person *Immanuels,* und du wirst wünschen, daß Er geehrt wird. Dieser herrliche Sohn, dessen Ruhm weit verbreitet ist, ist der wahre Gott – davon haben wir gesprochen – aber Er ist auch wahrer Mensch, Fleisch von unserem Fleisch und Bein von unserem Bein. Freut es uns nicht, zu wissen, daß Er, der versucht wurde allenthalben wie wir, sich nie von der Sünde beflecken ließ? Es gab nie einen Menschen wie Ihn als Haupt der Menschheit. Der zweite Adam – wer von uns wollte Ihn nicht ehren?

Bedenke auch Seinen *Charakter.* Gab es irgend ein solches Leben wie das Seine? Ich will nicht so sehr von Seinem göttlichen Charakter sprechen, obwohl dieser genügend Gründe zur Verehrung und Anbetung bietet, sondern denke mehr an Ihn als Mensch. Oh, Geliebte, welche Zartheit, welches Mitleid, doch auch welch heilige Kühnheit; welche Liebe zu den Sündern und doch welches Leben in der Wahrheit! Menschen, welche Ihn nicht liebten, haben Ihn doch bewundert, und Herzen, von denen wir nicht die geringste Anerkennung Seiner Vorzüglichkeit erwartet hätten, sind ergriffen worden, wenn sie Sein Leben studierten. Wir müssen Ihn preisen, denn Er ist „auserkoren unter vielen Tausenden". Es würde Verrat sein zu schweigen, wenn die Stunde gekommen ist, von Ihm zu sprechen, der ohnegleichen unter den Menschen und unübertroffen unter den Engeln ist. Schlagt in die Hände beim Gedanken an die Hochzeit des Königssohnes, denn Seine Braut hat sich bereit gemacht.

Denke dann auch an Seine *Verdienste.* Wenn wir irgend einen Fürsten ehren, so überlegen wir, was er zum Wohl des Volkes getan hat. Was hat Jesus für uns getan? Laßt mich lieber fragen, was hat Er nicht getan? Auf Seine Schultern wurden unsere Sünden gelegt und Er hat sie getragen, weggetragen, so daß sie auf ewig fort sind. Gegen Ihn stritten unsere Feinde; Er traf sie in der Schlacht und wo sind sie nun? Sie sind in die Tiefe des Meeres geworfen. Was selbst den Tod, den letzten Feind, betrifft, so hat Er ihn vollständig überwunden, und es wird nicht mehr lange dauern, bis selbst der Schwächste unter uns sagen kann: „O Tod, wo ist dein Stachel? O Hölle, wo ist dein Sieg?" Er ist der Held des Himmels. Er kehrte zum Throne des Vaters zurück unter dem Jauchzen des Weltalls. Haben wir nicht den Wunsch, Ihn zu ehren, wir, für die Er gekämpft und überwunden hat? Ich fühle, daß ich sehr schwach über ein Thema spreche, welches der besten Redegabe würdig ist. Bringt Ihm das königliche Diadem und krönt Ihn! Ist Er nicht der Jubel aller, die Ihn kennen? Sollte Er nicht von allen Seiten einen Jubelruf hören? Sollten nicht an Seinem Hochzeitstage in Ost und

West, in Nord und Süd die Glocken geläutet und geflaggt werden aus Freude über Ihn? Hält der Königssohn Hochzeit? Ist ein Fest zu Seiner Ehre veranstaltet? Oh, dann laßt Ihn groß sein; laßt Ihn glorreich sein! „Hosianna! Gelobt sei, der da kommt im Namen des Herrn. Hosianna in der Höhe!"

Die Freigebigkeit des Königs

Die Hochzeit des Königssohnes steht bevor, wie soll sie gestaltet werden? Barbarische Völker haben auch ihre großen Feste, aber ach, wie tief ist die menschliche Natur gesunken! Bei solchen Festen fließen Ströme von Blut. Aber zu Ehren des großen Himmelskönigs wird kein Blut vergossen. Jesus, der Heiland, wird an Seinem Hochzeitstage durch Gnade geehrt und nicht durch Zorn. Wenn an solchem Tage Blut erwähnt wird, so ist es Sein eigenes Blut, welches Ihn ehrt. Das Hinmorden der Menschheit würde Ihm keine Freude machen, denn Er ist sanftmütig und von Herzen demütig und liebt die Menschen.

Bei den meisten Fürsten war es Gebrauch, bei der Hochzeit eines Prinzen eine neuc Steuer auszuschreiben oder doch eine Summe von dem Volk zu erhalten, aber das Gleichnis zeigt, daß der König aller Könige nicht nach der Weise der Menschen handelt. Er bittet nicht um eine Morgengabe für Seinen Sohn. Er fordert nichts vom Volke, aber Er hat viel für die Menschen bereitet.

Die Tische sind reich gedeckt und alles, was von den Untertanen erwartet wird, ist, daß sie eine Zeit lang nicht als Untertane, sondern als Gäste zum Palast kommen, nicht, um zu dienen, sondern als Gäste bedient zu werden und sich zu freuen.

Beachtet auch, daß die freigebige Weise, wie Gott Christus ehrt, mit einem Fest verglichen wird. So ist es auch mit dem Evangelium: Du wirst als Sünder eingeladen, dich mit Gott versöhnen zu lassen. Dir wird die Versicherung gegeben, daß Gott deine Sünden vergibt und wünscht, daß du mit Ihm versöhnt wirst durch Seinen Sohn. So wird die Liebe zwischen Gott und der Seele hergestellt. Diejenigen, welche zu Gott kommen und an Ihn glauben, haben ihr Herz gefüllt mit überfließendem Frieden. Dieser See des Friedens erhebt oft seine Wellen zu solcher Höhe, daß die Gläubigen vor Freude in die Hände schlagen. Der große König läßt Seine Gäste nicht zu einer Trauerfeier, sondern zu einem Fest einladen, wenn er Seinen Sohn verherrlicht. Er fordert dich nicht auf, an den gekreuzigten Heiland zu glauben, um dich traurig zu machen, sondern um dich zu erfreuen. Die hungrige, verschmachtete Seele des Menschen wird erfüllt mit den Segnungen der Gnade. Wir sind mit Gutem gesättigt und wieder jung geworden wie die Adler. „Denn ich will die müden Seelen erquicken und die bekümmerten Seelen sättigen."

Um das Ganze zu krönen, bringt dich das Evangelium in die Gemeinschaft mit dem Vater und Seinem Sohne Jesus Christus. In Jesus haben wir mit der heiligen Dreieinigkeit Gemeinschaft. Gott wird unser Vater und offenbart Sein väterliches Herz. Jesus zeigt sich uns, wie Er sich nicht der Welt offenbart und der Heilige Geist wohnt in uns. Unsere Gemeinschaft ist wie die Gemeinschaft Davids mit Jonathan und des Johannes mit Jesus. Wir essen von dem Brot des Lebens und trinken von dem Wein, der von den Hefen gereinigt ist. Wir werden in den himmlischen Festsaal geführt, wo uns das Geheimnis des Herrn geoffenbart wird und unser Herz freut sich vor dem Herrn. Was sagt ihr dazu? Ist hier nicht eine rechte Erquickung, die dessen würdig ist, der sie bereitet hat? Hier, o Sünder, wird dir alles gegeben, was du nur wünschen kannst. Alles, was du für Zeit und Ewigkeit bedarfst, hat Gott für dich in der Person Seines Sohnes bereitet, und Er befiehlt, es zu nehmen, umsonst und ohne Geld.

Ich habe schon gesagt, daß alle Ausgaben von Ihm bestritten wurden. Es war ein sehr kostbares Fest, Ochsen und Mastvieh waren geschlachtet, aber keine Tiere wurden von den Weiden oder aus den Ställen der Gäste genommen. Das Evangelium ist eine teure Sache: das Blut Christi mußte als Preis für dieses große Fest fließen, aber es kostet dem Sünder nichts, nichts an Geld, nichts an Verdienst, nichts an Vorbereitung. Du kannst, so wie du bist, zum Fest kommen, denn auch das hochzeitliche Kleid ist für dich bereitet. So wie du bist ist dir befohlen, an Jesus zu glauben. Du hast weiter nichts zu tun, als aus Seiner Fülle zu nehmen, denn „so viele ihn aber aufnahmen, denen gab er das Recht, Kinder Gottes zu werden, denen, die an seinen Namen glauben" (Joh. 1, 12).

Die Einladung zu der königlichen Hochzeit war eine große Ehre. Es ist sehr unwahrscheinlich, daß wir zu der Hochzeit eines Prinzen eingeladen werden, aber wenn es geschehen sollte, so würden wir es als ein großes Ereignis in unserem Leben ansehen. So war es mit diesen Leuten. Eine königliche Hochzeit findet nicht jeden Tag statt und es wird nicht jedermann zu des Königs Fest eingeladen. Bis an das Ende ihres Lebens würden die Gäste sagen: „Ich war auf seiner Hochzeit und habe alle Herrlichkeiten des Festes gesehen." Manche von ihnen hatten vielleicht noch nie ein solches Fest mitgefeiert.

Meine Brüder, nichts ehrt einen Menschen so wie die Annahme des Evangeliums. Während sein Glaube Christus ehrt, ehrt Christus ihn. Es ist nichts Geringes, ein Königssohn zu sein, aber diejenigen, welche zur Hochzeit des Sohnes Gottes kommen, sollen selbst Königssöhne werden, selbst Teilhaber der Herrlichkeit des Erben aller Dinge. Während ich von dieser freigebigen Weise spreche, glüht mein Herz von heiligem Eifer und ich wundere mich, daß die Menschen nicht zu diesem Fest kommen, welches alle seine Gäste ehrt. Wenn das Fest dem Gastgeber so teuer zu stehen kommt und für die Gäste frei und so ehrenhaft ist, wie ist es da möglich, daß einige so töricht sind, diese Einladung abzuweisen? Wahrlich, hier ist ein Beweis von der Torheit des unerneuerten Herzens und dem tiefen Verderben, welches die Sünde verursacht hat. Wenn die Menschen Mose mit den Gesetzestafeln den Rücken kehren, so wundert es mich nicht, aber die reich beladenen Tische der Gnade zu verachten, das ist sonderbar. Der Gerechtigkeit Gottes zu widerstehen, ist ein Verbrechen, aber die Freigebigkeit des Himmels zurückzuweisen, wie soll man das bezeichnen? Was ist das? Wir müssen einen Ausdruck der Schande erfinden, um diese große Undankbarkeit zu brandmarken. Gott in Seiner Majestät zu widerstehen, ist Wahnsinn, aber Ihm in Seiner gnädigen Majestät zu trotzen, ist mehr als Tollheit. Die Sünde erreicht ihren Höhepunkt wenn sie entschlossen ist, lieber zu verhungern, als der göttlichen Güte etwas zu schulden.

Ich fühle, daß ich mich beeilen muß, meine Botschaft zu bringen, und da ich euch die Weise beschrieben habe, wie Gott Seinen Sohn ehrt, muß ich nun die Einladung bekannt machen und euch zurufen: Kommt zum Hochzeitsfest! Kommt und verherrlicht Jesus, indem ihr die Schätze der Gnade annehmt. Eure Werke werden Ihn nicht ehren, und selbst eure Reue kann Ihn nicht verherrlichen. Komm, schuldiger Sünder, wie du bist, und nimm die Gnade an, die Jesus dir anbietet; nimm die Vergebung an, welche Sein Blut denen sichert, die an Ihn glauben. Ich denke, daß der Bote, als er vom König ausgesandt worden war und die Gleichgültigkeit der Geladenen feststellte, stumm vor Erstaunen gewesen sein muß. Er hatte die Ochsen und das Mastvieh und alle Vorbereitungen gesehen, er kannte den König, er kannte dessen Sohn, er wußte, welche Freude es ist, zu einem solchen Fest geladen zu sein. Als die Geladenen anfingen, ihm den Rücken zu kehren, wiederholte er die Botschaft mit

Eifer und wunderte sich über den Verrat, welcher es wagt, einen so guten König zu beleidigen. Es ist mir, als sehe ich ihn, zuerst unwillig um seines Herrn willen und nachher voller Mitleid, als er daran dachte, was die Folgen einer solchen Undankbarkeit und tiefen Beleidigung sein würden. Er trauerte darüber, daß seine Mitbürger, die er liebte, solche Torheit begingen, ein so gutes Angebot zu verachten und eine so freundliche Einladung unbeachtet zu lassen. Auch ich werde in meiner Seele hin und her gestoßen von gemischten, aber heftigen Gefühlen. Oh, mein Gott, Du hast das Evangelium gegeben, laß niemand in diesem Haus es verwerfen und so Deinen Sohn verachten und Dich entehren, sondern mögen sich alle freuen, wenn Er, der Bräutigam Seiner Gemeinde, verherrlicht wird.

Die Reaktion der Geladenen

Der König dachte: „Ich will ein großes Fest feiern und viele Gäste einladen. Sie sollen sich dessen erfreuen, was mein Königreich bieten kann, und ich will damit zeigen, wie ich meinen Sohn liebe, und dann werden alle Gäste eine gute Erinnerung an diese Hochzeit haben."

Als die Boten ausgingen, denjenigen, welche schon eine vorhergehende Einladung bekommen hatten, zu sagen, daß die Zeit gekommen sei, heißt es: „Sie wollten nicht kommen." Nicht, sie „konnten nicht kommen", sondern sie „wollten nicht kommen". Einer aus diesem Grund, der andere aus einem anderen, aber ohne Ausnahme wollten sie nicht kommen.

Kann der König seine Gäste nicht zur Tafel zwingen? Ja, aber dann würde sein Ziel nicht erreicht werden. Er wünscht keine Sklaven, die seinen Thron ehren. Leute, die gezwungen sind, auf einem Hochzeitsfest zu sitzen, werden dasselbe nicht zieren. Es gehörte zur Würde des Festes, daß die Gäste mit großer Freude erschienen, aber sie wollten nicht kommen.

Warum wollten sie nicht kommen? Die Antwort wird eine weitere Frage beantworten. Warum kommst du nicht und glaubst an Jesus? Bei einigen war es Gleichgültigkeit der ganzen Angelegenheit gegenüber. Sie sahen nicht ein, was sie mit dem König oder seinem Sohne zu tun hatten. Königliche Hochzeiten sind hohe Dinge und passen für hohe Leute; aber sie waren einfache Leute, Landleute, die sich mit Hacken und Graben beschäftigten, Handelsleute, welche Rechnungen schrieben und nach Pfund und Elle verkauften. Was kümmerten sie sich um den Hof, um den Palast, den König, den Prinzen, seine Braut oder sein Festmahl? Sie sagten das nicht offen, aber so war ihr Gefühl.

Wie viele haben auch heute dieselben Entschuldigungen. Wir haben schon sagen hören: „Was hat ein Arbeiter mit dem Glauben zu tun?“ Andere sagen, daß die Leute, die im Geschäft sind, keine Zeit für den Glauben haben, sondern ihr Geschäft besorgen müssen. Der Herr möge Barmherzigkeit mit einer solchen Torheit haben! Hier liegt ein großes Hindernis: die Gleichgültigkeit der Menschen betreffs dieses großartigsten aller Gotteswerke, Gottes Verherrlichen Seines lieben Sohnes durch Gnade gegen die Sünder.

Eine der Ursachen, warum sie die Einladung abschlugen war diese, daß sie untreu waren. Sie sahen hier eine Gelegenheit für die Treuen, fröhlich zu sein, und da sie nicht treu waren, wünschten sie die Lieder und Freudenbezeugungen von anderen nicht zu hören. Durch das Fernbleiben beleidigten sie den König und erklärten, daß es sie nicht kümmere, ob er König sei oder nicht, ob sein Sohn ein Prinz sei oder nicht. Sie beschlossen, ihre Lehnspflicht zu verleugnen durch das Abschlagen der Einladung. Sie sagten deutlich: „Wenn er auch ein König und sein Sohn ein Prinz ist, so wollen wir ihn doch nicht ehren. Wir wollen nicht zu denen gerechnet werden, welche seinen Tisch umringen und seinen Sohn bewundern. Ohne Zweifel ist das bereitete Fest des Besuches wert und es wäre gut für uns, daran teilzunehmen, aber wir wollen stolz unseren Appetit verleugnen. Wir empören uns und erklären: Wir kommen nicht!“ Ach, wenn ihr nicht an Jesum glaubt, so ist der Grund eures Unglaubens eine Feindschaft gegen euren Schöpfer, den großen Weltregenten, der eure Verehrung verdient. „Ein Ochse kennt seinen Herrn, und ein Esel die Krippe seines Herrn“, aber ihr wißt nichts und bedenkt nichts. Ihr seid Rebellen gegen die Majestät des Himmels.

Außerdem war die Ablehnung eine Verachtung sowohl des Prinzen wie seines Vaters, und in einigen Fällen wird gerade aus diesem Grund das Evangelium verworfen, weil der Ungläubige die Gottheit Christi bestreitet und Sein Sühnopfer verachtet. Oh, ihr Herren, hütet euch davor. Ich kenne keine gefährlichere Sache, als Christum dadurch zu entehren, daß ihr Seine Sohnschaft und Seine Göttlichkeit leugnet. „Küsset den Sohn, daß er nicht zürne, und ihr umkommet auf dem Wege, wenn nur ein wenig entbrennt sein Zorn“ (Psalm 2, 12). Gleichgültigkeit verdeckt die abschlägige Antwort. Wenn du die Decke lüftest, so wirst du sehen, daß Verrat gegen den König und Mißfallen an der Würde des Sohnes der Grund war.

Ohne Zweifel verachteten einige das Fest selbst. Sie wußten, daß ein solcher König kein armseliges Mahl bereiten würde, aber sie beabsichtigten, das Fest zu verachten. Wie viele gibt es, die das Evangelium verachten, ohne es zu kennen. Ich sage, ohne es zu kennen, denn wenn du hörst, daß jemand das Evangelium gering schätzt, so wirst du fast immer feststellen, daß er das Neue Testament kaum gelesen hat und mit den Gnadenlehren völlig unvertraut ist. Höre einen Menschen, der geschwätzig das Evangelium verurteilt, und du kannst versichert sein, daß er laut ist, weil er leer ist.

Wenn er den Gegenstand besser verstehen würde und ein aufrichtiger Mensch wäre, so würde er zumindest vor Verwunderung still sein.

Liebe Freunde, das Fest ist so, wie ihr es nötig habt. Es ist Vergebung für das Vergangene, Erneuerung in der Gegenwart und Verherrlichung in der Zukunft. Hier ist Gott unser Helfer, Sein Sohn unser Hirte, der Geist unser Lehrer. Hier ist die Liebe des Vaters unsere Freude, das Blut des Sohnes unsere Reinigung, die Kraft des Heiligen Geistes unser Leben. Dir bleibt nichts von dem zu wünschen übrig, was du wünschen solltest, denn für alles ist im Evangelium gesorgt und Jesus Christus wird verherrlicht, wenn du es im Glauben annimmst. Aber darin liegt das Hindernis, warum die Menschen es nicht annehmen: „Sie wollten nicht kommen."

Einige von uns haben gedacht, wenn sie das Evangelium klar vortragen und ernst dabei sind, daß die Hörer bekehrt werden müssen – und Gott verhüte, daß wir je versuchen es anders zu machen als klar und ernst – aber trotz alledem wird die beste Predigt, die es je gegeben hat und geben wird, völlig erfolglos sein, wenn die Kraft des Heiligen Geistes nicht dabei ist. Noch immer wird es heißen: „Wer hat unserer Verkündigung geglaubt?" Noch immer werden auch solche, die ihrem Herrn am besten dienen, Ursache zur Trauer haben, daß sie auf steinigen Boden säen. Selbst der größte Prediger sagt: „Ihr erforschet die Schriften, denn ihr meinet, in ihnen ewiges Leben zu haben, und sie sind es, die von mir zeugen; und ihr wollt nicht zu mir kommen, auf daß ihr Leben habet" (Joh. 5, 39–40).

Die Reaktion des Königs

Was sagte er? Ihr habt gesehen, daß die Gäste erst eingeladen und dann gerufen wurden. Nach morgenländischer Sitte deutet die Einladung an, daß das Fest nun herannahte, so daß sie wußten, was sie taten. Die zweite Einladung verwarfen sie mit kaltem Blut, Überlegung und Absicht. Was tat der König? Steckte er ihre Stadt in Brand und rottete er die Rebellen aus? Nein. Zuerst übersah er ihre Unhöflichkeit. Er sagte sich: „Vielleicht haben sie nicht verstanden, daß die Stunde gekommen ist. Vielleicht war die Botschaft zu kurz und sie haben sie mißverstanden. Was habe ich getan, daß sie meine Einladung abschlagen? Was hat mein Sohn getan, daß sie ihn nicht ehren und nicht zu seiner Hochzeit kommen wollen? Ich will ihre Reaktion übersehen und sie noch einmal einladen."

Meine Zuhörer, es sind hier viele unter euch, welche Jesus verworfen haben und dennoch wiederholt Einladungen erhalten, und auch diesen Morgen übersieht mein Herr eure Unfreundlichkeit und sendet mich wieder mit derselben Botschaft: „Kommt zur Hochzeit!"

Der König sandte eine andere Botschaft: „Siehe, mein Mahl habe ich bereitet, meine Ochsen und mein Mastvieh sind geschlachtet, und alles ist bereit; kommt zur Hochzeit" (Matth. 22, 4). Aber beachtet auch, daß er die Boten wechselt: „Wiederum sandte er andere Knechte aus." Ja, ich will es sagen, wenn ein Wechsel des Botschafters euch gewinnen würde, so bin ich bereit, so gern ich auch im Namen meines Herrn rede, hier auf der Stelle zu sterben, damit ein anderer Prediger diesen Platz einnehmen kann. Ich weiß, daß meine Sprache einigen von euch eintönig geworden sein muß. Ich versuche neue und frische Bilder zu bringen und meine Stimme zu verändern, aber trotzdem muß derselbe Mann euch, die ihr ihn so oft gehört habt, kraftlos geworden sein. Vielleicht ist meine Weise nicht geeignet, eurem besonderen Temperament gerecht zu werden – nun, guter Meister, stelle Deinen Diener an die Seite und beachte ihn nicht. Sende andere Boten, vielleicht gelingt es ihnen. Aber einigen von euch bin ich ein anderer, wenn auch kein besserer Botschafter, da ihr auf meine Brüder nicht gehört habt. Wenn ich nun meine Stimme erhebe und euch zurufe: „Kommt zu Jesus, setzt euer Vertrauen auf Seine Versöhnung, glaubt an Ihn, blickt auf Ihn und lebt!“, so laßt die neue Stimme erfolgreich sein, da andere Herolde unbeachtet geblieben sind.

Ihr seht auch, daß die Botschaft ein wenig verändert wurde. Zuerst war sie sehr kurz. Wenn die Herzen der Menschen rechter Art wären, so würden sicherlich kurze Predigten genügen. Eine kurze Einladung würde den aufrichtigen Herzen genügen, da aber die Herzen verkehrt sind, befiehlt Gott Seinen Boten, die Botschaft zu ergänzen und zu erklären: „Siehe, mein Mahl habe ich bereitet, meine Ochsen und mein Mastvieh sind geschlachtet, und alles ist bereit; kommt zur Hochzeit.“

Eine der besten Methoden, Sünder zum Heiland zu bringen, besteht darin, ihnen das Evangelium zu erklären. Wenn wir von den Vorbereitungen und dem Reichtum des Evangeliums sprechen und davon, daß es frei und umsonst ist, mögen manche angezogen werden, während die kurze Botschaft, die den Plan der Erlösung bringt, sie nicht angezogen hätte. Einigen genügt es, zu sagen: „Glaube an den Herrn Jesus Christus, und du wirst errettet werden“, denn sie fragen: „Ihr Herren, was muß ich tun, daß ich errettet werde?“ Einige müssen aber zum Hochzeitsfest herangezogen werden, indem man ihnen die reiche Fülle des Festes beschreibt. Wir müssen euch das ganze Evangelium verkündigen, aber wir werden nie imstande sein, den vollen Reichtum der Gnade Gottes darzustellen. So viel der Himmel höher ist als die Erde, sind Seine Gedanken höher als unsere Gedanken und Seine Wege höher als unsere Wege. Verlasset eure Sünden und eure Gedanken und wendet euch zum Herrn, denn bei Ihm ist viel Vergebung. Er will euch an Sein Herz ziehen und euch den Kuß der Liebe geben in dieser Stunde, wenn ihr wie verlorene Kinder zurückkehrt und eures Vaters Angesicht sucht. Das Evangelium ist ein Strom der Liebe, es ist ein Meer der Liebe, es ist ganz Liebe. Worte sind dazu nicht imstande, die wunderbare Liebe Gottes darzustellen. Keine Sünde ist zu groß und zu schwarz, kein Verbrechen zu rot oder zu verrucht zur Vergebung. Wenn du nur auf den treuen, gekreuzigten Gottessohn blickst, so werden dir alle Sünden und Lästerungen vergeben werden. Das ist Vergebung! Jesus gibt Reue und Sündenvergebung. Ebenso ist auch das Glück, welches du hier und droben genießen wirst, nicht zu beschreiben. Du wirst den Himmel auf Erden und den Himmel im Himmel haben; Gott wird dein Gott sein und Jesus dein Freund und die ewige Herrlichkeit dein Teil.

In dieser letzten Botschaft werden die Gäste sehr fein eingeladen, aber auf eine Weise, die sie hätte rühren müssen, wenn sie noch etwas Taktgefühl im Herzen gehabt hätten. Ihr seht, wie der Evangelist es beschreibt. Er sagt nicht: „Kommt, oder das Fest ist für euch verloren; kommt, oder der König wird zornig werden; kommt, oder ihr habt einen Verlust." Nein, er bringt es ganz anders. Ich wage es zu sagen – wenn ich unrecht habe, möge der Meister es mir verzeihen – der König stellt sich als Gegenstand des Mitleids hin. Höre: „Meine Mahlzeit habe ich bereitet, aber es ist niemand da zum Essen. Meine Ochsen und mein Mastvieh habe ich geschlachtet, aber es sind keine Gäste da. Kommt, kommt, oder ich bin ein Gastgeber ohne Gäste." So spricht Gott manchmal im Evangelium, als habe Er einen Gewinn davon, wenn wir gerettet werden.

Nun, wir wissen, daß sich Gott hier in Liebe herabläßt, in menschlicher Weise zu reden. Was kann Er durch uns gewinnen? Was kann Er verlieren, wenn wir verderben? Aber Er zeigt sich oft im Evangelium wie ein Vater, der über sein Kind jammert und ein Verlangen hat, daß es wiederkommt. Er selbst, der ewige Gott, bittet Seine Geschöpfe, sich versöhnen zu lassen. Wunderbare Gnade, denn wie ein Händler, der seine Waren verkauft, ruft Er: „He, ihr Durstigen alle, kommet zu den Wassern; und die ihr kein Geld habt, kommet, kaufet ohne Geld und ohne Kaufpreis Wein und Milch!“ (Jes. 55, 1).

Merkt ihr nicht, daß Jesus, als Er über Jerusalem weinte, sowohl Seinetwegen als ihretwegen weinte? „Wie oft habe ich deine Kinder versammeln wollen.“ Fühlst du nicht ein gewisses Mitleid mit Gott, wenn das Evangelium verworfen wird? Soll das Kreuz aufgerichtet sein und niemand blickt hinauf? Soll Jesus sterben und niemand durch Seinen Tod gerettet werden? O teurer Herr, wir fühlen, daß, wenn uns nichts anderes zu Dir zieht, wir kommen müssen, weil Du Dich gleichsam zeigst als einen Gastgeber ohne Gäste durch unsere Schuld. Großer Gott, wir kommen! Wir kommen mit Freuden; wir kommen, um an den Schätzen teilzunehmen, welche Du bereitet hast. Wir kommen, um Jesus Christus zu verherrlichen, indem wir als bedürftige Sünder annehmen, was Deine Gnade bereitet hat.

Brüder und Schwestern, weil viele abgeneigt sind, Jesus zu ehren, fordere ich euch auf, die ihr Ihn liebt, Ihn umsomehr zu ehren. Ihr, die ihr gedrungen worden seid zu kommen, singt, wenn ihr an der Tafel sitzt, freut euch und preist Seinen Namen, dann geht nach Hause und sprecht mit denen, die nicht kommen wollen, und betet für sie, daß der Herr ihren Verstand erleuchte und ihren Willen lenke, damit sie auch gedrängt werden, an den Herrn Jesus zu glauben.

Und solchen unter euch, die sich halb geneigt fühlen, zum Fest zu kommen, rufe ich zu: „Kommt!“. Es ist ein herrliches Evangelium; das Fest ist gut. Es ist ein glorreicher König; der Gastgeber ist gut. Es ist ein treuer Heiland; der Bräutigam ist gut. Es ist alles gut und ihr werdet auch gut gemacht werden, wenn ihr die Einladung des Evangeliums , die euch heute gegeben wird, annehmt. „Wer da glaubt und getauft wird, der wird errettet werden; wer aber nicht glaubt, der wird verdammt werden." „Glaube an den Herrn Jesus, und du wirst errettet werden." Der Herr wirke durch Seinen Heiligen Geist und mache die Einladung erfolgreich um Seines Sohnes willen. Amen.

DAS HOCHZEITLICHE KLEID

„Als der König hereinkam, die Gäste zu besehen, sah er daselbst einen Menschen, der nicht mit einem Hochzeitskleide bekleidet war. Und er spricht zu ihm: Freund, wie bist du hier hereingekommen, da du kein Hochzeitskleid anhast? Er aber verstummte. Da sprach der König zu den Dienern: Bindet ihm Füße und Hände, nehmet ihn und werfet ihn hinaus in die äußere Finsternis: da wird sein das Weinen und das Zähneknirschen. Denn viele sind Berufene, wenige aber Auserwählte“.
(Matth. 22, 11–14)

Oberflächlich beurteilt wäre das Gleichnis von der königlichen Hochzeit auch ohne die letzten Verse vollständig gewesen. Aber es liegt eine tiefe Weisheit darin, daß dieser Anhang hinzugefügt wurde.

Solche, denen es vergönnt ist zu erleben, daß der Gemeinde viele hinzugetan werden, mögen erkennen, daß das Gleichnis von dem hochzeitlichen Kleid besonders angemessen und zeitgemäß ist. Wenn in einer Zeit der Erweckung viele zu Christus kommen, scheint es unvermeidlich zu sein, daß zur gleichen Zeit unwürdige Personen in die Gemeinde kommen. Wie genau die Aufsicht auch sein mag, es werden immer mehr solche unbemerkt hineinschleichen. Deshalb muß der Prediger mit Ernst und heiliger Eifersucht versuchen, Seelen zu Christus zu führen, damit solche ferngehalten werden, die von fleischlichen Gründen getrieben, ohne ihre Herzen wahrhaft Gott gegeben zu haben, ein Bekenntnis ablegen wollen.

Wir müssen das Netz auswerfen, um viele zu fangen, aber nicht alle, die ins Netz geraten, sind gute Fische. Auf der Dreschtenne Zions liegt nicht nur reiner Weizen, sondern es ist noch Spreu darunter, deswegen ist die Worfschaufel nötig. Holz-, Heu- und Stoppelbau ist schnelle Arbeit, aber es ist eine Kraftverschwendung. Wir haben immer wieder unser Material zu prüfen, damit wir nur Silber, Gold und Edelsteine benutzen. In einer Zeit religiöser Aufregung ist es notwendig die Menschen daran zu erinnern, daß die Gottseligkeit nicht im Bekenntnis besteht, sondern sich durch inneres Leben und äußere Heiligkeit beweisen muß. Alles wird von Gott, dem Herzenskündiger, geprüft werden, und wenn Er uns prüft und Mängel findet, werden wir vom Hochzeitsfest ausgewiesen. Es gibt einen Weg zur Hölle kurz vor dem Himmelstor. Mit einem Worte, es ist gut für uns alle, daran erinnert zu werden, daß die Feinde des Königs nicht nur außerhalb der Gemeinde sind. Während ein Teil sich weigert, zur Hochzeit des Königssohnes zu kommen, befinden sich unter seinen Gästen solche, die noch Seine Feinde sind.

Möge Gott schenken, daß dieser Gedanke einen herzdurchdringenden Eindruck auf uns macht. Möge er den Wunsch in uns wecken, von Gott geprüft und erforscht zu werden, ob wir wirklich im Glauben stehen oder ob wir in Seinen Augen Verworfene sind.

Ein Feind auf dem Fest

Dieser Mann hatte die Einladung angenommen und war gekommen, aber nur äußerlich und nicht von Herzen. Das Fest war zur Ehre des Sohnes bestimmt, aber dieser Mensch hatte andere Gedanken: er wollte nur das Gute genießen, beabsichtigte aber nicht, den Prinzen zu ehren. Er sagte nicht wie andere: „Ich will nicht kommen. Ich will nicht, das dieser Mann über mich herrsche“, sondern er dachte: „Ich will kommen und als Zuschauer anwesend sein, aber ich werde nicht an der Zeremonie teilnehmen. Im Gegenteil, ich will zeigen, daß ich an der ganzen Sache weiter kein Interesse habe.“

Der Mann war eigenwillig und selbstsüchtig gekommen. Er war entschlossen, keine Huldigung darzubringen, sondern seine Unabhängigkeit zu behaupten. Er wollte an der reichbesetzten königlichen Tafel zeigen, daß er sich nicht scheute, dem König selbst Trotz zu bieten. Als er an den Eingang des Festsaales kam, sah er, daß die Gäste alle das für das Hochzeitsfest geziemende Kleid anzogen. Wie in England bei einer Beerdigung von jedem Trauernden erwartet wird, die Trauergewänder anzuziehen, so wurde im Morgenland bei einem Hochzeitsfest von jedem Gast erwartet, das hochzeitliche Kleid zu tragen, welches ihm als Zeichen seiner Teilnahme am Fest diente. Während andere freudig dieses hochzeitliche Kleid anzogen, wollte der Verräter es nicht; er war entschlossen, der Regel des Palastes Trotz zu bieten und den König durch das Erscheinen in seinem eigenen Gewand zu beleidigen. Er verschmähte es, die Livree der ehrerbietigen Freude zu tragen und zog vor, durch seine trotzige Unverschämtheit aufzufallen. Er wollte weder den König noch den Prinzen anerkennen, ebensowenig kümmerte ihn der freudige Anlaß. Er hatte nichts dagegen dort zu sein, am Festmahl teilzunehmen und sich die Herrlichkeiten anzusehen, aber er war dort ohne innere Anteilnahme.

Gibt es nicht viele, deren Kontakt zur Gemeinde weiter nichts ist als eine Beleidigung Gottes? Gewohnheit, aber kein aufrichtiger Glaube treibt sie. Sie haben keine Verbindung mit dem großen Haupt der Gemeinde und ihr Herz ist unberührt.

Schon ist die Frage gestellt worden: „Was ist das hochzeitliche Kleid?“ Es sind schon viele Antworten darüber geäußert worden. Ich denke, wenn der Heiland irgend eine besondere Sache damit gemeint hätte, würde Er sich so klar und deutlich ausgedrückt haben, daß wir ohne so viel theologischen Streit imstande wären zu verstehen, was Er meint.

Die Gäste waren zum Hochzeitsfest eingeladen worden, um dem König und dem Prinzen ihre Achtung zu beweisen. Einige wollten nicht kommen und zeigten so ihre Empörung. Dieser Mensch kam, und als er die Vorschrift hörte, daß ein dem Anlaß entsprechendes Gewand angelegt werden sollte, war er entschlossen, es nicht anzuziehen. In diesem aufrührerischen Sinne ging er ebensoweit im Widerstand wie die, welche gar nicht kommen wollten. Er ging sogar weiter, denn selbst in Gegenwart der Gäste und des Königs wagte er es, seine Untreue und Verachtung zu offenbaren.

Ach, wie viele sind willig, die Segnungen des Evangeliums zu empfangen, aber sie sind noch in Feindschaft gegen Gott und haben keine Freude an dem eingeborenen Sohn. Sie wagen es, den Schein der Gottseligkeit anzunehmen, während ihre Herzen voll Empörung gegen den Herrn sind. Das hochzeitliche Kleid stellt etwas dar, was einem Christen nicht fehlen darf, welches aber das unerneuerte Herz nicht annehmen möchte; irgend etwas, was der Herr befohlen hat als notwendig zur Errettung. Deshalb glaube ich, daß es die uns zugerechnete Gerechtigkeit Christi ist, denn viele Namens-Christen streiten wider die Lehre der Rechtfertigung und richten dagegen ihre eigene Gerechtigkeit auf. In Christus erfunden zu werden, nicht in unserer eigenen Gerechtigkeit, sondern in der, welche von Gott durch den Glauben kommt, ist das hervorragende Kennzeichen eines wahren Kindes Gottes.

Wir könnten aber auch sagen, daß das hochzeitliche Kleid ein heiliger Charakter ist, den der Heilige Geist in uns wirkt und der als Beweis der Gnade ebenso nötig ist. Wenn ihr dies in Frage stellt, so erinnere ich euch an das Kleid, das die Heiligen im Himmel schmückt. Was wird darüber gesagt? „Und sie haben ihre Gewänder gewaschen und haben sie weiß gemacht in dem Blute des Lammes“ (Offb. 7, 14). Ihre Kleider waren also solche, die gewaschen werden mußten. Das könnte in keiner Hinsicht von der Gerechtigkeit des Herrn Jesus Christus gesagt werden, da diese ja stets vollkommen und fleckenlos ist. Es ist daher klar, daß dieses Bild auch auf die Gläubigen in bezug auf ihren persöhnlichen Charakter angewandt werden kann. Bei denen, die treue Gäste des großen Königs sind, fehlt nie die Heiligkeit; denn ohne Heiligung wird niemand den Herrn sehen.

Zu viele Bekenner beruhigen sich mit der Vorstellung, daß sie die zugerechnete Gerechtigkeit besitzen, während sie gegen das heiligende Werk des Geistes gleichgültig sind. Sie weigern sich, das Kleid des Gehorsams anzuziehen; sie verwerfen die feine Leinwand, welche „die Gerechtigkeit der Heiligen“ ist. Sie offenbaren so ihren Eigenwillen, ihre Feindschaft und ihre mangelnde Unterwerfung Gott gegenüber. Solche Leute mögen reden von der Rechtfertigung durch den Glauben so viel sie wollen, aber im Herzen sind sie Empörer und haben ebensowenig das hochzeitliche Kleid an wie die Selbstgerechten, welche so eifrig von ihnen verurteilt werden.

Es ist Tatsache: wenn wir die Segnungen der Gnade wünschen, so müssen wir uns auch ohne Rückhalt den Regeln der Gnade unterwerfen. Es ist unnütz darüber zu streiten, wie es zuweilen geschieht, ob das hochzeitliche Kleid der Glaube oder die Liebe ist, denn alle Gaben des Geistes, alle Segnungen des Gnadenbundes gehen Hand in Hand zusammen. Niemand empfängt die zugerechnete Gerechtigkeit Christi, ohne daß zur gleichen Zeit der Heilige Geist eine praktische Gerechtigkeit in ihm wirkt. Die Gerechtigkeit durch den Glauben ist wahrlich nicht im Widerspruch zu dem Wirken guter Werke. Der Glaube, durch den wir gerecht werden, ist der Glaube, welcher Heiligkeit bewirkt, und niemand wird durch den Glauben gerechtfertigt, ohne daß er geheiligt und von der Liebe zur Sünde befreit wird. Unter dem hochzeitlichen Kleide mag alles Wesentliche des christlichen Charakters verstanden werden; mit einem Worte, wir ziehen Christus an, und Er ist uns „von Gott gemacht zur Weisheit und zur Gerechtigkeit, zur Heiligung und zur Erlösung“.

Das hochzeitliche Kleid wird hier erwähnt als Beweis der Treue derer, die zum Feste gekommen waren. Hier kam aber ein Mensch, der sich noch weigerte, der Vorschrift Folge zu leisten, sein Herz war voller Feindschaft und Stolz. Er verachtete die Gnadengaben, verspottete die Regeln der Liebe und stand sogar an dem Gnadenfest, welches sein König bereitet hatte, als trotziger Empörer da.

Seine Sünde lag zuerst darin, daß er überhaupt ohne das hochzeitliche Kleid hereingekommen war. Wenn er nicht mit Gott und seinen Mitgästen eines Herzens sein wollte, warum kam er dann? Wenn ein Mensch sich dem Willen Gottes nicht ergeben will, warum bekennt er, der Gemeinde Gottes anzugehören? Wenn er nicht durch die Gerechtigkeit Christi errettet worden ist, warum bekennt er dann, an Jesus zu glauben? Wenn er dem heiligen Willen Christi nicht gehorsam sein will, warum gibt er dann vor, ein Nachfolger Christi zu sein? Es ist ein grober Fehler, wenn sich jemand einbildet, daß er zu seinem eigenen Vorteil in der Gemeinde Gottes sein kann, wenn er nicht glaubt, was er bekennt, und wenn er die Regeln nicht aufrichtig liebt, denen er sich angeblich untergeordnet hat.

Die Sünde des Eindringlings wurde durch die Tatsache verschärft, daß er, nachdem er gesetzeswidrig den Saal betreten hatte, dort ohne das hochzeitliche Kleid blieb. Er scheint nicht die geringste Reue gefühlt oder im entferntesten daran gedacht zu haben, das Versäumte nachzuholen. Nur als der König hereinkam und befahl, ihn hinauszuwerfen, hatte der Unverschämte den Gedanken, das Fest zu verlassen. Wenn er in dem Wahn hereingekommen war, ein hochzeitliches

Kleid sei nicht so nötig, so müßte er doch bei der Entdekkung, daß jeder Gast ein solches anhatte und es ein besonderes Zeichen der Gäste sei, unruhig geworden und zur königlichen Garderobe gegangen sein, um ebenfalls ein hochzeitliches Kleid zu erhalten; denn dann würde ihn keine Strafe getroffen haben. Aber er bestand darauf, zu bleiben, wo und wie er war.

O meine lieben Zuhörer, wenn ihr die Sünde begangen habt, euch mit der sichtbaren Gemeinde zu verbinden, ohne die Vorbedingungen erfüllt zu haben, ohne euch im Herzen Gott unterworfen zu haben, ohne den Wunsch, Christus zu ehren, dann bitte ich euch, sucht, was euch fehlt. Sucht den Glauben an Gott, sucht ein neues Herz, sucht Heiligung des Lebens, sucht treue Untertanen des Königs zu werden und ruhet nicht, bis ihr dazu gekommen seid, denn der König wird bald hereinkommen. Es ist noch Zeit; möge Er euch auch Gnade geben, es zu sehen. Der Gast in dem eigenen Kleid war in dieser Gesellschaft ein fremder Vogel. Es war ihm aber auch dann noch möglich, einer ihresgleichen zu werden. Doch er wollte nicht und fuhr fort, dem König Trotz zu bieten.

In dieser Hartnäckigkeit verharrte er, obwohl er wahrscheinlich das Schicksal derer kannte, die das Kommen verweigert hatten. Er wußte, daß der König seine Heere ausgesandt und die Widersacher wegen der Verfolgung seiner Botschafter geschlagen hatte, und doch wagte er es ganz ruhig, der Macht des Monarchen zu trotzen. Er sagte in seinem Innern: „Ich kümmere mich gar nicht um die Hochzeit. Ich will mir ein Vergnügen daraus machen. Ich will mich in den Festsaal drängen und meine Verachtung zeigen. Ich will zwar an der Mahlzeit teilnehmen, aber der Prinz soll keine Ehre von mir bekommen, und der König soll nicht sehen, daß ich mich unter seinen Befehl beuge."

So besaß er die Frechheit, sich als eigenwilliger Aufrührer

am Gnadenfest zu zeigen. Sind solche hier unter uns? Wer nicht so ist, wird trotzdem geneigt sein, sich selbst zu verurteilen. Ich kenne eine Person welche sagt: „Ich bin der Gast, der kein hochzeitliches Kleid anhat." Aber sie ist es nicht, sie ist ja kein Glied der Gemeinde und kann es darum nicht auf sich beziehen. Aber ihr, die ihr unaufrichtig seid und euch noch nie dem Willen Gottes unterworfen habt, werdet wahrscheinlich sagen: „Was macht es? Ich bin so gut wie andere. Ich gebe ebensoviel und benutze die Gnadenmittel ebensooft. Es liegt keine Ursache zur Sorge vor." Gott gebe, daß ihr Angst und Furcht vor dem Herrn fühlt.

Die Visite des Königs

„Der König ging hinein, die Gäste zu besehen." Welche Ehre und welches Vorrecht war das für die armen Geschöpfe, welche sein königlicher Großmut zusammengebracht hatte! War das nicht die Krone des Festes?

Was würde die Gemeinschaft der Gemeinde sein, wenn nicht die Gemeinschaft Gottes dabei wäre? Mit meinen lieben Brüdern zusammen zu sein und mich ihrer Liebe zu erfreuen, ist außerordentlich schön, aber der beste Wein ist die Gemeinschaft mit dem Vater und mit Seinem Sohne Jesus Christus. Der König hatte nicht nur für das Fest gesorgt, um dann die Gäste allein speisen zu lassen, sondern er ging auch hinein. So wird unser König in jede Gemeinde kommen, die nach Seinem Befehl versammelt ist. Ich bin gewiß, daß es der ernste Wunsch dieser Gemeinde ist, daß der König uns persönlich besucht. Wir haben das Vertrauen, daß Er unter uns ist, aber wir möchten, daß Er sich noch völliger offenbart; unser Ruf ist: „Komm, großer König, mit Deiner herrlichen Macht, mit Deinem Geiste, mit Deinen Gnadenschätzen und offenbare Dich uns, wie Du Dich nicht der Welt offenbarst."

Als der König in den Festsaal kam, sah er die Gäste und sie

sahen ihn auch. Es war eine gegenseitige Offenbarung. Es ist den Kindern Gottes eine Freude, daß ihr Gott auf sie blickt; wenn wir treu und liebend sind, erschreckt Sein Blick unseren Geist nicht. „Du, Gott, siehest mich“ ist liebliche Musik. Wir möchten immer unter der göttlichen Aufsicht bleiben, denn es ist eine Aufsicht unendlicher Liebe. Er sieht unsere Fehler, und möchte sie verbessern; Er beachtet unsere Unvollkommenheiten, um uns davon zu befreien. Welche Freude ist es für uns, die wir durch Jesus Christus erettet sind, daß wir Ihn auch sehen dürfen! Wir sehen jetzt wie durch einen Spiegel, denn wir sind noch nicht imstande, den vollen Glanz Seiner Gottheit zu ertragen, und doch, wie herrlich offenbart Er sich unseren Seelen und enthüllt uns Seine ewige Liebe!

„Der König kam herein, die Gäste zu besehen.“ Das war die Krone des Festes. Beachte, daß er hereinkam, als sie ihre Plätze eingenommen hatten. Sie hatten ihn nicht gesehen, ehe sie seine Räume betreten hatten. Erst wenn wir durch die Gnadenbotschaft zum Hochzeitsfest des Evangeliums gebracht worden sind, erkennen wir Gott. Vorher würde Sein Anblick uns nur in Schrecken versetzen. Erst wenn ich zum Gnadenfest gekommen bin, kann ich es wagen, auf den König aller Könige zu blicken. Ein fleischgewordener Gott offenbart uns Gott und macht uns glücklich in Seiner Gegenwart. „Kein Mensch wird leben, der mich sieht“, so hieß es früher, aber jetzt ist es anders. Auf der Hochzeit Christi mit Seinem Volk sehen wir den König in Seiner Herrlichkeit und unsere Seele lebt und freut sich Seiner.

Das sind Freudenzeiten für Sein Volk, aber Prüfungszeiten für alle Bekenner. Wann sind diese Zeiten? Soweit unwürdige Gäste in Betracht kommen, sind es die Zeiten, wo sich die Charaktere offenbaren. Ein Löwe mag viele Stunden im Schlaf liegen, und du wirst ihn für zahm halten, wenn aber die Zeit kommt, in welcher er auf Raub ausgeht, dann brüllt er und zeigt seine Wildheit. So kann ein gottloser Mensch in der Gemeinde unter den Lämmern liegen und nichts zeigt seinen wahren Charakter. Aber wenn die Zeit kommt, daß er einen Vorteil erlangen, oder sich ein Vergnügen machen, oder durch eine Sünde einer Gefahr entschlüpfen kann, dann wirst du erkennen, wer er ist. Ein Wechsel in dem Zustand der Gemeinde, eine Änderung in den Verhältnissen bilden das große Sieb, durch welches Weizen und Spreu getrennt werden.

Ein großes und sehr ernstes Kommen des Königs, die Gäste zu besehen, ist dieses, wenn Er auf die Gemeinde blickt und entscheidet, daß ein solcher Heuchler Zeit genug zur Bosheit und Umkehr gehabt hat und nun vor das furchtbare Tribunal des Todes geführt werden muß. Es scheint, daß der König selbst wiederholt Bekenner richtet und Rebellen entdeckt, welche unter den Kindern Gottes Platz genommen haben. Durch dieses Gericht Gottes werden die Menschen in ihren Sünden aus der Gemeinde genommen, an Händen und Füßen gebunden und in die äußerste Finsternis geworfen, wo Heulen und Zähneknirschen sein wird. Ich weiß nicht,meine lieben Brüder, wann Gott diese Gemeinde besucht und die wegnimmt, die in unserer Mitte Rebellen sind, aber ich weiß, daß, wenn Bekenner sterben, sie nicht alle in Jesus ruhen, sondern daß viele ausgerissen und wie das Unkraut zum Verbrennen in Bündel gebunden werden.

Wenn es jedoch irgend eine Zeit gibt, in welcher wir über das Kommen des Königs gewiß sein können, so ist es nach einer großen Ernte aus der Welt, wie z. B. hier: als die Diener die Gäste in großer Zahl hereingebracht hatten, kam der König herein. Es wird nach der Erweckungszeit sein, welche wir jetzt spüren und durch welche, wie ich hoffe, viele der Gemeinde hinzugetan werden, daß der Herr uns prüfen und sichten wird.

Der Richter auf dem Fest

Allen übrigen war er der König, der geliebte Monarch, der großzügige Geber eines köstlichen Festes, und alle blickten mit Freude auf ihn. Dem Eindringling jedoch war der König ein Richter. Der Tag der Erquickung für Seine Heiligen ist zugleich auch ein Tag der Rache unseres Gottes; Er, der da kommt, alle Traurigen zu trösten, kommt zur gleichen Zeit, um die Gottlosen mit eisernem Zepter zu zerschlagen.

Der König sah einen Menschen. Welche Augen hat die Allwissenheit! Er sah ihn sofort und richtete seine Flammenaugen auf ihn. Ich nehme an, daß dort eine größere Anzahl versammelt war als die hier gegenwärtige, aber der König richtete sofort das Auge auf diesen einen Verbrecher.

Spricht das Gleichnis von nur einem Heuchler, weil wir nur einen in der Gemeinde zu erwarten haben? Ach, es sind viele von ihnen auf dem Hochzeitsfest, aber nur einer wird erwähnt um uns zu zeigen, daß, wenn auch nur einer dort war, Gott ihn fand (sah). Da es viele sind, können die Sünder in Zion überzeugt sein, daß sie nicht übersehen werden. Es mag sein, daß keinem der Gäste das Kleid dieses Menschen aufgefallen ist. Das Gleichnis deutet nicht an, daß andere ihm Vorwürfe gemacht haben. Vielleicht waren sie so von dem Anblick des Königs eingenommen und freuten sich so sehr, selbst am Feste teilnehmen zu dürfen, daß sie kein Herz hatten, über andere zu urteilen. Aber das ist gewiß, daß der König sofort den einen entdeckte, dem das hochzeitliche Kleid fehlte. Er sagte nicht zu dem unwürdigen Gast: „Du hast Lumpen an", oder „du bist schmutzig", oder „du hast dein Gesicht nicht gewaschen"; er fragte nur nach dem fehlenden Kleid.

O Seele, wenn du ein Bekenner bist und doch Jesus nicht liebst und den König aller Könige nicht fürchtest, dann fehlt dir das hochzeitliche Kleid – und was tust du dann hier? Der König wird sehen, daß es dir fehlt. Deine Moralität, deine Freigebigkeit, deine hochtrabenden Gebete und selbst deine gewaltigen Ansprachen können Ihm die Tatsache nicht verbergen, daß dein Herz nicht mit Ihm ist. Die eine notwendige Sache ist: gläubig den Herrn als König annehmen.

Beachte, wie dann der König zu ihm sprach. Es war ein großer Tag für den König, um eine scharfe Sprache anzuwenden. Der Mensch hatte vorgegeben, ein Freund zu sein und wurde als solcher angeredet, und obwohl ich nicht daran zweifle, daß das Wort sanft ausgesprochen wurde, so muß es ihn doch getroffen haben, wenn er überhaupt noch Gefühle hatte.

Als Judas dem Heiland den Verräterkuß gab, redete unser Herr ihn als Freund an; Judas bekannte ja, ein Freund zu sein. Welch ein Freund, der seinen König an dessen Tafel zu beleidigen wagt, und zu dieser Beleidigung den besonderen Anlaß der Hochzeit des Prinzen wählt, zu welcher er gastfreundlich eingeladen wurde! Das war schändlich! Wo sind Feinde zu finden, wenn solche Freunde genannt werden? Der König fragte ihn: „Wie bist du hier hereingekommen? Was hast du hier zu tun? Was kann dich bewogen haben, mir hier so frech zu trotzen, meine Gäste zu täuschen und meinen Sohn zu verachten? Wie bist du hier hereingekommen? Gab es keinen anderen Ort, um den Verräter zu spielen? War es nötig, in meinen Palast, an meine Tafel und zu meines Sohnes Hochzeitsfest zu kommen, um deine Feindschaft zu offenbaren? War dieses notwendig?"

So mag der Herr auch einigen von uns sagen: „Gab es denn keine andere Weise zu sündigen, als vorzutäuschen, mein Diener zu sein, obwohl du es nicht bist? Gab es keinen anderen Becher zum Trinken, daß du den Kelch meiner Tafel entweihen mußt? Gab es kein anderes Brot, welches du in deinen gottlosen Mund nehmen konntest, als das Brot, welches den Leib meines Sohnes darstellt? Konntest du nicht anderswo sündigen, so daß es notwendig war, in der Gemeinde zu sündigen? Konntest du nichts anderes tun, um deine Feindseligkeit zu zeigen, als das lügenhafte Bekenntnis abzulegen, daß du an meinen Sohn glaubst, der am Kreuze blutete um die Menschen zu erretten? Konntest du nicht auf eine andere Weise meinen Geist betrüben, als durch das Vorgeben, mein Freund zu sein und dich hier hereinzudrängen, während du trotzig verwirfst, was zu meiner und meines Sohnes Ehre auf meinem Fest nötig war?" Ich darf nicht länger bei diesem Bild stehenbleiben. Ich gebe euch den Text und bete, daß euer Gewissen euch die Predigt noch ausführlicher hält.

Beachtet noch, daß der König mit diesem Menschen nur über ihn selbst spricht. „Wie bist du hier hereingekommen?" Ich höre dort jemand flüstern: „Nun, wenn ich ein unwürdiges Glied der Gemeinde bin, so gibt es viele andere, die in derselben Lage sind!" Was hat das mit dir zu tun? Blicke auf dich selbst! Als der König kam, die Gäste zu besehen, sagte er nicht zu diesem Menschen: „Wie sind jene Personen ohne hochzeitliches Kleid hereingekommen?" Er hatte mit ihm allein zu tun. „Freund, wie bist du hereingekommen, da du kein hochzeitliches Kleid trägst?" Bekenner, blicke auf dich selbst und fange in deinem eigenen Haus an. Ziehe den Balken aus deinem Auge, und dann sieh zu, wie du den Splitter aus deines Bruders Auge ziehen kannst. Er wandte sich an den einen Menschen, machte ihn zu seinem einzigen Zuhörer und richtete die ernste Frage an ihn: „Freund, wie bist du hier hereingekommen?"

Ach, meine lieben Zuhörer, als Prediger dieser Gemeinde ist es mir stets eine Freude gewesen, zu sehen, daß sich unsere Zahl mehrt. Viele sind der Gemeinde hinzugetan worden, viele von uns haben andere Gemeinden gegründet. Meine lieben Brüder haben mit mir getan was sie konnten, um solche zurückzuhalten, an denen wir keine echten

Früchte der Buße sehen konnten. Wir haben unsere Aufgabe redlich ausgeführt. Vor dem Angesicht Gottes haben wir versucht, weder zu streng noch zu schlaff zu sein, aber trotzdem weiß ich, daß manche von euch, obwohl sie den Namen haben, keine Christen sind. Wie in den alten Tagen sagt ihr, daß ihr Juden seid, und seid es nicht, sondern lügt. Ich spreche jetzt nicht von solchen, die in Sünde gefallen sind und unsere Ermahnung erhalten haben oder durch Ausschluß von uns getrennt worden sind, aber die Versammlung noch besuchen. Ich meine solche, an deren Lebenswandel öffentlich nichts auszusetzen ist, an deren Bekenntnis aber ein Wurm nagt. Ihr habt den Namen, daß ihr lebt, und habt den Namen bis jetzt unbefleckt bewahrt, aber ihr seid tot. Prüfet euch selbst. Geht nicht von diesem Bethaus in die Hölle; laßt eure Bitte sein: „Raffe meine Seele nicht hin mit den Sündern." Wer noch nicht zu Jesus gekommen ist, der komme jetzt; wer bis dahin die Heiligung des Lebens nicht gesucht hat, der suche sie jetzt. Wer das hochzeitliche Kleid noch nicht hat – oh, noch ist Zeit, es zu erhalten! – geht zu Dem, der es euch umsonst gibt. Der Herr Jesus wird euch nicht hinausstoßen; geht heute zu Ihm, und Er wird euch heute annehmen.

Der Verbrecher auf dem Fest

Die Frage wurde persönlich an diesen Mann gerichtet und er verstummte. Warum verstummte er? Gewiß weil er von seiner öffentlichen, unleugbaren Untreue überzeugt war. Kein Beweis war nötig. Er war dorthin gekommen mit der bösartigen Absicht, seine Untreue zu offenbaren und hatte dieses in Gegenwart des Königs getan. Ich glaube nicht, daß er eine Person darstellt, die durch Unwissenheit mit einer aufrichtigen, aber verkehrten Absicht in die Gemeinde gekommen ist, sondern er stellt jemand dar, der ein Bekenntnis ablegt ohne die Absicht, es wahr zu machen. Er ist ein Mensch, der bekennt und bereit ist, durch die Gnade errettet zu werden, der sich aber weigert, Gott und Seinem Sohn gegenüber gehorsam zu sein. Er verstummte. Er konnte nichts zu seiner Verteidigung sagen. In dem Augenblick, als der König ihn anschaute, sah er das Entsetzliche seiner Lage. Seine Beine zitterten wie Belsazar, als dieser die Handschrift an der Wand sah. Er erkannte, daß seine Zeit, den König beleidigen zu können, vorüber und der Tag der Vergeltung gekommen war. Er wurde auf frischer Tat ergriffen und konnte nicht entfliehen. Durch sein Kommen zum Fest mit der Absicht, seinem Stolz zu fröhnen, hatte er sich der schrecklichen Bosheit schuldig gemacht. Er hätte fern bleiben und sich nicht in des Richters Nähe begeben sollen. Jetzt sah er ein, daß seine Sache hoffnungslos war. Der König war da, er war in dessen Gewalt, und niemand konnte ihn befreien. Warum brach er nicht in Tränen aus? Warum bekannte er nicht sein Unrecht? Warum sprach er nicht: „Mein König, ich habe Dich beleidigt; habe Geduld mit mir?“ Sein stolzes Herz ließ es nicht zu. Die Sünde machte ihn unfähig zur Reue.

Wie der Mohr seine Haut nicht wandeln kann oder ein Pardel seine Flecken, so kann, wenn die Sünde ihren Höhepunkt erreicht hat, der Mensch nicht mehr Buße tun oder seine Schritte zurücklenken. Oh, wenn er selbst dann noch bereut hätte! Aber er konnte es nicht. Und die Tränen, die nach dem Urteilsspruch des Königs flossen, waren keine Tränen der Reue, sondern des verzweifelten Stolzes. Er verstummte. Es geschah nicht nur, weil er keine Entschuldigung hatte, sondern weil er sein Unrecht nicht bekennen wollte. Ist jemand hier in einer solchen Herzenshaltung, einer, der durch ein falsches Bekenntnis gesündigt hat und es weiß, der sich aber weigert, seinen Fehler zu bekennen? Unterwirf dich, Mensch! Unterwirf dich sofort! Falle dem König zu Füßen. Selbst wenn du kein Heuchler bist, wenn du nur befürchtest, es zu sein, so falle nieder und sprich: „Mein

König, mache mich aufrichtig. Ich unterwerfe mich Deinem Willen und bin bereit, das Hochzeitskleid anzuziehen. Ich möchte Deinen Sohn ehren! Laß mich Seine Farben tragen und bei allen Menschen als ein aufrichtiger Freund des großen Prinzen bekannt sein."

Die Gerichtsvollzieher

Als dieser Mann in der Gegenwart des Königs verstummte, rief der König die Gerichtsvollzieher. Er sprach: „Bindet ihm Füße und Hände. Er hat gesetzeswidrig gehandelt; laßt ihn das Gesetz fühlen. Bindet ihn, fesselt ihn! Gerichtsvollstrekker, tut eure Pflicht, führt ihn zum Tode!"

Ach, es gibt einige, die schon gebunden und gefesselt sind, noch ehe sie den letzten Atemzug getan haben! Falsche Bekenner haben in ihrer Sterbestunde erfahren, daß sie nicht beten und nicht bereuen konnten. Wie der sterbende Spira, dieser Erzheuchler und Abtrünnige, waren sie sich wohl ihres Elends bewußt, aber ohne Reue. Keine Verheißung des Evangeliums hat sie trösten können. Ihre Herzen waren wie versengt; sie waren zweimal gestorben, ehe sie tot waren. Dann folgte das Urteil: „Werfet ihn in die äußere Finsternis!"

Ach, ihr Unglücklichen, was wollt ihr tun, wenn ihr keine wahre Gnade im Herzen habt, wenn ihr vom Tische des Herrn weggenommen werdet, weggenommen von der Taufe, welcher ihr euch rühmet, weg von den Lehren des Evangeliums, die ihr so gut mit dem Kopf aber nicht mit dem Herzen verstanden habt? Bunyans Beschreibung des Menschen, der gebunden und von sieben Teufeln gezogen wurde, kommt mir hier ins Gedächtnis. „Bindet ihm Füße und Hände und werfet ihn in die äußere Finsternis."

Wie dankbar bin ich, daß die Diener, welche die Gäste hereingebracht hatten, nicht dieselben waren, denen der Befehl erteilt wurde, ihn fortzuschaffen. Der Evangelist brachte sie herein, und der Diakon brachte sie fort. Der König hat besondere Diener, die Betrüger fortzuschaffen. In der Stunde des Todes tun es Seine Engel; sie führen Seine Vergeltung aus. Er hat uns Predigern eine bessere Aufgabe gegeben. Er hat uns befohlen, Herolde Seiner Gnade zu sein. Dann sagte der Richter: „Werfet ihn wie eine wertlose Sache fort; werft ihn fort, wie die Menschen das Unkraut über die Gartenmauer werfen oder Ottern ins Feuer schleudern.“ Nichts wird im Himmel und auf Erden für verächtlicher gehalten und mehr als Unrat angesehen als ein Mensch, der nur den Namen eines Christen, aber nicht das Wesentliche der christlichen Natur hat.

Werft ihn hinaus – wohin? „In die äußere Finsternis“, fern von der Festhalle, wo Fackeln flammten und Lampen leuchteten. Treibt ihn hinaus in die kalte, frostige Mitternachtsluft. Er hat einmal das Licht gesehen; umso dunkler wird es ihm nun sein, wenn er in die Finsternis getrieben wird. Es ist keine Finsternis so dunkel wie die Finsternis eines Menschen, der einmal das Licht gesehen hat. „Werft ihn in die äußere Finsternis.“ Was wird er dort tun? Es wird uns nicht erzählt, was dort mit ihm geschah, da uns an anderer Stelle das Nötige darüber geoffenbart worden ist. Es wird uns aber erzählt, was er tat: da wird sein Heulen, kein erleichterndes Weinen, sondern brennende Tränen, die das Elend nur vergrößern. Der Ausgestoßene vergoß keine Bußtränen, sondern Tränen der Wut über die Enttäuschung, daß er den König nicht entehren konnte, sondern vielmehr dazu dienen mußte, Seine königliche Gerechtigkeit und Macht zu offenbaren, und Ihm, den er haßte, Ehre zu bringen.

Dann kam das Zähneknirschen. Kein Kummer ist dem Kummer eines bösen Geistes gleich, der beim Versuch einer verwerflichen Tat überwunden wurde und zum Triumph des Guten beitragen muß. Das Elend der Hölle ist die zwangsläufige Folge der Sünde, es ist die Sünde selbst in ihrer Vollendung.

Hier habt ihr das Bild eines Menschen, der unverschämt genug war, in die Gemeinde zu kommen, ohne ein Christ zu sein, und der nun für immer mit den Zähnen knirscht wider die herrliche Majestät des Himmels, die er trotz all des in ihm wohnenden Hasses nie wieder verhöhnen kann. Das wird seine Hölle sein, daß er Gott haßt, und das seine Finsternis, daß er sich Gottes Willen nicht fügen kann. „Geht fort von mir, Verfluchte“, so spricht die Gerechtigkeit, die dem Menschen gibt, wonach seine böse Natur verlangt. „Gehet fort von mir. Ihr habt mich nicht geehrt. Wenn ihr zu mir kamt, geschah es nur mit den Lippen. Gehet hin, wo eure Herzen waren. Gehet von mir, Verfluchte!“ Oh, möge Gott geben, daß kein einziger von uns unter die Geißel dieses gewaltigen Gleichnisses kommt!

Sagst du: „Die Predigt richtet sich nicht an mich, ich habe nie ein Bekenntnis abgelegt, ich werde ruhig heimgehen!“? Komm näher, mein Freund, ich kann dich nicht gehen lassen. Dort wird ein Vagabund des Diebstahls angeklagt und vor die Polizei gebracht. Er sagt, er sei ganz unschuldig, wird aber überführt und erhält seine Strafe. Nach ihm kommt ein prahlerischer Bursche, der sagt: „Ich habe das Bekenntnis nicht abgelegt, daß ich ehrlich bin. Ich raube, wo ich kann. Ich behaupte nicht, das Gesetz zu halten.“ Ich denke, die Behörde wird sagen: „Wir haben den Menschen verurteilt, der wenigstens unschuldig scheinen wollte, aber du wirst die doppelte Strafe erhalten, denn du bist offensichtlich unverbesserlich. Dein Fall bedarf keiner weiteren Verhandlung.“ Ihr, die ihr nicht bekennt, Christen zu sein, die ihr vielmehr gesteht, es nicht zu sein, ihr bekennt euch selbst als Feinde Christi. Schöpft keinen Trost aus diesem Gleichnis, ich bitte euch, sondern unterwerft euch dem Heiland und glaubt an Ihn, denn wer da glaubt, der wird gerettet werden. Amen.

DER BARMHERZIGE SAMARITER

„Und siehe, ein gewisser Gesetzgelehrter stand auf und versuchte ihn und sprach: Lehrer, was muß ich getan haben, um ewiges Leben zu ererben? Er aber sprach zu ihm: Was steht in dem Gesetz geschrieben? Wie liesest du? Er aber antwortete und sprach: „Du sollst den Herrn, deinen Gott, lieben aus deinem ganzen Herzen und mit deiner ganzen Seele und mit deiner ganzen Kraft und mit deinem ganzen Verstande, und deinen Nächsten wie dich selbst". Er sprach aber zu ihm: Du hast recht geantwortet; tue dies, und du wirst leben. Indem er aber sich selbst rechtfertigen wollte, sprach er zu Jesu: Und wer ist mein Nächster? Jesus aber erwiderte und sprach: ein gewisser Mensch ging von Jerusalem nach Jericho hinab und fiel unter Räuber, die ihn auch auszogen und ihm Schläge versetzten und weggingen und ihn halbtot liegen ließen. Von ungefähr aber ging ein gewisser Priester jenes Weges hinab; als er ihn sah, ging er an der entgegengesetzten Seite vorüber. Gleicherweise aber auch ein Levit, der an den Ort gelangte, kam und sah ihn und ging an der entgegengesetzten Seite vorüber. Aber ein gewisser Samariter, der auf der Reise war, kam zu ihm hin, und als er ihn sah, wurde er innerlich bewegt; und er trat hinzu und verband seine Wunden und goß Oel und Wein darauf; und er setzte ihn auf sein eigenes Tier und führte ihn in eine Herberge und trug Sorge für ihn. Und am folgenden Morgen (als er fortreiste) zog er zwei Denare heraus und gab sie dem Wirt und sprach (zu ihm): Trage Sorge für ihn; und was irgend du noch dazu verwenden wirst, werde ich dir

bezahlen, wenn ich zurückkomme. Wer von diesen dreien dünkt dich der Nächste gewesen zu sein von dem, der unter die Räuber gefallen war? Er aber sprach: Der die Barmherzigkeit an ihm tat. Jesus aber sprach zu ihm: Gehe hin und tue du desgleichen."
(Lukas 10, 25–37)

Es gibt gewisse Leute, die dem Prediger nicht erlauben wollen, über etwas anderes zu sprechen, als über jene Lehren, die als „das Evangelium" bekannt sind. Wenn der Prediger ihnen eine Tugend oder eine praktische Wahrheit einschärft, sagen sie sofort, er predige nicht das Evangelium, sondern würde gesetzlich.

Wir fürchten uns vor diesem Tadel nicht, denn er hätte unseren Herrn Jesus Christus sehr oft getroffen. Lest die Bergpredigt und urteilt, ob gewisse Leute zufrieden wären, wenn ihnen so etwas am Sonntag gepredigt würde. Sie würden urteilen, daß es zu wenig Evangelium enthält und zu viel von guten Werken die Rede ist.

Unser Herr predigte sehr praktisch. Er hielt oft Reden, in denen Er Fragenden antwortete, Suchende belehrte oder Sünder tadelte, und Er legte auf das Tun einen solchen Nachdruck, wie es einige Seiner Diener nicht nachzuahmen wagen.

Das Gleichnis vom barmherzigen Samariter ist ein solcher Fall, denn unser Herr erklärt hier einen Punkt der aus der Frage hervorging: „Was muß ich getan haben, um ewiges Leben zu ererben?" Die Frage ist gesetzlich und die Antwort ist treffend. Vergeßt nicht, daß das Gesetz etwas von uns verlangt, was nur das Evangelium in uns hervorbringen kann. Wenn der Herr uns hohe Ideale vorstellt, dann hat Er zwei Absichten: erstens geißelt Er die Selbstgerechtigkeit, indem Er die Menschen fühlen läßt, daß es unmöglich ist, die Seligkeit durch Werke zu verdienen, und zweitens führt Er die Gläubigen weg von aller Selbstzufriedenheit und allen äußeren religiösen Gewohnheiten. Er spornt sie an, nach dem höchsten Grad der Heiligkeit zu streben, nach jener Vollkommenheit, die nur die Gnade bewirken kann.

Heute hoffe ich, obwohl ich auf unsere Verantwortung eingehen möchte, doch von dem Geist der Heiligkeit geleitet zu werden und mich nicht der Gesetzlichkeit schuldig zu machen, noch einen von euch hinein zu führen. Ich werde die Nächstenliebe nicht als eine Bedingung des Heils betonen, aber ich werde euch den Weg zeigen, welchen der Glaube geht, der durch die Liebe tätig ist.

Die Welt ist voller Leiden

„Ein gewisser Mensch ging von Jerusalem nach Jericho hinab und fiel unter Räuber." Er machte eine kurze Reise und verlor auf diesem Weg beinahe sein Leben. Wir sind nie vor Unglück sicher. Es kommt über uns am häuslichen Herd, es geht in unsere Läden und Büros und sucht uns heim, und wenn wir unser Haus verlassen, wird es unser Reisegefährte und begleitet uns auf dem Weg. „Der Mensch wird zu Unglück geboren, wie die Vögel emporschweben, zu fliegen."

Oft sind die Leiden nicht durch die Schuld des Leidenden verursacht. Man konnte den armen Juden nicht unbedingt dafür tadeln, daß die Mörder ihn überfielen, als er nach Jericho hinabging, daß sie sein Geld forderten und als er etwas Widerstand leistete, ihn schlugen, auszogen und halbtot liegen ließen. Es war ein bloßes Unglück für ihn.

Glaubt mir, es gibt sehr viel Kummer in der Welt, der nicht aus den Lastern oder Torheiten der Leute entsteht. Er kommt aus Gottes Hand über den Leidenden, nicht, weil er ein größerer Sünder als andere ist, sondern aus weiser, uns unbekannter Absicht.

Der Mann ist nicht zu tadeln, weil er geschlagen und verwundet wurde. Jene klaffenden Wunden, aus denen sein Leben strömt, hat er sich nicht selbst beigebracht, er hat sie nicht in einem Streit oder bei einem tollkühnen Streich erhalten. Er leidet nicht durch eigene Schuld und hat deshalb einen Anspruch auf die Wohltätigkeit seiner Mitmenschen.

Viele Leiden werden durch die Schlechtigkeit anderer verursacht. Der arme Jude auf dem Weg nach Jericho war das Opfer der Räuber, die ihn verwundeten und halbtot liegen ließen. Der Mensch ist des Menschen ärgster Feind. Wenn der Mensch zum Frieden gezähmt würde, so hätte man das wildeste Tier der Welt unterjocht. Wenn das Böse aus den Herzen der Menschen verbannt wäre, würde der größte Teil aller Übel sofort aufhören. Des Trinkers Verschwendung und Rohheit, des Stolzen Verachtung, des Unterdrückers Grausamkeit, des Verleumders Lüge, des Betrügers List, das sind die Wurzeln von fast allen „giftigen Kräutern", die auf der Erde uns zur Schande und zum Schmerz wachsen. Wenn wir Unschuldige durch die Sünde anderer leiden sehen, sollte sich unser Mitleid regen. Wie viele kleine Kinder hungern und siechen an chronischen Krankheiten dahin, weil der Vater ein Trinker ist. Auch Frauen, die selbst hart arbeiten, werden oft krank und siech, weil ihre Männer träge und grausam sind. Arbeiter müssen sich fast zu Tode plagen, um ein wenig Geld zu verdienen. Das sind solche Leute, für die wir Mitleid haben sollten, wenn Unglücksfall oder Krankheit sie ins Krankenhaus bringt, „verwundet und halbtot".

Der Mann im Gleichnis war völlig hilflos, er konnte selbst nichts für sich tun. Er konnte nur stöhnen, er konnte weder seine Wunden verbinden, noch aufstehen und Hilfe suchen. Er wird verbluten auf der Straße nach Jericho, und sein Leib wird eine Speise der Geier und Raben, wenn kein Freund zu seiner Hilfe kommt. Nun, wenn ein Mensch sich helfen kann und es nicht tut, verdient er zu leiden. Wenn jemand Gelegenheiten versäumt aus Trägheit und Nachlässigkeit, sollte man ein Maß von Leiden zur Kur seiner Laster zulassen, aber wenn Leute nicht in der Lage sind, die Hilfe des Arztes zu bezahlen, dann ist die Zeit gekommen, wo wahre Nächstenliebe schnell einspringen und ihr Bestes tun sollte.

Gewisse Lebenspfade sind besonders den Leiden unterworfen. Der Weg von Jerusalem nach Jericho war immer von Räubern belagert. Hieronymus erzählt, daß er „der blutige Weg" genannt wurde wegen der häufigen Überfälle und Morde, die dort begangen wurden. Es ist noch nicht so lange her, als ein englischer Reisender auf dieser Straße seinen Tod fand, und noch jetzt erzählen Reisende uns, daß sie entweder bedroht oder wirklich überfallen wurden in jener düsteren Gegend der Wüste, die zur Palmenstadt hinabführt.

So gibt es auch in der Welt um uns her Lebenswege,die höchst gefährlich sind und von Krankheiten und Unglücksfällen heimgesucht werden. In früheren Jahren gab es manche Berufsarten, in denen aus Mangel an Vorsicht der Tod seine Tausende schlug. Ich danke Gott, daß Sanitätsgesetze und Vorsichtsmaßnahmen besser beobachtet werden und das Menschenleben kostbarer geachtet wird. Doch gibt es noch manchen Lebensweg, welcher „der blutige Weg" genannt werden könnte, Beschäftigungen, die zwar für das Gemeinwohl nötig sind, aber höchst gefährlich für die, welche sie ausführen. Viele Stunden in schlecht gelüfteten Fabriken tragen die Schuld an Tausenden von verkürzten Leben, und ebenso knapper Lohn, mit dem man sich keine ausreichende Nahrung verschaffen kann. Wenn ich an die vielen Arbeiter in dieser Stadt denke, die in engen, ungesunden Räumen leben müssen, zusammengedrängt in Gäßchen und Höfen, so schäme ich mich nicht zu sagen, daß ein großer Teil der Straße, auf welcher die Armen Londons zu gehen haben, ebensosehr den Namen „Blutweg" verdient wie die Straße von Jerusalem nach Jericho. Wenn sie ihr Geld nicht verlieren, dann deswegen, weil sie keins haben. Wenn sie nicht unter die Mörder fallen, so fallen sie unter die Krankheiten, von welchen sie geschlagen und halbtot liegengelassen werden. Nun, wenn ihr keinen solchen Beruf habt, wenn euer Weg euch nicht von Jerusalem nach Jericho leitet, sondern euch vielleicht sehr oft von Jerusalem nach Bethanien führt, wo ihr die Freude häuslichen Glückes und christlicher Gemeinschaft genießen könnt, so solltet ihr sehr dankbar sein und umso bereitwilliger, denen beizustehen, die um euretwillen oder zum Wohle des Ganzen die gefährlichen Lebenswege zu gehen haben.

Viele gehen an den Leidenden achtlos vorüber

Unser Heiland erzählt uns von zweien, die „vorübergingen", und ich glaube, Er hätte das Gleichnis verlängern können, denn ich glaube kaum, daß es einen barmherzigen Samariter auf zwei herzlose Personen gibt. Ich wünschte, es wäre so, aber ich fürchte, der barmherzigen Samariter sind sehr wenige im Verhältnis zur Zahl derer, welche die Rolle des Priesters und Leviten spielen. Nun beachtet, wer die Leute waren, die sich weigerten, dem Mann im Elend Hilfe zu leisten.

Beide wurden durch Gottes Vorsehung an den Ort geführt, um Hilfe zu leisten. Was konnte der Herr besseres für den armen, halbtoten Menschen tun, als einen Menschen herführen, der ihm helfen sollte? Ein Engel hätte hier kaum helfen können. Ein Mensch war nötig, der fähig war, mit brüderlicher Teilnahme die Seele aufzurichten und dem Körper beizustehen. In unserer Übersetzung lesen wir: „Von ungefähr aber ging ein Priester jenes Weges hinab", aber gelehrte Übersetzer lesen: „durch ein Zusammentreffen". Es war eine göttliche Fügung, daß ein Priester zuerst zu dem Leidenden kam, damit er als ein Mann von Bildung den Fall untersuchte, und dann, wenn der Levit kam, hätte dieser fortsetzen können, was der Priester begonnen hatte. Wenn einer den armen Menschen nicht hätte tragen können, so hätten die beiden ihn in die Herberge tragen oder einer hätte bei ihm bleiben können, während der andere Hilfe geholt hätte. Gott brachte sie in diese Lage, aber sie weigerten sich, die heilige Pflicht zu tun.

Nun ihr, die ihr reich seid, ihr seid in unsere Stadt gestellt, damit ihr Mitleid mit den Kranken, Verwundeten, Armen und Bedürftigen habt. Wenn Gott jemandem mehr Güter gibt als er braucht, dann hat er die Aufgabe oder laßt mich lieber sagen: das Vorrecht, Mangel und Elend zu lindern. Ach, wie viele gibt es, die jenen Vorrat, den Gott ihnen für Arme und Dürftige in die Hände gegeben hat, für ihren übertriebenen Luxus gebrauchen, einen Luxus, der sie vollstopft, aber ihnen weder guttut, noch Freude macht. Andere glauben, der Reichtum sei ihnen gegeben, damit sie ihn unter Schloß und Riegel halten, von Motte und Rost zerfressen, Geiz und Sorge ausbrütend. Wer wagt es, einen Stein über die Öffnung des Brunnens zu legen, wenn der Durst ringsumher wütet? Und wer wagt es, die Kranken ohne Hilfe ins Grab sinken zu lassen? Das ist keine geringe Sünde, es ist ein Verbrechen, für welches der Richter Rechenschaft fordern wird, wenn Er kommt, zu richten die Lebendigen und die Toten. Jene Leute, die sich um den armen Mann nicht kümmerten, wurden dorthin geführt, um Hilfe zu leisten, und doch gingen sie vorüber.

Sie waren Personen, die ihm hätten beistehen sollen, weil sie sehr viel mit Dingen umgingen, die ihre Herzen hätten weich machen sollen. Wenn ich die Stelle richtig verstehe, so kam der Priester herab von Jerusalem. Es war nicht so, daß er hinauf zum Tempel ging und Eile hatte, rechtzeitig da zu sein um die Gemeinde nicht warten zu lassen. Es scheint, daß er seine Pflicht erfüllt hatte und nun nach Hause ging. Ich denke, daß er von Jerusalem nach Jericho ging, weil es heißt, „daß ein Priester jenes Weges hinabzog".

Es ging buchstäblich hinab, denn Jericho liegt sehr tief. Ich nehme an, daß er heim nach Jericho ging, nachdem er, mit der Verehrung des Höchsten beschäftigt, seinen monatlichen Dienst verrichtet hatte. Obwohl er Gott so nahe war, wie ein Mensch es sein konnte, hatte er doch nicht gerlernt, selbst ein Opfer zu bringen. Er hatte jene prophetischen Worte gehört: „Ich habe Lust an der Barmherzigkeit und nicht am Opfer", aber er hatte diese Lehren ganz vergessen. Er hatte oft jenes Gesetz gelesen: „Du sollst deinen Nächsten lieben wie dich selbst", aber er beobachtete es nicht. Der Levit war nicht so sehr im Heiligtum beschäftigt gewesen wie der Priester, aber er hatte seinen Anteil am heiligen Werk gehabt, und doch ging er mit einem harten Herzen vorüber. Das ist eine traurige Tatsache. Sie waren Gott nahe gewesen, aber sie waren Ihm nicht ähnlich. Liebe Leute, ihr mögt Sonntag für Sonntag am Gottesdienst teilnehmen und Christus, der Gekreuzigte, mag euch vor die Augen gemalt werden, und trotzdem könnt ihr so geizig wie zuvor in die Welt zurückgehen und ebensowenig Gefühl für eure Mitmenschen haben wie zuvor. Es sollte nicht so sein. Ich bitte euch, laßt es nie wieder so sein.

Diese beiden Männer warcn außerdem durch ihren Beruf verpflichtet, dem Mann zu helfen. Wenn irgendwo Mitleid mit Menschen sein sollte, dann in dem Herzen des Priesters, der erwählt wurde, für Gott zu den Menschen zu sprechen und für die Menschheit zu Gott. Kein Stein sollte je in seinem Herzen gefunden werden. Er sollte sanft, großzügig, freundlich, voller Teilnahme und Zartheit sein; aber dieser Priester war nicht so und der Levit auch nicht, der seiner Spur hätte folgen sollen. Und ihr, christliche Prediger, ihr alle, die ihr in Schulen lehrt oder die ihr irgend ein christliches Werk unternehmt – ihr alle solltet dies tun, denn der Herr hat Sein ganzes Volk zu Priestern gemacht.

Und noch eins muß von diesem Priester und dem Leviten gesagt werden, daß sie den Zustand des Mannes gut erkannten. Der Weg hinab nach Jericho war schmal und sie mußten fast über seinen verwundeten Körper gehen. Der Priester sah ihn an, aber eilte weiter. Der Levit scheint eine genauere Untersuchung angestellt zu haben. Jedenfalls war er neugierig genug um zu sehen, wer dort lag, aber nachdem seine Neugier befriedigt war, wurde sein Mitleid nicht erregt und er eilte weg.

Oft werden arme und kranke Menschen vernachlässigt, weil man um ihr Elend nicht weiß, aber viele, die helfen sollten, bleiben absichtlich in Unkenntnis, und dafür gibt es keine Entschuldigung. Ihr wißt, daß Armut und Krankheit euch umgeben, und wenn ihr trotzdem vorübergeht, macht ihr euch des Verbrechens schuldig, den Verwundeten ohne Hilfe gelassen zu haben.

Beide, der Priester wie auch der Levit, hatten ausgezeichnete Gründe, den blutenden Mann zu vernachlässigen. Ich sah nie einen Menschen sich weigern den Armen zu helfen, der nicht wenigstens eine „bewundernswerte" Entschuldigung hatte. Ich glaube, es gibt kaum einen Menschen auf der Welt, der die Bitte um Hilfe gottloserweise zurückstößt und nicht mit Entschuldigungen versehen ist, die ungemein zufriedenstellend für ihn selbst sind, und wie er meint, die zum Schweigen bringen sollten, die in ihn dringen. Der Priester und der Levit hatten beide große Eile. Der Priester war vielleicht einen Monat in Jerusalem gewesen, fern von seiner Frau und den lieben Kindern, und er wollte natürlich gern bald zu Hause sein. Wenn er sich aufhielt, würde vielleicht die Sonne untergehen. Es war unangenehm, nach Sonnenuntergang an einem solchen Ort zu sein. Man konnte nicht erwarten, daß er so unvorsichtig sein würde, an einem einsamen Ort bei hereinbrechender Dunkelheit zu bleiben. Er hatte einen sehr anstrengenden Monat im Tempel zugebracht; ihr wißt nicht, wie ermüdend es für ihn war, einen ganzen Monat lang als Priester zu dienen. Außerdem hatte er versprochen, zu einer bestimmten Stunde nach Hause zu kommen. Er war ein Mann der Pünktlichkeit und wollte auf keinen Fall der Frau und den Kindern, die vom Dach des Hauses nach ihm ausschauen würden, Sorge verursachen. Eine vortreffliche Entschuldigung war das, und außerdem redete er sich ein, daß er wirklich nicht viel nutzen konnte. Er konnte für sein Leben keine Wunden verbinden, ihm schauderte davor. Beim bloßen Anblick des Blutes kehrte sich alles in ihm um, er vermochte nicht, einem nahe zu treten, der so furchtbar verstümmelt war. Wenn er versuchte, die Wunden zu verbinden, so war er gewiß, daß er es verkehrt machen würde. Wenn seine Frau bei ihm gewesen wäre, so hätte die es tun können; oder wenn er Pflaster, Salbe oder Binden bei sich gehabt hätte, so würde er sein Bestes versucht haben, aber so, meinte er, könnte er nichts tun. Der arme Mann war außerdem offensichtlich halb tot und würde in einer oder zwei Stunden ganz tot sein, und deshalb war es sinnlos, Zeit mit einer hoffnungslosen Sache zu vergeuden. Dann war der Priester allein, und man konnte nicht erwarten, daß er einen blutenden Menschen tragen solle. Es ist wahr, er konnte fast schon den Fußtritt des Leviten hören und hoffte in der Tat, daß jener hinter ihm herkäme, denn er war ängstlich, mit einem solchen allein zu sein; aber das war auch ein Grund mehr, ihn liegen zu lassen, denn der Levit würde sich gewiß seiner annehmen.

Noch „besser“ war die folgende Reihe von Entschuldigungen : Man verlangt doch nicht, daß jemand an einem Ort bleibt, wo ein anderer von Räubern verwundet wurde. Sie konnten zurückkommen, und es war wichtig, nicht Gefahr zu laufen, das Geld zum Unterhalt seiner Familie zu verlieren, weil er an einem Orte weilte, der von Straßenräubern wimmelte. Er konnte auch verwundet werden, und dann wären zwei halbtote Menschen da und der eine von ihnen ein geschätzter Geistlicher. Wirklich, die Menschenliebe riet, für sich selber Sorge zu tragen, da er doch dem armen Manne nichts nutzen konnte. Und dann konnte der Mann sterben, und der, welcher bei der Leiche gefunden wurde, konnte des Mordes angeklagt werden. Der Priester konnte auf Verdacht hin festgenommen werden; rieten da nicht alle Grundsätze der Klugheit, sich so schnell wie möglich aus dem Staube zu machen? Außerdem, er konnte für den Mann beten, wie ihr wißt, und er war froh, daß er ein Traktat bei sich hatte, das er ihm lassen konnte. Traktat und Gebet, was könnt ihr mehr von einem guten Manne erwarten!

Mit diesen frommen Ausflüchten eilte er seines Weges weiter. Es ist auch möglich, daß er nicht wünschte sich zu verunreinigen. Ein Priester war eine zu heilige Person, um sich mit Wunden und Striemen abzugeben. Wer konnte ihm das zumuten? Er war von Jerusalem gekommen in all dem Geruch der Heiligkeit; er fühlte sich so heilig, wie er nur sein konnte, und deshalb wollte er sich nicht weltlichen Einflüssen aussetzen, indem er einen Sünder berührte. Diese starken Gründe zusammen beruhigten ihn, daß er sich die Mühe sparen und das Gutestun anderen überlassen könnte.

Nun, heute will ich es euch überlassen, so viele Entschuldigungen zu finden, wie ihr wollt, warum ihr den Armen nicht helft und Notleidende nicht unterstützt. Ihr habt gelächelt über das, was der Priester gesagt haben könnte, aber ihr werdet nicht mehr lächeln, wenn ihr selber Entschuldigungen sucht, weil euch echte Not begegnet und ihr imstande seid, sie zu lindern und es doch nicht tut. Ihr tätet besser, über sie zu weinen, denn es ist ein ernster Grund zum Klagen da, weil euer Herz so hart gegen eure Mitmenschen ist, wenn sie krank sind, vielleicht krank zum Tode.

Das Vorbild des Samariters

Das Gleichnis sagt es nicht ausdrücklich, aber es liegt auf der Hand, daß der Verwundete ein Jude war. Der Apostel spricht: „Also nun, wie wir die Gelegenheit haben, laßt uns das Gute wirken gegen alle, am meisten aber gegen die Hausgenossen des Glaubens“ (Gal. 6, 10). Dieser Mann war kein Glaubensgenosse des Samariters. Der Jude und er waren geistlich so weit getrennt, wie sie nur sein konnten. Aber er war ein Mensch, ob er ein Jude war oder nicht, ein verwundeter, blutender, sterbender Mensch, und der Samariter war auch ein Mensch und fühlte als solcher mit dem anderen und kam zu seiner Hilfe. Fragt nicht, ob ein Kranker an die 39 Artikel oder an den Katechismus der Versammlung zu Westminster glaubt. Laßt uns hoffen, daß er gesund im Glauben ist, aber wenn er es nicht ist, so haben seine Wunden das Verbinden ebenso nötig, als wenn er ein vollkommenes Bekenntnis hätte. Ihr braucht nicht zu fragen, ob er ein rechtgläubiger Calvinist ist, denn auch ein Arminarier fühlt Schmerzen, wenn er verwundet wird. Ein Mitglied der Landeskirche fühlt ebensoviel Pein wie ein Dissident, wenn er sein Bein gebrochen hat, und ein Ungläubiger bedarf der Pflege, wenn er bei einem Unglücksfall verletzt wurde. Sterben ist ebenso schlimm für einen Menschen mit einem heterodoxen wie für einen mit orthodoxem Glauben. In der Tat, es ist in mancher Hinsicht weit schlimmer für ihn, und deshalb sollten wir doppelt für seine Heilung besorgt sein. Wir sollen das wirkliche Elend lindern ohne Rüchsicht auf den Glauben, wie der Samariter es tat.

Die Juden haßten die Samariter sehr, und ohne Zweifel hätte dieser Samariter denken können: „Wenn ich an der Stelle dieses Menschen wäre, so würde er mir nicht helfen. Er würde an mir vorübergehen und sagen: Es ist ein samaritischer Hund, er sei verflucht.“ Die Juden pflegten die Samariter zu verfluchen, aber dem guten Mann fiel es nicht ein daran zu denken, was der Jude gesagt haben würde. Er sah ihn bluten, und er verband seine Wunden. Unser Heiland hat uns nicht als goldene Regel aufgestellt: „Tut anderen, wie andere euch tun würden“, sondern „wie ihr wollt, daß sie euch tun sollen.“ Der Samariter handelte nach dieser Regel, und obwohl er die Feindschaft in dem jüdischen Herzen kannte, fühlte er, daß er feurige Kohlen auf das Haupt des Verwundeten sammeln mußte durch liebevolle Hilfe. Deshalb ging er sofort daran, ihm zu helfen. Vielleicht würde der Jude zu einer anderen Zeit den Samariter zurückgewiesen haben, aber nun ist kein Gedanke daran. Der arme Mann ist zu krank, um irgendwelche Grillen oder Vorurteile festzuhalten, und als der Samariter sich über ihn beugt und Öl und Wein ausgießt, blickt ihn dieser Sohn Abrahams dankbar an.

Dieser arme, wunde Mann war einer, der ihm nichts zurückzahlen konnte. Man hatte ihm alles gestohlen, aber Barmherzigkeit schielt nicht nach Bezahlung, sonst wäre sie keine Barmherzigkeit.

Der Mann war außerdem ein Fremder. Der Samariter hatte ihn wahrscheinlich bisher nicht einmal gesehen. Was machte das aus? Er war ein Mensch und alle Menschen sind verwandt. „Und er hat aus einem Blute jede Nation der Menschen gemacht, um auf dem ganzen Erdboden zu wohnen“ (Apg. 17, 26). Der Samariter fühlte jene Verbundenheit und beugte sich über den Fremden und erleichterte seine Leiden.

Er hätte sagen können: „Warum soll ich helfen? Er wurde von seinem eigenen Volk zurückgestoßen; der Priester und Levit haben ihn verlassen.“ So habe ich einige sagen hören: „Diese Leute haben kein Recht auf unsere Hilfe, sie sollten zu ihrem eigenen Volk gehen.“ Nun, angenommen, sie haben das getan und es ist fehlgeschlagen, dann kommt die Reihe jetzt an euch. Was der Jude nicht für den Juden tun wollte tut der Samariter. Die Besten oder die, welche die

Besten sein sollten, der Priester und der Levit, hatten ihn nicht beachtet und ihn dem Tode überlassen. Der Samariter ist kein Jude, aber doch tritt er hinzu und handelt. O liebe Brüder, sorgt dafür, daß dieser Samariter euch nicht beschämt!

Er ist auch ein Vorbild für uns in der Gesinnung, in welcher er sein Werk tat. Er half, ohne zu fragen. Der Überfallene war in Not, dessen war er gewiß, und er half ihm sofort. Er tat es ohne Zögern, er machte keinen Vertrag, keine Vereinbarung mit ihm, sondern ging sogleich daran, Öl und Wein zu gebrauchen. Er tat es ohne den Versuch zu machen, die Arbeit von sich auf andere zu schieben. Mildtätigkeit bedeutet heutzutage, daß A den B bittet, ihm zu helfen, und B. in seiner erstaunlichen Mildtätigkeit erzeigt ihm die große Gunst, ihn weiter an C zu senden. Das will sagen, die normale Art wohltätiger Personen greift selten in ihre eigene Brieftasche, sondern sendet die Leute zu einigen bestimmten Personen, die bares Geld für alle herbeischaffen müssen. Das ist ein erbärmlicher Weg, Gutes zu tun: seine eigene Tasche zu schonen und den Bittsteller an einen anderen zu senden, der nicht vermögender ist als ihr, aber großzügiger. Der Samariter war selbst barmherzig und ist uns ein Ansporn und Vorbild.

Er tat es ohne Furcht. Die Räuber hätten ihn überfallen können, aber er kümmert sich nicht um Räuber, wenn ein Leben in Gefahr ist. Er tut es mit Selbstverleugnung, denn er gibt Öl, Wein und Geld für die Herberge. Obwohl er kein reicher Mann war, gab er zwei Denare. Er warf nicht mit Almosen um sich – er war nicht reich. Es heißt nicht, daß er eine Handvoll Denare gab, sondern zwei, denn er mußte die Denare zählen, die er ausgab. Es war ein armer Samariter, der diese reiche und edle Tat ausführte. Die Ärmsten können den Armen helfen, sogar die, welche selbst in Not sind, vermögen anderen zu dienen. Mögen sie das tun, wo sie Gelegenheit haben.

Dieser Mann half seinem armen Nächsten mit großer Fürsorge. Er war wie eine Mutter für ihn. Alles wurde liebevoll und nach besten Kräften getan. Brüder, laßt uns das, was wir für andere tun, stets in der edelsten Weise ausführen. Laßt uns die Armen nicht wie Hunde behandeln, denen wir einen Knochen hinwerfen, und die Kranken nicht so, als wären wir höhere Wesen, die sich zu Niedrigen herablassen, wenn wir in das Krankenzimmer eintreten, sondern in der sanften Zartheit wirklicher Liebe, die zu Jesu Füßen gelernt wird, laßt uns den barmherzigen Samariter nachahmen.

Aber was tat er? Nun, zuerst trat er zu dem Leidenden und beugte sich zu ihm herab. Dann verband er seine Wunden, wobei er möglicherweise sein Gewand zerriß, um Binden zu machen. Er goß Öl und Wein hinein, die beste heilende Arznei, die er kannte, und eine, die er gerade bei sich hatte. Dann setzte er den Kranken auf sein Tier, natürlich hatte er selbst zu gehen, aber das tat er fröhlich, und stützte im Gehen seinen armen Patienten. Er führte ihn in eine Herberge, aber er sprach nicht einfach: „Irgend jemand wird jetzt für ihn sorgen", sondern er ging zu dem Wirt, gab ihm Geld und sagte: „Trage Sorge für ihn." Ich bewundere dieses kurze Wort, weil zuerst geschrieben steht: „Er trug Sorge für ihn." Nur was du selbst tust, kannst du auch von anderen erwarten. Er sagte : „Ich lasse diesen armen Mann bei dir, aber bitte, vernachlässige ihn nicht; es sind sehr viele in der Herberge, trage Sorge für ihn." „Ist er dein Bruder?" „Nein, ich habe ihn nie zuvor gesehen." „Hast du irgendwelche Verpflichtung ihm gegenüber?" „Nein! – Doch, ich habe eine Verpflichtung gegen jeden, der ein Mensch ist. Wenn er Hilfe braucht, bin ich verpflichtet, ihm zu helfen." „Ist das alles?" „Ja, aber trage Sorge für ihn."

Der Samariter hörte damit nicht auf. Er sagte: „Dies Geld wird vielleicht nicht genügen, denn es mag lange dauern, bis er weiter kann. Das Bein heilt vielleicht nicht schnell, die zerbrochene Rippe mag eine lange Ruhezeit erfordern. Treibe ihn nicht weg, laß ihn hier bleiben, und wenn du noch mehr Ausgaben hast, so will ich sie dir sicher bezahlen, wenn ich wiederkomme." Nichts geht über Barmherzigkeit, die keine Grenzen kennt. Ich wünschte ich hätte Zeit, hierbei länger zu verweilen, aber ich kann es nicht tun. Übt es im Leben, und ihr werdet es verstehen lernen. Gehet hin und tut desgleichen. Jeder von euch sei dem barmherzigen Samariter ähnlich.

Das große Vorbild

Unser Herr ist selbst das beste Beispiel aller Barmherzigkeit. Er beantwortete die Frage: „Wer ist mein Nächster?" Doch ich glaube, er predigte nicht von sich selbst. Man hat dieses Gleichnis sehr gepreßt, um den Herrn Jesus und alles Ihn Betreffende hineinzubringen, aber ich wage das nicht nachzuahmen. Doch können wir durch Vergleiche die Güte des Herrn veranschaulichen. Es ist das Bild eines mitfühlenden Menschen, der für den Elenden Sorge trägt. Aber der mitfühlenste Mensch, der je lebte, war der Mann von Nazareth, und niemand sorgte für kranke und leidende Seelen, wie Er es getan hat. Deshalb sollten wir, wenn wir den barmherzigen Samariter preisen, noch viel mehr den teuren Heiland erheben, den Seine Feinde einen Samariter nannten und der nie diese Anklage zurückwies.

Nun, Brüder, unser Herr Jesus Christus hat noch mehr getan als der barmherzige Samariter, weil es mit uns schlimmer stand. Wie ich schon sagte, der Verwundete konnte sich keine Vorwürfe machen, es war sein Unglück, nicht sein Fehler. Aber wir waren nicht nur halb tot, sondern ganz tot in Übertretungen und Sünden, und wir haben uns viele Übel selbst zugezogen. Die Räuber, welche uns beraubt haben, sind unsere eigenen Missetaten. Die Wunden, die wir tragen, haben wir uns selbst zugefügt. Wir sind Jesus Christus nicht aus einem Vorurteil heraus feindlich, wie der arme Jude es dem Samariter gegenüber war, sondern von Natur aus. Wir haben uns von Anfang an von Ihm abgewandt. Ach, wir haben Ihm widerstanden und Ihn verworfen. Der arme Mann stieß den Samariter nicht zurück, aber wir haben das bei unserem Herrn getan. Wie oft haben wir die allmächtige Liebe zurückgewiesen! Wie oft haben wir durch Unglauben die Wunden aufgerissen, die Christus verbunden hatte! Wir haben das Öl und den Wein verworfen, den Er uns anbietet. Wir haben Böses von Ihm geredet und haben Ihn sogar jahrelang völlig verworfen, und doch hat Er uns in Seiner unendlichen Liebe nicht aufgegeben, sondern einige von uns in Seine Kirche hineingebracht, wo wir wie in einer Herberge ruhen und von dem leben, womit Seine Güte uns versorgt. Es war eine wunderbare Liebe, die das Herz des Heilandes bewegte, als Er uns in unserem Elend fand und sich über uns beugte, um uns herauszuheben, obwohl Er wußte, daß wir Seine Feinde waren.

Der Samariter war mit dem Juden verwandt, weil er ein Mensch war, aber mit unserem Herrn Jesus verbindet uns keine Verwandtschaft; Er ist Gott, unendlich erhaben über uns, und wenn Er „wie ein Mensch" erfunden wurde, dann geschah es, weil Er es freiwillig gewählt hatte. Wenn er diesen Weg einschlug zu Bethlehems Krippe, hinunter an den Ort unserer Sünde und unseres Elends, dann deswegen, weil Sein unendliches Erbarmen Ihn dazu bewog. Der Samariter kam zu dem Verwundeten, weil sein Geschäft ihn vorbei führte, und weil er ihn dort liegen sah, half er ihm. Der Herr Jesus kam auf die Erde um uns zu erretten. In dem Menschsein des Herrn seht ihr die edelste Form der Barmherzigkeit geoffenbart.

Und als Er hier war, wo wir unter die Räuber gefallen

waren, lief Er nicht nur Gefahr, von Mördern angefallen zu werden, sondern Er wurde es wirklich. Er wurde verwundet, Er wurde ausgezogen, Er wurde getötet, Er wurde ins Grab gelegt. Er wurde um unsertwillen erschlagen, denn es war nicht anders möglich für Ihn, uns von dem Leiden zu erlösen, das die Mörder, die Sünden, über uns gebracht hatten, als daß Er diese Leiden in Seiner eigenen Person erduldete. Er litt, um uns zu erlösen.

Was der Samariter dem armen Manne gab, war großzügig, aber es ist nicht mit dem zu vergleichen, was der Herr Jesus uns gegeben hat. Er gab ihm Wein und Öl, aber Jesus hat uns Seines Herzens Blut gegeben, um unsere Wunden zu heilen; „Er hat uns geliebt und sich selbst für uns hingegeben". Der Samariter gab von dem, was er hatte, aber Christus gab sich selbst bis zum Tode für uns. Der Samariter gab zwei Denare, eine große Summe aus seinem kleinen Vorrat, ich schätze diese Gabe nicht gering, aber Er, „der reich war, wurde um unsertwillen arm, auf daß wir durch seine Armut reich würden". Oh, die wunderbaren Gaben, welche Christus uns geschenkt hat! Wer kann sie zählen! Der Himmel gehört zu diesen Segnungen, aber Er selbst ist das höchste Gut.

Des Samariters Barmherzigkeit zeigte sich nur für kurze Zeit. Wenn er an der Seite seines Maultiers zu gehen hatte, so konnten es nicht viele Meilen sein, aber Christus ging an unserer Seite, legte Seine Herrlichkeit ab Sein ganzes Leben lang. Der Samariter blieb nicht lange in der Herberge, denn er mußte seine Geschäfte erledigen, und es war recht, daß er dies tat. Aber unser Herr blieb, bis Er zum Himmel auffuhr.

Als der Samariter wegging, sprach er: „Und was irgend du noch dazu verwenden wirst, werde ich dir bezahlen, wenn ich zurückkomme". Jesus ist gen Himmel gefahren und hat herrliche Verheißungen hinterlassen von dem, was geschehen soll, wenn Er wiederkommt. Er vergißt uns nie. Der gute Samariter, denke ich, dachte wenig an den Juden in den späteren Jahren. In der Tat ist es das Zeichen eines großherzigen Sinnes, nicht viel an das zu denken, was man getan hat. Aber notwendigerweise handelt unser Herr Jesus anders: weil wir Ihn beständig benötigen fährt Er fort, für uns zu sorgen, und Seine Liebestat wird immer wiederholt, so lange es Menschen zu erretten gibt.

Ich habe euch so das große Beispiel vor Augen gestellt und will schließen, wenn ich noch zweierlei gesagt habe. Urteilt selbst, ihr alle, meine Hörer, seht, was ihr euer ganzes Leben lang sein müßt, wenn eure Werke euch retten sollen. Ihr müßt Gott von ganzem Herzen, von ganzer Seele, mit allen Kräften lieben und euren Nächsten wie euch selbst in der Weise des Samariters, und das ohne Unterbrechung. Habt ihr das getan? Könnt ihr hoffen, es vollkommen zu tun? Wenn nicht, warum setzt ihr dann eure Seelen aufs Spiel in diesem schwachen Kahn, diesem lecken, sinkenden Boot eurer geringen Werke, denn ihr werdet darin nie zum Himmel gelangen!

Ihr, die ihr Gottes Volk seid, tut solche Dinge nicht, um euch selbst zu erretten. Der größte Samariter hat euch errettet, Jesus hat euch erlöst, euch in Seine Kirche gebracht und euch der Fürsorge Seiner Diener unterstellt. Er hat uns befohlen, Sorge für euch zu tragen und versprochen, uns dafür zu belohnen am Tage Seines Kommens. Versucht also wahre Nachfolger eures Herrn zu sein durch Taten der Barmherzigkeit, und wenn eure Gaben für die leiblichen oder geistlichen Hilfen kärglich gewesen sind, so beginnt von heute morgen an mit großzügigem Herzen zu geben, und Gott wird euch segnen. Amen.

WER LIEBT AM MEISTEN?

„Da sie aber nicht hatten zu bezahlen, schenkte er es beiden. Wer nun von ihnen, (sage) wird ihn am meisten lieben? Simon aber antwortete und sprach: Ich meine, dem er das meiste geschenkt hat. Er aber sprach zu ihm: Du hast recht geurteilt". (Lukas 7, 42. 43)

Ich erinnere mich, daß ich irgendwo auf dem Schilde eines Gasthauses die Worte gesehen habe: „Das Erste und das Letzte." Ich weiß nicht, was das bei Menschen sein mag, aber bei Gott ist die Liebe das Erste und das Letzte. Seine Barmherzigkeit fängt damit an, daß wir Ihn lieben, weil Er uns zuerst geliebt hat. Seine Liebe entspringt wie eine Quelle in der Wüste und fließt durch die Wildnis zu den unwürdigen Menschenkindern. Am Ende ist die Wirkung dieser Liebe, daß die Menschen Ihn lieben. Sie können es ebensowenig lassen, wie der Fels das Echo zurückhalten kann.

Die Liebe ist keine Frucht des Gesetzes und kommt nicht auf Befehl. Sie muß frei sein oder sie ist überhaupt nicht da. Es hat seine Gründe, weshalb sie sich in unserem Herzen offenbart, aber sie ist keine Ware, die man für einen bestimmten Preis kaufen kann.

Die Menschen bekommen die Liebe nicht durch lange Überlegungen, sondern sie werden von der Liebe überwunden und von ihrer Kraft fortgetragen. Wenn gottselige Menschen über die große Liebe Gottes nachdenken und sich darüber freuen, dann beginnen sie Gott wiederzulieben, gerade wie eine Knospe sich öffnet, wenn sie den Sonnenschein fühlt. Die Liebe zu Gott ist eine natürliche Folge der Erkenntnis und des Bewußtseins der Liebe Gottes uns gegenüber. Ich glaube es war Aristoteles, welcher sagte, es sei unmöglich, daß jemand ohne Gegenliebe bleibt, wenn er weiß, daß er geliebt wird. Ich weiß nicht, wie das sein kann, denn ich bin kein Philosoph, aber soviel weiß ich, daß es mit denen, welche die Liebe Gottes geschmeckt haben, so ist. Gott kommt voller Liebe zu uns, und wir gehen liebend zu Ihm heim.

Die Frage

„Wer nun von ihnen, (sage) wird ihn am meisten lieben?". Die Frage lautete nicht: „Wer wird ihn lieben?", sondern: „Wer wird ihn am meisten lieben?". Es ist selbstverständlich, daß diejenigen, welche Vergebung empfangen haben, denjenigen lieben werden, der ihnen vergeben hat.

Und das zunächst deswegen, weil es natürlich ist, daß dort, wo Güte empfangen wird, Dankbarkeit entsteht. Diese Dankbarkeit wird selbst unter den niedrigsten und schlechtesten Menschen gefunden. „Denn wenn ihr liebet, die euch lieben, welchen Lohn habt ihr? Tun nicht auch die Zöllner dasselbe?" (Matth. 5, 46). Es ist menschlich, Gutes mit Gutem zu vergelten, und die Undankbarkeit wird mit Recht für eine der niedrigsten Sünden angesehen.

Man findet die Dankbarkeit ja nicht nur bei den Menschen, den intelligenten Geschöpfen, sondern auch bei den Tieren. Wie fühlt sich ein Hund, dem du eine Wohltat erwiesen hast, zu dir hingezogen, und wie zeigt er in jeder möglichen Weise seine Dankbarkeit! Aus dem Altertum werden viele Geschichten von der Dankbarkeit wilder Tiere erzählt. Ihr erinnert euch an Androklus und den Löwen. Der Mann war verurteilt worden, von wilden Tieren zerrissen zu werden, aber ein Löwe, dem er vorgeworfen wurde, zerriß ihn nicht, sondern leckte ihm dankbar die Füße, weil Androklus ihm früher einen Dorn aus dem Fuß gezogen hatte. Ihr kennt vielleicht das Bild, welches Napoleon darstellt, wie er über das Schlachtfeld reitet und das Pferd anhält, als er einen Gefallenen sieht, auf welchem sein Hund liegt, um die Leiche seines Herrn zu beschützen. Selbst der große Heerführer bleibt bei diesem Anblick stehen. Es gibt Dankbarkeit unter den Tieren des Feldes und den Vögeln des Himmels. Wenn wir nun von Gott Liebe empfangen und keine Liebe für Ihn empfinden, so sind wir schlechter als die unvernünftigen Tiere, und der Herr spricht Seinen Kummer über uns aus: „Ein Ochse kennt seinen Besitzer, und ein Esel die Krippe seines Herrn; Israel hat keine Erkenntnis, mein Volk hat kein Verständnis". (Jes. 1, 3) Ach, daß viele so unnatürlich, so ohne jedes Gefühl, so tot für die Dankbarkeit sind, welche die Güte verdient.

Aber die Dankbarkeit sollte sich um so mehr zeigen, wenn die Wohltat unendlich groß ist. Wenn die Liebesbeweise weit über das Maß der gewöhnlichen Segnungen gehen, wenn sie nicht auf das Zeitliche und auf den Körper beschränkt sind, sondern wenn sie die Ewigkeit betreffen und die Seele segnen; wenn sie von solchem Gewicht sind wie die Vergebung der Sünden und die Errettung der Seele vom zukünftigen Zorn, dann sollte die Liebe mit der größten Kraft und Freimütigkeit ans Licht treten!

Vergebung der Sünden empfangen und Gott nicht lieben! Ich nenne die gewöhnliche Undankbarkeit schlechter als tierisch, aber wie soll ich eine solche bezeichnen? Ich muß sie teuflisch nennen. Es gibt nichts schlimmeres, als die Befreiung von einer solch großen Schuld und schrecklichen Strafe zu erlangen und den Herrn nicht zu lieben, durch den sie uns zuteil wurde. O liebe den Herrn, dessen Gnade ewig währt!

Wenn du wirklich die Gnade geschmeckt hast, wirst du Ihn lieben. Es kann nicht anders sein, du bist mit Gott durch die Bande der Liebe verbunden, und diese ziehen dich durch eine geheime, aber unwiderstehliche Macht, den Herrn zu lieben.

Diese Liebe ist nicht nur natürlich und notwendig wegen der Größe der Gnade, sondern die Gnade Gottes sorgt immer dafür daß da, wo Vergebung ist, auch Liebe offenbar wird. Gott nimmt nicht unsere Sünden weg und läßt uns dann das alte, steinerne, unempfindliche und undankbare Herz, sondern wie Er das Kleid der Gerechtigkeit gibt, so gibt Er auch ein fleischernes Herz. Der Heilige Geist wirkt den Anfang der Liebe zu derselben Zeit, in welcher Er den ersten Blick des Glaubens schafft. Wie unser Glaube zunimmt, durch den wir Vergebung erhielten, möchte Er auch mehr und mehr in uns die Liebe zu Christus wecken. Diese Liebe wirkt in uns einen Haß gegen die Sünde und einen Geist des Gehorsams, durch welchen wir uns dem Dienste Dessen weihen, der uns mit Seinem kostbaren Blute erkauft hat. Ihr wißt, daß es so ist, Brüder; wo Vergebung kommt, kommt damit auch Freude am Herrn. Ihr wißt, daß Gott Seine Gaben nicht teilt und dem einen Gerechtigkeit und dem anderen Heiligung gibt. Nein, die Segnungen sind durch die unendliche Weisheit Gottes miteinander verbunden, so daß da, wo das Waschen in Seinem Blut stattfindet auch die Reinigung mit Wasser durch das Wort geschieht. Wo die Sünde vergeben ist, da muß Liebe zu Gott sein, der sie vergeben hat, weil der Heilige Geist im Herzen der Gläubigen arbeitet und eines Seiner ersten Werke die Liebe ist.

Ich habe es nicht nötig, die Tatsache weiter zu begründen, weil allen Christen bekannt ist, daß da, wo keine Liebe ist, auch die Vergebung fehlt. Du kannst nicht begnadigt sein und doch Gott nicht lieben als Folge Seiner liebenden Vergebung. Was waren unsere ersten Gefühle, als uns die Schuld vergeben wurde? Wir freuten uns unseretwegen, aber sogleich oder bald darauf empfanden wir eine solch tiefe Dankbarkeit gegen Gott, daß wir nicht ausdrücken konnten, wie sehr wir Ihn liebten. Wir haben dann und wann schon gemeint, daß wir Gott nicht mehr so lieben, wie es zu diesem Zeitpunkt war, obwohl ich glaube, daß die Furcht grundlos ist. Aber damals war uns nichts zu heiß oder zu schwer für Ihn, der uns die Last von den Schultern genommen hat. Wir hätten freudig gesagt: „Hier bin ich, sende mich", wenn es auch in das Gefängnis oder in den Tod gegangen wäre.

Oh, welche Freude hatten wir in diesen Tagen! Sie werden mit Recht die Tage unserer Verlobung genannt. Und wie war unsere Liebe! Wir waren bereit, alles um Christi willen zu verlassen. Wir konnten uns auf Seinen Befehl von geliebten Verbindungen trennen. Wir würden wie das alte Israel mit Gott in die Wüste gegangen sein, ja, mit unserem Erlöser ins Grab. Nichts hätte uns zurückgehalten oder uns dahin bringen können, Ihn wieder zu verlassen. Kannst du dich nicht erinnern, wie du auf den Sonntag gewartet hast, um von Jesus zu hören und Ihn gemeinschaftlich mit Seinem Volke anzubeten? War an einem Wochenabend Gottesdienst, so warst du dort, obwohl dich niemand dazu überredet hat. Irgend ein Platz im Versammlungssaal war dir gut genug. Jetzt verlangst du vielleicht ein weiches Polster. Damals saßest du vielleicht ganz hinten und merktest das nicht. Nun verlangst du eine zarte Behandlung und der Prediger muß sich Mühe geben, dich mit Geschichten und poetischen Versen zu interessieren. Wie einfältig damals der Prediger auch war, du warst begierig, etwas von Jesus zu hören und Seine Liebe kennenzulernen, und du hörtest gern den geringsten Evangelisten. Oh, das waren herrliche Tage! Ich hoffe, daß wir jetzt noch bessere Tage haben. So viel ist sicher, als wir wußten, daß wir die Vergebung unserer Sünden hatten, fühlten wir auch, daß wir den Herrn von ganzem Herzen liebten.

Nun möchte ich einen kleinen, praktischen Gebrauch aus dieser Folgerung machen. Daß die begnadigten Seelen ihren gnädigen Gott lieben, ist eine große und ernste Wahrheit, denn es sind Leute in diesem Bethaus, die noch keine Vergebung haben. Wir sind davon überzeugt, weil sie Gott nicht lieben.

Oh, hört auf mich, die ihr Gott nicht liebt und doch vielleicht glaubt, daß ihr errettet seid. Sind hier nicht viele, die selten an Gott denken, die unbesorgt sind, wenn auch Tage, Wochen, Monate, ja, ein Jahr vergeht, ohne daß sie an den gerechten Richter der ganzen Welt denken? Sie empfangen Seine Gnadengaben, aber sie danken Ihm nicht. Sie spüren Seine Macht, aber sie fürchten Ihn nicht.

Mein lieber Zuhörer, wenn es so mit dir steht, dann liebst du Ihn nicht, denn wenn wir jemand lieben, so denken wir an ihn. Die Gedanken fliegen an den Ort, wohin sich das Herz bewegt. Beim Sonnenuntergang erkennst du, wo die Krähen wohnen. Während des Tages kannst du es vielleicht nicht sagen, denn sie fliegen von einem gepflügten Feld zum anderen, um ihre Nahrung zu suchen. Aber beachte sie, wenn die Nacht kommt und sie Ruhe suchen. Dann fliegen sie zu den großen Bäumen, in denen sich ihre Nester befinden. Ein Mensch hat während der Geschäftszeit an fünfzig Sachen zu denken, aber wenn er Feierabend hat, kehrt er zu seiner Liebe zurück, wie die Vögel des Abends zu ihren Nestern fliegen. Unsre Gedanken fliegen zu dem Herrn Jesus, weil Er das Heim unseres Herzens ist. Wenn eure Herzen Gott lieben, werden eure Gedanken zu Ihm eilen, wie die Flüsse zum Meer. Ja, oft während des Geschäftes spricht der Mensch, der Gott liebt, mit Ihm. Er unterbricht wohl nicht die Unterhaltung und die Leute im Laden oder in der Werkstatt wissen nicht, was seinen Geist bewegt, aber sein Herz hat Gemeinschaft mit dem Vater. Wo aber kein Gedanke an Gott ist, ist auch keine Liebe zu Ihm.

Gibt es nicht viele, die nichts für Gott tun? Er hat sie gemacht und Er erhält sie, und doch zeigen sie ihre Dankbarkeit nicht durch eine willige Tat, um Ihm Freude zu bereiten. Ich kann einige von euch fragen: „Habt ihr je in eurem Leben irgend etwas bewußt für Gott getan? Was! Nicht ein einziges Mal? Erstaunlich! Ein Mensch, der so wunderbar von Gott geschaffen ist – jedes Blutgefäß, jeder Nerv, jeder Muskel ist da zum Leben und Bewegen – hat doch nie an seinen Schöpfer gedacht, der diese wunderbare Maschine in Bewegung gesetzt hat und erhält. Nur durch Gott zu leben und doch ohne Ihn! Sonderbar! Kann es einen Menschen geben, der nie etwas für Gott tut, während Gott so viel für ihn tut? Wenn das so ist, dann muß ich einem solchen sagen: Du hast noch keine Vergebung, denn du liebst Gott nicht, weil du nie an Ihn denkst und nichts für Ihn tust.

Einige Menschen lieben Gott offensichtlich nicht, denn sie kümmern sich um nichts, was Ihn betrifft. Der Gedanke, Gott betrübt zu haben, ist ihnen nie in den Sinn gekommen, und sie betrüben den Heiligen Geist gedankenlos. Aber wenn du jemand liebst, willst du ihm nicht gern Kummer bereiten; du wirst das nicht tun, was er haßt. Gegen Gott zu sündigen, ist die größte Sünde und das Wesen der Sünde. Das macht die Sünde so überaus sündig, daß sie sich gegen den Gott der Liebe richtet. Wenn du das aber nie gespürt hast, dann liebst du Ihn nicht, und darum hast du auch keine Vergebung.

Sieh auf die anderen Menschen. Sie lieben Gott nicht, denn sie sorgen nicht für Sein Haus, wo Sein Volk sich versammelt. Sie kommen selten zum Gottesdienst, und wenn sie kommen, so haben sie irgend einen anderen Grund, als ihrem Gott zu begegnen. Sie kümmern sich nicht um den Tag des Herrn. Die Sonntage sind ihnen sehr langweilig und trübselig. Der Tag des Herrn ist nicht von Interesse für sie, denn sie haben kein Interesse für den allmächtigen Vater oder für

Seinen Sohn. Sie wollen nichts von Ihm hören, noch Ihn preisen und anbeten. Sie kümmern sich nicht um Sein Buch, obgleich es eine Welt von Freude und Trost enthält. Die Bibel ist von der Liebe Gottes durchzogen, aber sie erkennen die Wohlgerüche nicht. Das Angesicht des Erlösers spiegelt sich fast auf jeder Seite, und doch denken manche, daß die Bibel einfältiger ist als ein alter Kalender. Und obwohl sie dieselbe im Hause haben müssen, denn es gehört mit zum guten Ton, eine Bibel zu haben, so kommt ihnen nicht der Gedanke, sie zu lesen.

Sie kümmern sich auch nicht um Gottes Volk. Sie haben wenig Verbindung mit der Gemeinde und wenn sie Fehler an ihr finden können – und, wie leicht können sie das – breiten sie diese aus und freuen sich, die Fehler des Volkes Gottes zu essen wie Brot. Mangel an Liebe zu den Kindern beweist Mangel an Liebe zu dem Vater. „Und jeder, der den liebt, welcher geboren hat, liebt auch den, der aus ihm geboren ist" (1. Joh. 5, 1). Und wir wissen, daß wir Gott lieben, wenn wir Seine Kinder lieben. Aber wenn in deinem Herzen keine Liebe zu Seinen Kindern, zu Seinem Buch, zu Seinem Tag, zu Seinem Haus oder zu Seinem Dienst ist, so kannst du überzeugt sein, mein Freund, daß deine Schuld noch auf dir liegt. Du hast noch keine Vergebung, und Gott wird dich für jede Tat vor Gericht stellen und über jedes unnütze Wort, das du gesprochen hast, wirst du Rechenschaft ablegen müssen.

Ich verlasse diesen ersten Punkt. Der Text setzt voraus, daß alle begnadigten Sünder den lieben werden, der sie begnadigt hat.

Unterschiede in der Größe der Liebe

„Sage, wer nun von ihnen wird ihn am meisten lieben?" Diese Worte zeigen deutlich, daß einige Menschen Gott mehr lieben als andere, und daß, obwohl eine aufrichtige

Liebe zu Gott bei allen begnadigten Sündern sein muß, doch nicht derselbe Grad der Liebe bei allen ist. Die Liebe ist eine Gnade, die nicht in eine Form gegossen ist, so daß sie jederzeit und in allen Fällen gleich ist. Die Liebe ist eine Sache des Lebens und daher eine Sache des Wachsens. Es gab eine Zeit, wo wir Gott nicht so liebten wie jetzt, und es betrübt mich, daß es selbst jetzt Zeiten gibt, wo wir Gott nicht so lieben wie früher, denn wir werden kalt und abtrünnig. Die Liebe ist nicht wie ein Stück Gußstahl fix und fertig, sondern sie wächst und hat ihre Knospen-, Blatt- und Herbstzeit. Sie ist wie ein Feuer, welches zuweilen sehr schwach und zu anderen Zeiten mit großer Hitze brennen kann. Die Liebe steigt und fällt. Ich spreche nicht von Gottes Liebe zu uns, sondern von unserer Liebe zu Gott. Sie hat ihren Sommer und ihren Winter, ihre Flut und ihre Ebbe.

Außerdem wissen wir, daß es Verschiedenheiten in der Liebe gibt, weil es Verschiedenheiten in allen Gnadengaben gibt. Nehmen wir den Glauben. Einige Menschen haben viel Glauben. Gott sei Dank, daß es noch Männer mit starkem Glauben auf der Erde gibt! Aber es gibt auch andere, deren Glaube, obwohl er der wahre Glaube ist, doch sehr schwach ist. Es ist ein zitternder Glaube. Er kann nicht mit Petrus auf dem Meer wandeln, aber er kann mit ihm sinken und um Hilfe rufen. Der Glaube scheint bei einigen Christen ein sehr schwaches Ding zu sein. Wie ich vor einigen Tagen sagte, wissen sie selbst kaum, ob es Glaube oder Unglaube ist. Ihr Ruf ist: „Herr, ich glaube; hilf meinem Unglauben“, als wenn sie einen Irrtum begangen hätten, es Glauben zu nennen, weil er so mit Unglauben vermischt war. Aber es gibt auch starke Gläubige, welche die Heere des Feindes in die Flucht gejagt haben. Männer, die ihr Kreuz geduldig getragen und ohne Feigheit ihr Zeugnis abgelegt haben – Männer, welche die Sünde besiegt, in Heiligkeit gelebt und Gott verherrlicht haben. Der Glaube hat wie eine Leiter seine hohen und seine niedrigen Stufen. Der Glaube hat seine Morgendämmerung, seinen Mittag und seinen Abend. Wir wissen, daß es so ist, denn wir haben es an uns selbst erfahren und bei anderen beobachtet.

Der praktische Punkt, den ich erreichen wollte, ist dieser: Laßt uns zuerst auf unsere Liebe blicken. Was macht es, wenn meine Liebe nicht mit der deinigen verglichen werden kann? Der Herr gebe, daß ich Ihn wahrhaft liebe. Petrus konnte nicht sagen, daß er den Herrn mehr liebte als die anderen, aber er sagte: „Herr, du weißt alles; du erkennst, daß ich dich liebhabe."

Eine kleine Perle ist ebenso eine Perle wie eine große, obwohl jeder von uns die größere vorziehen würde. Das Bild des Kaisers ist sowohl auf dem Pfennig wie auf einem Fünfmarkstück, obwohl wir die Silbermünze doch vorziehen würden. Das Bildnis Gottes ist im Glauben und der Liebe eines jeden Gotteskindes, ob groß oder klein. Die Hauptsache bei der Münze ist, daß sie echt ist, und so ist die Hauptsache, daß die Liebe wirkliche Liebe ist. Liebst du den Herrn von ganzem Herzen? Wenn es so ist, dann strebe danach, mehr Liebe zu haben, aber wirf nicht weg, was du hast, denn du würdest dadurch verachten, was der Geist Gottes in dir gewirkt hat.

Bestrebt euch auch, liebe Freunde, eine wachsende Liebe zu haben. Sei nicht damit zufrieden, heute zu sein wie du vor zwölf Monaten warst. Ich fürchte, daß einige Christen nicht wachsen. Ich freue mich, wenn sie wachsen, wenn sie in Demut gewurzelt sind, wenn sie eine tiefere Erkenntnis von sich selbst haben wie je zuvor und eine tiefere Überzeugung von ihrer Schuld Gott gegenüber. Das ist gutes Wachstum. Versuche eine Liebe zu haben, welche wächst, so daß du den Herrn Jesus Christus inniger lieben kannst als in den vergangenen Tagen. Sage dir: „Wenn ich auch nur eine kleine Liebe habe, so soll es doch eine praktische Liebe sein. Ich will sie zeigen. Ich will etwas für meinen Herrn tun." Die Frau, durch welche dieses Gleichnis veranlaßt wurde, liebte Christus so, daß sie ihre köstliche Salbe brachte und Seine Füße salbte, sie mit ihren Tränen wusch und mit den Haaren ihres Hauptes trocknete. Eine der besten Weisen, die Liebe wachsen zu lassen, ist, alle Liebe, die du hast, anzuwenden. Ist es nicht so bei den Geschäftsleuten mit ihrem Geld? Wenn sie ihr Kapital vergrößern wollen, handeln sie damit. Wenn du deine Liebe zu Jesus vergrößern willst, so wende sie an. Sprich nicht darüber, sondern diene Ihm wirklich. Es ist ein sehr armseliges Christentum, welches still sitzt und träumt und nie einen Versuch macht, für Jesus, unseren Herrn, tätig zu sein. Derjenige, welcher denkt, daß er sich bequem seines Glaubens erfreuen kann, wird bald feststellen, daß er sehr wenig hat, sich daran zu erfreuen, denn die Zweifel werden in diesem unbewegten Luftkreis in Schwärmen erscheinen. Wo nicht der gesegnete Wind der Tätigkeit ist, dort werden bald Nebel, Dünste und schädliche Gase sein.

Und wenn du gegenwärtig nur wenig Liebe hast, so bitte Gott, dir eine größere Liebe zu geben. Obwohl ich dir gesagt habe, daß deine Liebe anzuwenden eine gute Möglichkeit ist, sie zu vergrößern, so gibt es doch eine noch bessere Methode, und die ist, mehr von der Liebe Christi zu dir zu wissen und zu erfahren. Wenn du Übungen machst, wirst du warm werden, aber viel sicherer würde es sein, dorthin zu gehen, wo die Sonne mit Äquatorialhitze scheint. So sind viele Methoden gut, aber dem Herrn nahe zu kommen, ist die beste von allen. In dem Maße, wie nahe du bei der herrlichen „Zentralsonne" der Liebe Christi wohnst, wirst du warm werden. Ich möchte das Herz des Herrn mit einem Vulkan vergleichen, welcher andauernd brennende Lava der Liebe ausströmt.

Ihr seht an dem Text, daß es Unterschiede in dem Maß der Liebe gibt, und damit wollen wir es bewenden lassen, denn wir müssen zum dritten Punkt kommen.

Wer wird Ihn am meisten lieben?

Nach dem, was der Herr für uns getan hat, ist es interessant zu sehen, was dadurch geschieht. Man liebt es, an die Ernte zu denken. Was wird nach all dem Pflügen und Säen kommen? Nun, was wird von der unendlichen Liebe, von der größten Tat des Herzens Gottes gegen die Menschen kommen? Was wird aus der Gabe Seines eingeborenen Sohnes und aus der Wegnahme der Sünde durch Seinen Tod werden? Was werden die Menschen für Gott tun? Wie werden sie Ihn lieben? Es ist eine interessante Frage. Was hast du darauf zu antworten?

Es ist eine persönliche Frage, die der Herr jedem von uns vorlegt. Ihr wißt, Er legte sie Simon vor: „Sage, wer von ihnen wird ihn am meisten lieben?". Und Er legt sie uns vor, um darüber nachzudenken und unser eigenes Urteil zu fällen, weil vielleicht noch einige Fehler in unserem Herzen sind, welche diese Frage offenbaren kann. Lege sie darum nicht auf die Seite, sondern suche sie zu beantworten, wie der Herr sie stellt.

Es ist eine praktische Frage: „Welcher von ihnen wird ihn am meisten lieben?", denn im Leben hängt alles von der Liebe ab. Wo viel Liebe ist, da ist auch gewiß viel Dienst. Gebt uns eine Gemeinde, die Jesus Christus sehr liebt, so werden wir köstliche Gebetsstunden, Freigebigkeit für das Werk Christi, Anbetung Seines Namens, einen sorgfältigen Wandel vor der Welt und ein ernstes Bestreben, Sünder zu bekehren, haben. Äußere und innere Mission wird blühen, wenn die Liebe eifrig ist. Wenn das Herz richtig ist, wird alles andere auch richtig sein, aber wenn das Herz verkehrt ist, dann sieht es böse aus. Eine Herzkrankheit wird als das Schlimmste angesehen, was einen Menschen treffen kann. Gott möge uns vor einem kranken Herzen bewahren; vor der „Verfettung" oder der „Verknöcherung" des Herzens gegen den Herrn Jesus!

Die Frage in unserem Text ist jedoch eine zugespitzte, weil nicht gefragt wird, wer in der ganzen Welt Christus am meisten lieben wird, sondern wer von zwei Personen, die im Charakter nicht besonders verschieden waren, sondern nur dadurch verschieden, daß der eine fünfzig und der andere fünfhundert Pfund schuldig war. Wir wollen annehmen, daß sie beide gleich zartfühlend und gleich erneuert sind, und daß jeder von ihnen weiß, daß seine Schuld getilgt worden ist. Der einzige Unterschied zwischen ihnen ist, daß der eine ein größerer Sünder gewesen ist als der andere, und die Frage lautet: „Welcher von diesen beiden wird ihn am meisten lieben?"

Es ist übrigens eine sehr einfache Frage und durchaus nicht schwer zu beantworten, denn selbst Simon, der Pharisäer, der wie alle Pharisäer sehr schlecht hierin unterrichtet war, konnte sie richtig beantworten. Er sagte: „Ich meine, dem er das meiste geschenkt hat." Und der Herr sprach zu ihm: „Du hast recht geurteilt." Nun habe ich euch die Frage vorgelegt.

Eine Antwort wird erwartet

Ich wünsche mir und euch, daß ein jeder sagen möge: „Ich bin derjenige, der den Herrn Jesus am meisten lieben sollte, und durch Seine Gnade will ich es tun."

Die am meisten verpflichtet sind, sollten am meisten lieben. Haben wir hier nicht viele Fünfhundert-Pfund-Schuldner? Einige von meinen anwesenden Brüdern gehörten zu den größten Sündern. Sie sind Trinker, Spieler, Lügner und Flucher gewesen. Gott sei Dank, daß solche hier zu Jesu geführt worden sind. Wir hörten kürzlich, wie uns ein Bruder erzählte, was er gewesen sei. Mit Scham und Bescheidenheit erzählte er uns, wie groß seine Sünden gewesen waren; aber seine Sünden wurden weggenommen, er hatte Vergebung und er wußte es und freute sich darüber. Solch einer muß sagen: „Ich will Ihn am meisten lieben." Wo die Sünde offenbar, handgreiflich und nicht zu leugnen gewesen ist, wo der äußere Charakter damit befleckt worden ist, schließt das Bewußtsein der Vergebung eine tiefe Liebe ein. Du darfst in der ersten Reihe stehen und Jesum am meisten lieben.

Aber ich will euch nicht zu dieser Höhe der Verpflichtung erheben oder vielmehr zur tiefen Schuld sinken lassen, ohne für mich selbst darum zu kämpfen. Einige von uns beanspruchen den Platz der hohen Verpflichtung aus einem anderen Grunde. Während einige von uns nie offenbare Gottlose oder Trunkenbolde gewesen sind oder unmoralisch gelebt haben, so haben wir doch eine gleiche Sünde gegen Licht und Erkenntnis zu bekennen, gegen frühere Überzeugungen, gegen eine geheiligte Erziehung, gegen ein zartes Gewissen, gegen besondere Begünstigungen Gottes, und darum nehmen wir mit Scham den niedrigsten Platz, indem wir die größte Verpflichtung zum dankbaren Preise Gottes anerkennen. Einmal sagte ich in einer Predigt, daß ich der größte Schuldner der göttlichen Gnade sei von allen, die in die Herrlichkeit eingehen, und darum auch am lautesten singen würde. Es war in einem Dorf, und als ich von der Kanzel herunter kam, reichten mir viele die Hand und eine alte Dame sagte: „Sie haben einen großen Fehler in Ihrer Predigt gemacht." Ich sagte: „Meine liebe Schwester, ich habe wohl mehr als ein Dutzend gemacht, denn ich bin ein unbesonnener Mensch." „Nein", sagte sie, „aber Sie sagten, daß Sie im Himmel am lautesten singen würden, aber das wird nicht geschehen, denn ich schulde der göttlichen Gnade mehr als Sie. Ich war eine große Sünderin und mir ist viel vergeben worden, und darum werde ich Gott noch mehr preisen als Sie." Ich gab es nicht zu, aber ich schwieg still. Ich konnte ihr den ersten Platz lassen und denselben auch für mich beanspruchen.

Ich glaube, es gibt Gründe für einige hier, obwohl sie vor äußeren Sünden bewahrt wurden, die ihnen das Gefühl geben, daß sie innerlich Fünfhundert-Pfund-Schuldner sind, so daß sie auf die Frage, wer Ihn am meisten lieben wird, sagen: „Nun, ich. Ich war nicht so unehrlich, wie einige der bösen Jungen. Ich durfte nicht alles sagen, was sie sagten, noch war ich äußerlich so lasterhaft wie sie, aber ich war im Herzen ebenso schlecht, und wenn ich hätte tun können, was ich wollte, so wäre ich niederträchtiger gewesen als sie."

Doch ich glaube nicht, daß der Sinn des Gleichnisses durch diese Fälle erschöpft ist, denn ich denke, daß es mehr in sich schließt. Es gibt einige, denen offensichtlich nicht mehr vergeben worden ist als anderen, was die äußere Sünde betrifft, im Gegenteil, sie sind von Kindheit an anständig erzogen worden, sie stehen schon jahrelang eifrig im Dienst und haben den Herrn geliebt. Obwohl keineswegs große Sünder vor ihrer Bekehrung, sind sie jetzt wirklich große Heilige, kräftig in ihrem Dienst, fest in ihrem Charakter, warm in ihrer Liebe. Woher kommt es, daß einige, welche rühmen, daß sie wie ein Brand aus dem Feuer gerissen worden sind und nach ihren eigenen Worten die größten Sünder sind und viel Aufhebens aus ihrer Bekehrung machen, den Herrn Jesus nicht halb so viel lieben wie diese lieben, stillen Seelen, die nie in offenbaren Sünden gelebt haben?

Ich denke, die Ursache ist folgende. Die Art, wie wir unsere Sünde beurteilen, bestimmt das Maß unserer Liebe. Wenn jemand die Sünde als überaus sündig erkennt und empfindet, so hat er einen tieferen Eindruck seiner Verpflichtung als derjenige, der wohl gröbere Laster begangen hat, die Sünde aber nie in ihrer wahren Gestalt sah, wie sie im Licht des Angesichtes Gottes erscheint. Zu viele Gläubige wissen wenig davon was es bedeutet, bestürzt und zerknirscht zu sein über die Abscheulichkeit ihrer Übertretungen. Es gab eine Zeit und sie besteht jetzt noch, wo es mir mehr Schmerzen verursachte, wenn ich aus Versehen ein Wort, welches nicht ganz der Wahrheit gemäß war, gesprochen hatte, als es manchen Leuten Schmerzen bereitet, ihr Fluchen und Schwören zu bereuen.

Es tut mir leid, dieses sagen zu müssen, aber ich glaube es gibt manche, die einen Ruhm aus ihrer Schande machen und es wagen, mit dem, was sie gewesen sind, zu prahlen. Sie stehen auf und legen ein Bekenntnis ab ohne Tränen und ohne Erröten. Ein solches Zeugnis sollte nie gehört werden, denn es erzeugt Böses in den Gedanken derjenigen, die es hören. Es werden Zeugnisse abgelegt, die zur Sünde anreizen und mehr dazu beitragen, die Menschen unmoralisch zu machen, als sie zu Gott zu bringen. In gewissen Kreisen wird derjenige als ein Held behandelt, der beweisen kann, daß er ein Schurke war. So wurde der verlorene Sohn nicht von seinem Vater aufgenommen. Er hing seine alten Lumpen nie als ein Siegeszeichen auf. O Brüder, wenn wir von dem sprechen, was wir gewesen sind, sollten wir unser Angesicht bedecken. Unsere früheren Torheiten sind Sachen, die Gott im stillen bekannt werden sollten, und wenn wir öffentlich zum Preise Gottes darüber zu sprechen haben, so darf kein Stolz daraus hervorblicken, denn es ist eine Schande, von dem zu sprechen, was wir heimlich getan haben. Wo eine wahre, tiefe Erkenntnis der Sünde ist, da ist auch eine heilige, zarte Weise, darüber zu sprechen. Von alten Sünden soll nicht gesprochen werden wie ein alter Soldat seine Krücken schultert und zeigt, wie Feinde überwunden werden. Die Schamröte ist die beste Farbe, wenn wir von unserem verlorenen Zustand sprechen. Lächelnd von Ungerechtigkeiten gegen die Stimme unseres eigenen Gewissens zu sprechen, dient nicht zur Ehre Gottes, sondern dazu, das Laster auf den Thron zu setzen.

Meine lieben Freunde, ich glaube daß einige, die Gott in Seiner Gnade vor großen Sünden bewahrt hat, Ihn am meisten lieben, weil sie klarer als andere erkennen, was es gekostet hat, die Vergebung möglich zu machen. Glücklich sind diejenigen, welche sich an den Seelenkampf unseres Herrn in Gethsemane erinnern. Wenn dein Herz auf Golgatha weilt, wo Christi kostbares Blut floß, wenn du eifrig auf die Wunden Jesu blickst, dann liebst du am meisten. Es ist gut, wenn deine Seele sich ängstigte, weil es Ihn viel gekostet hat, unsere Seele zu erlösen, denn in dem Maße wie du das Opfer schätzest, wirst du Ihn lieben, der sich selbst als Opfer für die Sünden hingab. Brüder, ich hoffe, daß ihr alle Jesus Christus mehr liebt als ich, denn ich wünsche Ihm die höchste Liebe eines jeden menschlichen Herzens, und doch will auch ich freiwillig von niemand von euch übertroffen werden in der Liebe zu meinem Herrn. Ich will das Beste tun, daß niemand meine Krone raube.

Aber angenommen, liebe Freunde, irgend jemand von euch liebt Ihn am meisten, dann zeigt es, wie jene Frau es tat, die ihre köstliche Salbe brachte. Tue alles, was dir möglich ist, zum Besten der Menschheit, gestärkt durch den Geist Gottes. Hast du viel getan, so tue zehnmal mehr. Sprich nicht von dem, was du getan hast, sondern tue mehr. Ein Offizier schrieb an seinen General: „Wir haben dem Feinde zwei Kanonen genommen." „Es ist gut", sagte der General, „nehmt noch zwei mehr."

Hast du am meisten Liebe zu Jesus, so tue am meisten für das geistliche Wohl der Menschen. Tue etwas Besonderes für Jesus. Es ist ein gutes Zeichen, wenn unser Werk unter den Menschen nicht so sehr um des Sünders willen als aus Liebe zu dem Herrn getan wird. Wenn wir die Brüder lieben, so sollte es sein, weil sie Jesus gehören. Es ist wohltuend, dem Herrn Jesus selbst zu dienen. Sieh, wie die dankbare Frau dem Herrn ihre Huldigung darbringt: Tränen, Seine staubigen Füße zu waschen; Haare, Seine Füße zu trocknen; Salbe, Seinen Körper zu salben. Tue das Vorzüglichste und arbeite für Jesus, für Jesus persönlich.

Versuche, es recht demütig zu tun. Stelle dich hinter Ihn. Rufe niemand herbei, dich zu sehen. Tue es sehr ruhig. Tue es mit dem Gefühl, daß es eine große Ehre ist, Ihm den geringsten Dienst zu leisten. Laß dir nie einfallen zu sagen: „Ich bin etwas. Ich tue etwas Großes. Ich tue mehr als Simon, der Pharisäer. Komm mit mir und sieh meinen Eifer für den Herrn." Jehu sprach in dieser Weise, aber er taugte nichts. Verrichte deinen persönlichen Teil ohne den Wunsch, von Menschen gesehen zu werden.

Diene mit Selbstverleugnung. Bringe deine beste Salbe. Schränke dich um Jesu willen ein. Bringe ein Opfer. Entbehre dies und jenes, damit du etwas hast, womit du Jesus ehren kannst.

Tue es sehr bußfertig. Wenn du Ihm auch am besten dienst, so laß deine Tränen mit der köstlichen Salbe vermischt auf Seine Füße fallen. Die Tränen und die Salbe passen gut zusammen. Trauere über deine Schuld, während du dich Seiner Gnade erfreust. „Nachdem ich hereingekommen bin", sagt Jesus, „hat diese Frau nicht abgelassen, meine Füße zu küssen." Höre nie auf, Ihn zu lieben und Ihm zu dienen. Halte damit an auch wenn das Fleisch sich nach Ruhe von dem Dienst sehnt.

Tue es mit Hingabe. Sieh', wie sie Seine Füße küßt. Nichts geringeres als dieses kann ihre Liebe ausdrücken. Wirf deine ganze Seele in deine Liebestat. Kümmere dich nicht darum, was die kalten Herzen denken, denn sie können dich nicht verstehen. Man wird sagen: „Diese junge Person ist bei weitem zu eifrig." Kümmere dich nicht darum, sei noch schneller. Die weisen Leute werden sagen: „Er hat zu viele Eisen im Feuer." Aber ich sage dir: Fache das Feuer an, daß alles Eisen rot wird und dann hämmere mit aller Macht darauf los. Mit ganzer Kraft und Energie gib dich in den Dienst des Herrn. Wenn du deinen Herrn liebst, kannst du die Liebe am besten durch eifrigen Dienst zeigen. Gott segne euch mit einer tiefen Liebe um Jeus Christi willen. Amen.

DIE AUFFORDERUNG DES LETZTEN BOTEN

„Da er nun noch einen geliebten Sohn hatte, sandte er auch ihn, den letzten, zu ihnen, indem er sprach: Sie werden sich vor meinem Sohne scheuen. Jene Weingärtner aber sprachen zueinander: Dieser ist der Erbe; kommt, laßt uns ihn töten, und das Erbe wird unser sein. Und sie nahmen ihn und töteten ihn und warfen ihn zum Weinberg hinaus. Was wird nun der Herr des Weinbergs tun? Er wird kommen und die Weingärtner umbringen und den Weinberg anderen geben."
(Mk. 12, 6–9)

Brüder, ihr kennt die Geschichte und wißt, wie Gott Israel und wie Israel Gott behandelt hat. Der Herr erwählte ihre Väter, Abraham, Isaak und Jakob, Er machte sie zu Seinem Volk. Er führte sie aus Ägypten, aus dem eisernen Ofen und leitete sie durch das Rote Meer. Er speiste sie vierzig Jahre in der Wüste und belehrte sie, wie ein Vater seine Kinder belehrt.
Zur bestimmten Zeit brachte Er sie in das Land, wo Milch und Honig fließt und sie sich eines ungestörten Wohlstandes erfreuen und ein jeder unter seinem Weinstock und unter seinem Feigenbaum sitzen durfte. Alles, was Er von ihnen forderte, war, daß Er ihr Gott sei und sie keine Götzen anbeten, sondern Seine Gebote halten sollten.

Ach, von Anfang an machten sie es den Völkern, unter denen sie wohnten, nach. Sie beteten die Götter Ägyptens an, als sie in der Wüste waren und in Kanaan verehrten sie die niedrigen Götter der Heiden.

In Seiner Langmut sandte Er ihnen einen Propheten nach dem anderen, welche von ihnen verächtlich behandelt wurden, weil sie ihre Sünde tadelten. Sie warnten das Volk und hörten nicht auf, sie zur Buße zu rufen, ob sie hören wollten oder nicht. Ein grausames Los traf viele der Diener des Herrn. Sie wurden gesteinigt, zerhackt, zerstochen und durchs Schwert getötet.

Israel verwarf die Diener, welche von dem Herrn geschickt wurden um die Früchte des Weinberges zu holen. Sie widerstrebten den Forderungen Gottes und wollten von der Abhängigkeit von Ihm nichts wissen, bis das Volk endlich in die Gefangenschaft geriet und zuletzt auf dem erwählten Boden nur noch als Überrest weilte. Juda weinte gebeugt auf den Trümmern, während sie früher wie eine Braut in ihrem Geschmeide auf dem Throne saß. Die Feinde regierten in der Burg Davids, denn die Tage des Herodes, des idumäischen Tyrannen, waren gekommen. Das römische Joch lag schwer auf dem Volk, ihre Sünde hatte sie erniedrigt.

Gott in Seinem unendlichen Mitleid gab ihnen aber noch eine Gelegenheit. Er hatte einen Sohn, einen vielgeliebten Sohn, und diesen sandte Er zu den Israeliten. „Wenn auch du erkannt hättest, und selbst an diesem deinen Tag, was zu deinem Frieden dient“, sagte Er. Er weinte über die Stadt, die nicht errettet werden wollte. Doch diejenigen, welche die Propheten verworfen hatten, verwarfen auch den Sohn. Das Schicksal der Diener wurde bei dem Erben wiederholt. „Laßt uns ihn töten“, sagten sie, und dann brachten sie Ihn zum Tode am Kreuz. Ihr kennt die Geschichte. Sie ist voller Gnade von seiten Gottes und voll unermeßlicher Schuld von seiten der Menschen. Die Sünde erreichte ihren Höhepunkt, als der Ruf gehört wurde: „Kreuzige Ihn! Kreuzige Ihn!“ Ja, sie kreuzigten den Herrn der Herrlichkeit.

Was hat das mit uns zu tun? Nun, ich möchte dem großen Herrn die Früchte des Weinberges, welchen Er selbst gepflanzt hat, bringen, und ich wünsche, daß viele Herzen weich werden bei der Erinnerung an die bösen Beleidigungen gegen Seine Diener und Seinen Sohn. Möge der Geist Gottes während dieser Zeit in euch wirken, wenn ich versuche, diese Schriftstelle auf uns anzuwenden.

Es ist eine Tatsache, daß wir alle, wenn wir nicht durch die göttliche Gnade erneuert worden sind, dem großen Gott den Dienst, den wir ihm schuldig sind, verweigert haben. Er hat uns das Leben gegeben um es wie einen Weinberg für Ihn zu bebauen. Aber viele haben diesen Weinberg für sich selbst bebaut, und nicht für Gott, ihren Schöpfer. Sie haben nicht an Gott gedacht.

Gott hat zu solchen viele Seiner Boten gesandt. Wir haben in diesen Tagen keine Propheten unter uns, aber wir haben das Wort Gottes und den Bericht von den Zeugnissen Seiner inspirierten Boten, und diese reden auch jetzt deutlich zu uns. Außerdem sind wir von Männern Gottes umgeben gewesen, die im Auftrag Gottes zu uns gesprochen haben. Sie sind getrieben worden durch die Liebe ihres Herzens und sie haben versucht, uns dahin zu bringen, daß wir unsere Empörung bereuen und uns Gott ergeben. Viele Stimmen um uns und in uns versuchten uns zu überreden, dem großen Herrn zu geben, was wir Ihm schuldig sind. Aber in vielen Fällen ist alle Arbeit erfolglos gewesen. Zuletzt hat Gott einem jeden von uns Seinen Sohn gesandt, damit Er mit größerem Nachdruck die Forderungen des Herrn freundlich wiederhole. Die fleischgewordene Weisheit ruft uns jetzt zu: „Gib mir, mein Sohn, dein Herz." Er zeigt uns den Weg der Versöhnung und befiehlt uns, an Ihn zu glauben und dadurch zu leben. Schon das Kommen des Sohnes Gottes in menschlicher Gestalt als Immanuel, Gott mit uns, ist die große Aufforderung zur Versöhnung. Wer kann einem so mächtigen Beweis widerstehen? In der Person Jesu Christi richtet Gott Seinen letzten und stärksten Appell an das Gewissen. Durch den Christus Gottes sagt Er heute morgen: „Kehret um, kehret um von euren bösen Wegen! denn warum wollt ihr sterben, Haus Israel?“

Die erstaunliche Sendung

Zuerst wollen wir uns mit der erstaunlichen Sendung beschäftigen. „Da er nun noch einen geliebten Sohn hatte, sandte er auch ihn, den letzten, zu ihnen.“ Erinnert euch zuerst daran, daß der Sohn Gottes kam, nachdem das Volk die Liebe Gottes oftmals verworfen hat.

Ich denke, es ist niemand unter uns, den Gott nicht ernst ermahnt hätte. Er fing bei einigen von uns früh an und rief uns, wie Samuel, als wir noch Kinder waren. Er wiederholte diesen Ruf in den Tagen unserer Jugend. Es war einigen von uns nicht leicht zu sündigen. Wir gingen nie irre, ohne vorher gewarnt zu werden. Wir sind zu Gott gerufen worden durch ernste Ermahnungen von treuen Männern und liebenden Frauen. Ansprachen wurden an uns gerichtet, die Herzen von Stein hätten bewegen können. Aber doch, obwohl für einen Augenblick bewegt, blieben wir hartnäckige Feinde Gottes, verstrickt in die Dinge dieser Welt und sorglos für die zukünftige Welt. Wenn Gott nach diesen Verweigerungen den Brunnen Seiner Barmherzigkeit geschlossen und die Gefäße des Zorns geöffnet und über uns ausgegossen hätte, wer könnte Ihn tadeln? Statt dessen spricht Er noch in Seiner Langmut zu uns durch Seinen Sohn. Jesus Christus, durch welchen Er die Welt gemacht hat, kommt herab, um der Gnadenbote zu sein. Er erinnert uns sanft an unsere Beleidigungen Gott gegenüber, an unseren Eigensinn und an das schreckliche Gericht, welchem wir durch unseren Widerstand gegen den großen Gott entgegen gehen. Schon das Dasein unseres Erlösers gibt uns eine Erinnerung an unsere Sünde, an unser Verderben und an den einzigen Weg der Rettung.

Wenn es so ist, daß wir die Forderungen Gottes verworfen haben, genügt dann die vergangene Zeit nicht, um unseren frevelhaften Sinn zu beweisen? Haben wir nicht genug mit dem Heil unserer Seele gescherzt? O Herr, wie lange werden die Menschen wie Toren handeln und ihre unsterblichen Seelen aufs Spiel setzen? Werden sie sich zuletzt der Weisheit ergeben? Jesus selbst fordert uns auf durch die Predigt des Evangeliums. Sind wir entschlossen, auf unseren bösen Wegen weiterzugehen? Drängt uns nicht eine stille, sanfte Stimme, uns aufzumachen und zu unserem Vater zu gehen? Sollten wir uns nicht nach vielen Weigerungen endlich dem Zug der Gnade ergeben?

Bedenke daß Jesus, wenn Er heute als der Bote des Vaters zu uns kommt, nicht nur in eigener Sache kommt. Die Boten wurden von Gott gesandt, um die Frucht des Weinbergs zu holen, und das Senden des Erben hatte denselben Zweck.

Wenn Jesus mit uns redet und in uns dringt, unsere Liebe und unseren Gehorsam Gott zu übergeben, so hat Gott dieses nicht nötig, während der Herr des Weinbergs die Früchte nötig hatte. Was nützt es dem großen Gott, ob du Ihm dienst oder nicht? Wird Er weniger herrlich sein, wenn du dich gegen Ihn empörst? Wird Seine Krone weniger strahlen und Sein Himmel weniger glänzend sein, wenn du gegen Ihn rebellierst? Wenn sich eine Mücke in die Flamme stürzt, so weißt du, was das Ende davon ist. Um deiner selbst willen wünsche, daß du dich Ihm ergibst, wie kann es Seinetwegen sein? Wenn Er hungrig wäre, würde Er es dir nicht sagen, denn „alle Tiere im Walde sind sein, und das Vieh auf tausend Bergen.“ Er könnte ganze Welten mit einem Wort Seines Mundes zu Staub zermalmen. Denkst du, daß Er irgend etwas durch dich gewinnen kann? Du selbst wirst den Gewinn oder den Verlust haben. Wenn Jesus dich bittet, deinen Zustand zu bereuen, so glaube, daß es nicht in Seinem

Interesse ist. Glaube, daß es nichts anderes ist, als die zarte Rücksicht auf dein Wohlergehen. Höre, was der Herr spricht: „Meinst du, daß ich Gefallen habe am Tode des Gottlosen, spricht der Herr, und nicht vielmehr, daß er sich bekehre von seinem Wege und lebe?" Ein Botschafter, der aus Liebe zu uns kommt, sollte unsere vollste Aufmerksamkeit haben.

Laßt uns einen Augenblick betrachten, wer dieser Botschafter ist. Er ist der Vielgeliebte Seines Vaters. Der Herr Jesus ist so unbegreiflich herrlich, daß ich bei jedem Versuch, Seine Herrlichkeit zu beschreiben, zittere. Gewiß ist Er wahrer Gott vom wahren Gott, gleich ewig mit dem Vater, und doch ließ Er sich herab, menschliche Gestalt anzunehmen. Er wurde als Kind geboren und nahm als Zimmermann teil an unserer Arbeit. Als Er den Hobel und die Säge hinlegte, begann Er eine noch schwerere Arbeit als Lehrer des Volkes. Er war der demütige und leidende Lehrer des heiligen Willens des Vaters. Er nahm die Gestalt eines Dieners an, obwohl die Fülle der Gottheit leibhaftig in Ihm wohnte. Er ist der König der Könige, und doch umgürtete Er sich und wusch den Jüngern die Füße. So majestätisch und so mitleidig; so groß und doch so gütig ist Er. Willst du Ihn abweisen?

Wenn ich mit euch rede, so bin ich nur, was ihr seid, Fleisch von eurem Fleisch; aber wenn Jesus zu euch spricht, so bitte ich euch: weist Ihn nicht zurück! Er ist Gottes Vielgeliebter, und wenn ihr weise seid, wird Er der eure werden. Kehrt Dem nicht den Rücken, den alle Engel verehren. Hüte dich, daß du nicht jemand verwirfst, den Gott so sehr liebt, denn Er wird das als eine Beleidigung gegen sich selbst ansehen. Wer den Gesalbten Gottes verachtet, hat Gott selbst gelästert. Du tastest Gottes Augapfel an, wenn du Seinen Sohn gering schätzt. Ich bitte dich um der Liebe willen, die Gott zu Seinem Sohn hat, höre auf diesen unvergleichlichen Botschafter, der dich zur Buße bringen möchte.

Ich habe schon gesagt, daß Er so herrlich ist, daß ich ihn nicht beschreiben kann. Es hat nie jemanden gegeben wie Ihn. Niemand von uns liebt die Menschen wie Jesus sie liebt, und wenn die Liebe aller Herzen in der ganzen Welt zusammen käme, so würde es nur ein Tropfen vom Meer des Mitleids Jesu sein. Schon immer ist Seine Lust bei den Menschenkindern gewesen, und obwohl Er glücklich genug unter den Engeln hätte sein können, hat Er doch deren Gesellschaft verlassen. Ja, Er nahm Fleisch und Blut an aus Liebe zu den Erwählten, die Er Seine Braut nennt. Er verbarg Sein Angesicht nicht vor Schmach und Speichel, und Seinen Rükken nicht vor den blutigen Schlägen, denn Er liebte die Gemeinde und gab sich selbst für sie. Jesus ist unser Seelenfreund, Gottes Vertreter, Er fordert uns auf, mit unserer Empörung aufzuhören. Verwirf Ihn nicht! Wenn Er streng und lieblos wäre, so könnte ich mir denken, daß die Hartnäkkigkeit eurer Natur herausgefordert würde, aber Seine Liebe, welche die Liebe eines Menschen übertrifft, verdient eine andere Behandlung. Wenn ihr Ihn verwerft, antwortet Er mit Tränen. Wenn ihr Ihn verwundet, heilt Er euch. Wenn ihr Ihn tötet, stirbt Er versöhnend. Jesus ist die geoffenbarte Gottesliebe.

Weiter ist Seine Lebensweise sehr gewinnend. Wenn ich mit Gott vergeblich für die Menschen gerungen habe, so habe ich gefürchtet, daß etwas in meiner Stimme oder in meinem Charakter ist, was mein Gebet erfolglos macht. Ich bin vielleicht nicht so empfindsam wie ich sein sollte, oder es liegt nicht genügend Nachdruck in meiner Stimme. Gott hat mich oft in die Leidensschule gebracht, um dieses zu lernen, und doch bekenne ich meine Mängel mit tiefem Bedauern. Aber wenn Jesus, mein Herr, mit euch redet, kann Ihm solches nie zur Last gelegt werden. Sein Reden ist vollkommen. Wenn Jonas predigt, so ist sein Ton streng und abstoßend, aber das kann nie von Jesus gesagt werden. Wenn Jeremias weint, so ist ein Grundton von bitteren Klagen in seiner Liebe, aber es ist nicht so mit dem Herrn. „Nie hat ein Mensch geredet wie dieser Mensch." Wenn Seine Worte donnern, dann ist selbst in diesem Donner die Stimme der Liebe zu hören. Wenn Er die Blitze des Gerichtes gegen die Schriftgelehrten und Pharisäer zuckt, so folgen doch jeder Feuerflamme sanfte Tropfen der Barmherzigkeit. Seine Ausdrücke des Schreckens entspringen Seiner Liebe – Jesus ist die fleischgewordene Gottesliebe unter den Menschen. Darum, meine lieben Zuhörer, wenn ihr irgend etwas an mir seht, was ihr nicht gutheißt, so tadelt mich, wenn ihr wollt, aber seid desto aufmerksamer auf meinen Herrn. Gott hat euch Seinen einzigen, geliebten Sohn gesandt; ich bitte euch dringend: verwerft Ihn nicht!

Und wiederum, wenn Gott Seinen Sohn sendet, um mit den Menschen zu reden, so denkt daran, daß Er uns nicht zu etwas auffordert, welches zu unserem Schaden und Nachteil ist. Gehorsam gegen Ihn ist Glückseligkeit für uns. Er treibt uns nicht, ein elendes Leben zu führen oder einen Lauf zu beginnen, der mit unserem Verderben endet. Die Wege, auf welchen Er uns leiten will, sind Pfade des Friedens. Diejenigen, welche bereuen und sich durch Jesum Christum zu Gott wenden, finden solchen Frieden, solches Glück, daß die Erde ihnen zum Vorgeschmack des Himmels wird. Die Freudenglocken werden im Hause des Vaters geläutet, wenn eine Seele heimkehrt. Euch aufzufordern, Gott zu suchen, heißt euch auffordern, euer Bestes zu suchen. Die Waffen der Empörung niederzulegen und mit dem Höchsten versöhnt zu werden, heißt den weisesten, sichersten und besten Weg zu wählen, den ihr gehen könnt. Darum hört auf Ihn. Gott, der Herr, ruft euch aus dem Himmel zu: „Dieser ist mein geliebter Sohn, ihn höret." Hört auf Ihn, weil jedes Wort, welches Er spricht, eure Errettung beabsichtigt.

Denkt besonders daran, daß ihr, wenn ihr den geliebten Sohn Gottes nicht hört, eure letzte Hoffnung verworfen habt.

Nichts bleibt, wenn Jesus verworfen wird. Kein anderer kann gesandt werden; selbst der Himmel hat keinen anderen Botschafter mehr. Ich möchte, daß jeder unbekehrte Anwesende bedenkt, daß es kein anderes Evangelium gibt und kein anderes Opfer für die Sünde. Es ist von einer „größeren Hoffnung" gesprochen worden, als das Evangelium uns anbietet. Das ist ein Märchen und hat keinen Grund in der Schrift. Wenn ihr Jesum verwerft habt ihr alles verworfen: ihr habt euch selbst die einzige Hoffnungstür verschlossen. Der Herr Jesus, der es besser weiß als alle anderen, erklärt, daß, wer nicht glaubt, verdammt werden wird. Für diejenigen, welche nicht an Jesus glauben, bleibt nichts als die Verdammnis. „Es ist in keinem anderen das Heil, denn auch kein anderer Name ist unter dem Himmel, der unter den Menschen gegeben ist, in welchem wir errettet werden müssen." Was kann Gott mehr tun? Himmel und Erde, ich rufe euch zu Zeugen, was kann Gott mehr tun? Wenn Er Seinen Sohn dem Tode hingibt, und dieses große Opfer verworfen wird, was bleibt übrig? Die unendliche Weisheit hat ihr Bestes getan, und ein schreckliches Gericht ist alles, was die Verächter erwarten können.

Das entsetzliche Verbrechen

Es war ein entsetzliches Verbrechen, daß die Weingärtner zueinander sagten: „Dieser ist der Erbe; kommt laßt uns ihn töten, und das Erbe wird unser sein."

„Nein", sagt jemand, „wir haben den Sohn Gottes nicht getötet." Ich will nicht sagen, daß ihr es buchstäblich getan habt. Aber ein Mensch kann im Geiste tun, was er tatsächlich nicht tun kann. Wenn ein Mord begangen wurde und ich heiße ihn gut; wenn ich mich gleichgültig darüber äußere und keinen Unwillen über dieses Verbrechen fühle, dann ist Grund vorhanden zu glauben, daß ich dasselbe getan haben würde. Der Vers, welchen wir oft singen, enthält eine berechtigte Anklage:

„Ich, ich und meine Sünden,
die sich wie Körnlein finden
des Sandes an dem Meer,
die haben Dir erreget
das Elend, das Dich schläget,
das große, starke Marterheer."

Wer beharrlich die Gottheit Christi leugnet, versucht Ihn zu töten, denn der Sohn Gottes lebt nicht, wenn Seine Gottheit nicht da ist. Es gehört zu Christus, dem Erben aller Dinge, daß Er Gott ist, und Seine Gottheit leugnen, heißt das Messer gegen Ihn zücken.

Alle diejenigen, die Sein Versöhnungsopfer leugnen, suchen Ihn zu töten, denn das Opferblut ist das Leben des Gesalbten Gottes. Kein Kreuz – kein Christus; kein Sühnopfer – kein Kreuz. Leugne die große Sühnung für die Sünden, und soweit es dein Heil betrifft, hast du Christus vernichtet.

„Nun, das haben wir nicht getan", sagen einige von euch. „Wir sind keine Gegner der Gottheit oder des Opfers Jesu gewesen." Aber laßt euch daran erinnern, daß, wenn ihr Seinen Forderungen gleichgültig gegenübersteht und auf Sein Evangelium nicht hören wollt, ihr Ihn wirklich an die Seite getan habt. Es ist euch dasselbe, als sei gar kein Christus da. Ihr habt durch eure Handlungsweise gesagt: „Es ist uns gleich, ob Jesus gelitten hat oder nicht." Ihr habt Christum für nichts geachtet im Vergleich mit den Dingen des täglichen Lebens, und so habt ihr Ihn wirklich getötet. Ihr habt Ihm das Dasein geraubt, soweit es euch betrifft. In der kleinen Welt eures Geistes ist kein lebendiger Heiland. Er ist für euch tot und begraben, und an die Forderungen Gottes denkt ihr nicht. Ihr habt euch die ganze Woche mit den gewöhnlichen Vergnügungen oder leeren Gedanken der Welt beschäftigt, aber es ist euch nie eingefallen, an Den zu denken, dessen Ankunft in der Welt ein so großes Wunder ist. Es wäre wahrlich nicht zu viel, über diese Tatsache das ganze Leben andächtig nachzudenken. Er aber, der alle deine Gedanken verdient, erhält keinen einzigen. Ihr habt nichts mit Christus, Seinem Kreuz, Seinem Volk und Seiner Sache zu tun, und deshalb – ich sage es nicht mit Härte, sondern mit Traurigkeit – seid ihr Christusmörder und Seines Blutes schuldig. Ich beschuldige euch der Verwerfung des Heilandes!

Ich muß einigen von euch noch näher kommen, die sicher am schuldigsten sind. Ihr wart einmal Glieder der Gemeinde; ihr nahmt teil am Mahle des Herrn, ihr habt euch mit uns versammelt, um des Herrn Tod zu verkündigen. Ihr pflegtet Seinen Namen zu rühmen, aber ihr seid abgefallen und habt den Glauben verleugnet; ihr habt aufgehört, Nachfolger des Lammes zu sein. Ihr gehört zweifellos zu denen, die den Erben aus dem Weinberg geworfen und getötet haben, indem ihr mit Überlegung Seiner heiligen Sache den Rücken kehrt. Der Herr sei euch gnädig!

Ihr, die ihr von Christus gehört habt und glaubt, daß Er Gott ist, euch aber bis jetzt unter Seine Herrschaft nicht gebeugt habt, o Freunde, was habt ihr getan? Ihr habt die Welt dem Christus vorgezogen; ihr habt Barabbas erwählt und Christus verworfen. Ihr seid den Forderungen Jesu nicht nachgekommen und habt Ihn warten lassen. Weshalb hat euer Herr warten müssen? Wegen einer Hure? Wegen einer Bestechung mit Gold? Wegen eures leichtfertigen Vergnügens? Ist etwas da, was ein größeres Recht auf eure Gedanken und euer Leben hat als die große Errettung, welche Jesus Christus gewirkt hat? Wenn ihr den Herrn Jesus von dem ersten Platz verdrängt habt, wird Er keinen anderen einnehmen, und daher habt ihr Ihn in Wirklichkeit verworfen und seid Seines Blutes schuldig. Ihr werdet entweder von Ihm gerechtfertigt oder verdammt. Ihr müßt entweder an Ihn glauben oder Ihn verwerfen. Ein drittes kann nicht stattfinden. Ihm nun nicht glauben wollen, heißt Ihn verachten, und Ihn verachten, heißt in Wirklichkeit so viel, als den Herrn der

der Wahrheit töten. Sein Blut muß durch den Glauben auf euch kommen zur Reinigung, oder es kommt über euch zur Verdammnis, wie über die Juden der alten Zeit.

Was war der Grund, weshalb diese Weingärtner den Erben so zu behandeln wagten? Sie verwarfen Ihn, weil sie sich einer langen Zeit der Straflosigkeit erfreut hatten. Sie wurden nicht sofort für ihre Herausforderung bestraft. Sie hatten Seine Boten verworfen, sie hatten andere von Seinen Dienern gesteinigt und erschlagen, und der Herr des Weinbergs war nicht gekommen, sie zu unterwerfen. Das erste Mal, als sie die Boten verspottet hatten, waren sie etwas bange und fürchteten, daß bald das Schwert des Fürsten, den sie herausgefordert hatten, ihr Leben bedrohen würde. Da aber keine Strafe kam, wurden sie kühn. Den nächsten Boten erschlugen sie, wuschen vermessen ihre Hände und sagten: „Danach kommt nichts." Sie wurden zuletzt völlig verhärtet. Ich weiß nicht, was sie sagten, aber ich nehme an, daß einige von ihnen die Lehre verbreiteten, daß ihr Herr sich nicht um das, was sie tun, kümmere, oder daß Er zu liebevoll sei, um sie streng zu bestrafen. „Sieh", sagten sie, „Er schickt nur andere Boten, wenn wir die ersten getötet haben, und selbst, wenn wir Seinen Sohn töten, wird Er es auch ertragen. Bilden wir uns nicht ein, daß Er Rache nehmen wird." „Jedenfalls", scheinen sie zu sagen, „wollen wir es wagen. Wir wollen Seine Gnade prüfen. Wir wollen Seinen Sohn töten und Ihn so herausfordern, Sein Schlimmstes zu tun."

Undankbare Menschen mißbrauchen die Langmut Gottes heute wie früher. Sie sagen: „Es ist wahr, ich habe das Evangelium lange Zeit verworfen; ich habe viele Aufforderungen vernachlässigt, aber ich bin noch nicht tot, weder mit Blindheit geschlagen, noch durch einen Schlaganfall niedergeworfen. Ich kann noch ein wenig in Sicherheit weitergehen. Ich kann Christus weiter ablehnen, denn Gott ist gnädig."

„Gewisse Lehrer“, meint ihr, „sagen uns, daß Gott so gut ist, daß Er es nicht beachtet, selbst wenn wir Seinen Sohn töten. Wir wollen Seinen Sohn töten und so die Versöhnung verwerfen und das köstliche Blut mit Füßen treten, und doch zweifeln wir nicht daran, daß alles gut werden und unser Verbrechen sich als zeitlich zeigen wird.“

Ihr kleidet zwar eure Gedanken nicht in diese Worte, aber ihr sprecht sie durch eure Taten. Ihr wagt es nicht, so zu sprechen, aber diese Gedanken bewegen eure Herzen und zeigen sich in euren Taten. Ihr wagt es, mit dem Sohn Gottes zu scherzen. Es scheint euch etwas Geringes zu sein, aber mich ergreift ein Schrecken bei dem Gedanken. O Freunde, ich will kein Teilhaber eures Verbrechens sein. Ich will nicht aufhören, euch vor diesem schrecklichen Leichtsinn zu warnen. Gnädig wie Gott ist – und Er hat Seine Gnade durch die Sendung Seines Sohnes bewiesen – ist Er doch weder weich noch ungerecht. Wenn du die Gnade, die Er dir so frei anbietet, verwirfst, wird Er in Seiner Gerechtigkeit mit dir handeln. Er ist der Richter der ganzen Welt, und Er muß das Recht ausführen. Denn so wahrhaftig Er die Liebe ist, ist Er auch die Heiligkeit. Er ist wunderbar in Seiner Macht zu vergeben, aber Er ist auch schrecklich an Seinem heiligen Ort.

Die eigentliche Ursache jedoch, warum diese Weingärtner entschlossen waren den Erben zu töten, war diese: „Dann wird das Erbe unser sein.“ Das ist es, was das Herz der Menschen vergeblich wünscht. Man sagt: „Laßt uns doch mit diesen verdrießlichen Gesprächen über Religion aufhören, dann können wir für uns leben und unserem eigenen Vergnügen nachgehen, ohne einen Vorwurf des Gewissens. Sind wir nicht frei? Wer ist der Herr über uns? Wenn wir von diesem Jesus befreit werden, wird uns nicht immer wieder gesagt werden, daß wir Gottes Geschöpfe sind und für Ihn leben sollten. Wir haben nicht die Absicht, Gott zu dienen. Wir wollen diesem Hausbesitzer keine Miete bezahlen. Wir wollen selbst die Besitzer sein. Gott soll nichts von uns haben. Wer ist der Herr, dessen Stimme wir gehorchen sollten? Wenn wir diese leidige Frage von Christus loswürden, dann könnten wir leben, wie es uns gefällt, und niemand würde uns zur Rechenschaft ziehen.

Ja, junger Mann, so dachte jener, der zu seinem Vater sagte: „Vater, gib mir den Teil des Vermögens, der mir zufällt." Nicht lange danach sammelte er das Seinige zusammen und zog in ein fernes Land, und dort vergeudete er sein Gut mit einem ausschweifenden Leben. Das ist es, wonach du trachtest. Aber welche Torheit! Ich bin traurig, wenn ich dir ins Gesicht sehe und die eitlen Träume deines Herzens lese. Du weißt wenig davon, welchem Tyrannen derjenige dient, der lebt wie es ihn gelüstet. Möge Gott Gnade geben, daß ich nie lebe, wie meine sündigen Lüste es fordern. Es wäre besser, ich wäre eine Maschine, die gezwungen ist, das Rechte zu tun, anstatt einen freien Willen zu haben und sich mit freiem Willen dem hinzugeben, was Unrecht ist. Aber es ist nicht nötig, zu einer Maschine zu werden. Die Gnade kann euch freier machen im Dienste Gottes als im Dienste eurer selbst.

Die Selbstsucht ist die Ursache der Verwerfung Christi. „Laßt uns ihn töten, damit das Erbe unser sei." Ach, meine Hörer, es wird das eurige nicht werden, und wenn es eine Zeitlang das eurige wäre und ihr könntet damit tun, was euch gefällt, so denkt daran, daß das Erbe, das so erlangt worden ist, bald verschwinden würde. Ihr würdet vor dem Richterstuhl Christi erscheinen um zu empfangen, nachdem ihr gehandelt habt bei Leibes Leben, es sei gut oder böse. Und was werdet ihr tun, wenn ihr euren Heiland getötet habt? Was wollt ihr an jenem Tage tun, die ihr ohne Gott gelebt habt und gestorben seid?

Die gerechte Strafe

Ich glaube nicht, daß der Gedanke an das Gericht irgend jemand, der noch unbekehrt ist, halb so schrecklich ist wie mir. Ich zittere, wenn ich über den zukünftigen Zorn nachdenke. Wie würde ich mich freuen, wenn ich nicht über einen solchen Gegenstand zu predigen hätte! Aber ich muß darüber predigen. Wenn ihr verloren geht, wird euer Blut von meiner Hand gefordert werden, wenn ich euch nicht vor der Strafe der Sünde gewarnt habe. So sagt es der Heiland: „Was wird der Herr des Weinbergs tun?“. Er überläßt es unseren Gewissen, das Urteil zu sprechen und das Schicksal zu beschreiben, das ein solch niedriges, herausforderndes und grausames Verbrechen nach sich zieht. Sie haben den einzigen Sohn ihres Herrn getötet, was wird Er diesen Weingärtnern tun?

Hier muß ich einen schrecklichen Gedanken einfügen, welcher mir schwer wird, auszusprechen. Ich fürchte, daß in unserer Zeit dieses Gleichnis sich in der Geschichte der Gemeinde Gottes zeigt. Gott hat Leute in Seinen Weinberg gestellt oder hat vielmehr zugelassen, daß in Seinen Weinberg eine Anzahl Theologen gekommen sind, die Ihm die gebührende Ehre nicht erweisen. Diese Theologen lehren nicht das Evangelium, wie es in der Heiligen Schrift geoffenbart ist, sondern sie passen es dem Zeitalter und der zweifelnden Wissenschaft der Zeit an. Sie werden vom Propheten Jeremias beschrieben: „So spricht Jehova der Heerscharen: Höret nicht auf die Worte der Propheten die euch weissagen; sie täuschen euch, sie reden das Gesicht ihres Herzens und nicht aus dem Munde Jehovas. Sie sagen stets zu denen, die mich verachten: Jehova hat geredet: ihr werdet Frieden haben; und zu jedem, der in dem Starrsinn seines Herzens wandelt, sprechen sie: Es wird kein Unglück über euch kommen.

Die Gedanken ihres eigenen Geistes werden verkündigt statt der Offenbarungen Gottes. So verkündigen sie ein anderes Evangelium, welches kein Evangelium ist; aber einige dieser Männer belästigen euch damit. Ich fürchte, daß der Herr nicht lange mit diesen Weingärtnern Geduld haben wird. Er wird die betrügerischen Propheten, die ihres eigenen Herzens Träume predigen, nicht lange dulden. Er wird ewige Schande über sie bringen und sie in Seinem Zorn hinwegtun. Er wird die Bösewichte umbringen, und Seinen Weinberg anderen Weingärtnern geben, die Ihm die Früchte zur rechten Zeit geben. Ich darf nicht leben als ein Prediger meiner eigenen Vorstellung. Ich darf nicht sterben als ein Prediger meiner eigenen Gedanken. Ich muß meines Herrn Botschaft verkündigen oder ich werde verurteilt werden. Der Zeitgeist ist der Geist der stolzen Selbstgenügsamkeit. Mein Teil ist es, zu Jesu Füßen zu sitzen. Mein Herr wird eines Tages zu mir sagen: „Ich übergab dir eine Botschaft, hast du sie übermittelt? Ich befahl dir in meinem Namen zu reden; hast du meine Worte oder deine eigenen Worte gesprochen? Ich gab dir eine Offenbarung, hast du diese Offenbarung, so gut du konntest, verkündigt oder hast du etwas Neues aus deinem eigenen Gehirn erfunden?“ Ich weiß, was ich antworten werde. Ich fürchte, daß auf alle, die nach dem modernen Betrug handeln, ein schreckliches Gericht wartet. Pfarrer der Landeskirche oder Prediger außerkirchlicher Gemeinschaften, eine unaussprechlich schreckliche Verdammung von der Hand Gottes wartet auf diejenigen unter euch, welche das Predigtamt dadurch mißbrauchen, daß sie menschliche Philosophie statt des Evangeliums predigen. Brüder, hüten wir uns, daß niemand von uns dadurch sündige, daß wir unsere Träumereien gegen Seine großen Wahrheiten aufstellen. Bittet für die, welche es tun, damit Gott nicht im Zorn mit ihnen handelt. Der Herr habe Gnade mit allen falschen Propheten und bringe sie demütig und zitternd zu Seinen Füßen, damit sie das Volk nicht mehr verführen.

Ich wende mich wieder zu euch, die ich schon angeredet habe. Ihr habt den Sohn Gottes gekreuzigt dadurch, daß ihr euch geweigert habt, an Ihn zu glauben. Was wird der Herr euch tun, wenn Er kommt? Das Urteil kann nicht zu streng sein, denn das Verbrechen ist über alle Maße schrecklich. Es muß die höchste Strafe sein, die das Gesetz zuläßt. Sie töteten die Diener und sie töteten den Erben. Keine zeitliche Strafe kann auf den Fall angewandt werden. Diejenigen, welche die Hölle stets leicht machen, tun es wahrscheinlich, um sie für sich selbst leicht zu machen. Der ist des Teufels Anwalt, der den Unbußfertigen zu einer leichten Strafe verurteilt. Der treue Diener sagt: „Da wir nun den Schrecken des Herrn kennen, so überreden wir die Menschen."

In dem einundzwanzigsten Kapitel des Evangeliums Matthäus sagt der Herr ein schreckliches Wort. Indem Er sich mit dem Stein, der zum Eckstein geworden ist, aber von den Bauleuten verworfen wurde, vergleicht, sagt Er: „Auf welchen er aber fällt, den wird er zermalmen." Sünder, wenn du den Heiland verwirfst, wirst du Sein volles Gewicht zu spüren haben. Grenzenlos in Seiner Macht, unendlich in Seiner Majestät, wird Sein ganzes Gewicht auf dich fallen. Willst du darüber nachdenken? Da Er die Völker mit einem eisernen Stab zerschlägt, so urteile über Seine Macht. Da vor Seiner Gegenwart Himmel und Erde fliehen, so urteile über Seine Größe. Wenn dieser Eckstein auf euch fällt, wird er euch zermalmen. Ich will nicht bei diesem schrecklichen Gedanken stehen bleiben, sondern will ihn nur in kurzer, feierlicher Form wiederholen: Das volle Gewicht dieses Ecksteins werdet ihr am Tage Seines Zornes zu tragen haben. Es wird an einer anderen Stelle der Zorn des Lammes genannt. Ist das nicht eine merkwürdige Verbindung, der Zorn des Lammes? Wenn die Liebe zur Eifersucht wird, ist sie die heftigste Leidenschaft, und wenn die Liebe Christi in unendlicher

Gerechtigkeit zum heiligen Zorn gegen die Ungerechtigkeit wird, dann wird es schrecklich sein, daran zu denken, und diesen Zorn zu erleiden, ist der zweite Tod.

Bist du imstande, das schreckliche Gericht des Zornes des Heilandes zu ertragen? Nein! Darum komme zu Jesus. O meine lieben Hörer, verwerft den Herrn Jesus nicht, der euch jetzt noch ruft. Ich bin nicht wert, Sein Botschafter zu sein; ich bin Seiner nicht würdig, aber ich möchte mit euch reden wie ein liebender Bruder. Wollt ihr eure Seelen verlieren? Wollt ihr den Sohn Gottes verwerfen? Männer und Frauen, könnt ihr so wahnsinnig sein, ohne einen Heiland zu leben und zu sterben? Seid ihr so weit gegangen? Kehrt um, ich bitte euch, kehrt heute noch um. Großer Gott, bekehre sie um Deines Sohnes willen! Amen.

SATANS PÜNKTLICHKEIT, MACHT UND ABSICHT

„Die aber an dem Wege sind die, welche hören; dann kommt der Teufel und nimmt das Wort von ihren Herzen weg, auf daß sie nicht glauben und errettet werden.“
(Lk. 8, 12)

Es ist ein großer Trost, daß eine solche Menschenmenge bereit ist, das Wort Gottes zu hören. Selbst wenn sich viele als Fels,als Weg oder als dorniger Boden erweisen werden, ist es doch immer eine ermunternde Tatsache, daß der Same auf einen so großen Acker gesät werden kann. Dennoch habe ich Sorgen, wenn ich diese große Versammlung sehe. Die Frage erhebt sich unwillkürlich: „Was wird aus dem Hören der Predigt werden? Wird der himmlische Same eine Ernte hervorbringen oder wird er auf unfruchtbaren Boden fallen?“

Wenn der ernsthafte Christ über diese Frage nachdenkt, zieht er den Zustand der angesprochenen Personen mit in Betracht und bedenkt, daß viele nicht für das Evangelium vorbereitet sind. Weit davon entfernt, ein gepflügtes und für den Samen vorbereitetes Feld zu sein, sind sie wie ein betretener Fußpfad. Sie hören das Evangelium, und insoweit hoffen wir für sie, aber sie haben nicht die Absicht, es in ihre Seelen dringen zu lassen. Der Boden ihres Herzens ist schon zu sehr in Besitz genommen. Andere Füße werden darauf treten und des Säemanns Fußspuren schnell vernichten. Und was den guten Samen betrifft, mag er liegen, wo er liegt; in den inneren Menschen kann er nicht eindringen.

Das ist noch nicht alles. Der besorgte Beobachter denkt daran, daß es noch eine andere Schwierigkeit gibt. Dem Erzfeind Gottes und der Menschen ist die Errettung der Seelen zuwider, und deshalb ist er mit seiner zerstörenden Macht anwesend, wo der Same des Wortes gesät wird. Davon werden wir jetzt reden, von der Tätigkeit des Satans während der Predigt des Evangeliums. Er ist unsichtbar, aber wir dürfen ihn nicht außer acht lassen. Er tut um so mehr Böses, wenn die Menschen schlafen. Laßt uns ein wachsames Auge auf ihn richten und beweisen, daß uns seine Absichten nicht unbekannt sind.

Unser Herr erinnert Seine Hörer in den vor uns liegenden Worten an des Teufels Pünktlichkeit – „dann kommt der Teufel" – an seine Macht – „und nimmt das Wort von ihren Herzen weg" – und an seine Absicht – „auf daß sie nicht glauben und errettet werden".

In dieser Zeit, wo besondere Gottesdienste gehalten werden, mag es angemessen sein, die Absichten Satans klar darzulegen, damit alle vor dem Bösen gewarnt werden und sein Vorhaben durch die Gnade Gottes vereitelt wird.

Die Pünktlichkeit des Teufels

Sobald der Same gesät ist, wird er von dem Bösen verschlungen. Unser Text sagt: „Dann kommt der Teufel." Markus schreibt: „So kommt alsbald der Satan." Wer auch sonst zaudert, Satan tut es nie. Sobald ein Kamel in der Wüste gefallen ist, erscheinen die Geier. Kein Vogel war vorher zu sehen, noch schien es möglich, daß solche in dem Umkreis einer Meile waren, doch schnell sind Punkte am Himmel, und bald sättigen sich die Verschlinger mit Fleisch. Ebenso „riechen" auch die bösen Geister ihre Beute von ferne und eilen an ihr zerstörendes Werk. Eine Verzögerung könnte Gelegenheit zum Nachdenken geben und das Nachdenken könnte zur Buße führen, und darum eilt der Feind, um dem Hörer das Nachdenken über die gehörte Wahrheit zu verhindern. Wenn das Evangelium etwas auf die Hörer gewirkt hat, so daß ihr Herz berührt wurde, dann ist die Eile des Teufels schneller als der Flug der Geier, das Wort aus ihren Herzen zu nehmen. Eine kleine Verzögerung könnte die Sache aus dem Bereich des Satans bringen, daher die Pünktlichkeit der teuflischen Tätigkeit. O wären wir nur halb so schnell tätig im Dienste unseres Herrn; nur halb so pünktlich, jede Gelegenheit zu ergreifen zum Segen der Menschenseelen!

Ohne Zweifel wirkt Satan gelegentlich unmittelbar auf die Gedanken der Menschen. Er flößte Judas persönlich den Gedanken ein, seinen Meister zu verraten, und viele andere schwarze Pläne hat er in den Geist der Menschen geworfen. Wie der garstige Geier, der sich fortwährend von dem Herzen des Brometheus nährte, so zieht der Satan die guten Gedanken, die das Leben einer Menschenseele sein würden, weg. Da er unersättlich boshaft ist, kann er es nicht ertragen, daß eine einzige göttliche Wahrheit das Herz segnet. Fürchterliche Lästerungen, unzüchtige Einbildungen, groben Unglauben oder eitle Kleinigkeiten wirft der Teufel wie höllische Bomben in den Geist, um einen jeden heiligen Gedanken zu zerstören, der sich auf Christus und die Erlösung bezieht. Zu einer Zeit bezaubert er den Geist und zu einer anderen erschreckt er ihn, wobei sein einziges Ziel ist, die Gedanken des Menschen vom Evangelium abzuziehen und zu verhindern, daß das Evangelium in Herz und Gewissen dringt.

Weil der Satan nicht zu gleicher Zeit überall sein kann, verrichtet er sein böses Werk oft durch seine Diener, indem er seine untergebenen Geister aussendet, wie Vögel im Verschlingen des Samens zu handeln, und diese gebrauchen auch wieder verschiedene Werkzeuge. Mit großer List werden die gewöhnlichen Begebenheiten des Lebens zu diesem Werk benutzt, so daß selbst durch solche Dinge, die an sich gleichgültig sind, die Absicht des Feindes gefördert wird. Der Prediger hat etwas Besonderes in seiner Gestik, Aussprache oder Erscheinung, und dieses wird der Vogel, der den Samen wegnimmt. Der Hörer wird so von einer Eigenart des Predigers abgelenkt, daß er die gepredigte Wahrheit vergißt. Eine Anekdote wurde erzählt, eine Illustration angewandt oder ein Wort gebraucht, welches eine alte Erinnerung aufweckte, und das Wort ging aus seinem Herzen, um Raum für die Eitelkeit zu machen. Oder, wenn die Aufmerksamkeit bis zum Schluß bewahrt wurde, trat eine neue Gefahr ein: Ein verlorener Schirm, ein Drängen im Ausgang, ein törichter Scherz, der im Gedränge gehört wurde, oder die sonderbare Kleidung eines Unbekannten mag den Zielen des Teufels dienen und das Wort wegschnappen. Es macht wenig aus, ob der Same von schwarzen Raben oder von weißen Tauben weggenommen wird. Wenn er nicht im Herzen bleibt, kann er keine Frucht bringen, und darum richtet es der Teufel auf irgend eine Weise so ein, daß der Same sofort weggenommen wird.

Wenn der Feind Gottes sonst nie eine christliche Versammlung besuchen würde, so tut er es gewiß, wenn eine Erweckung bevorsteht. „Dann kommt der Teufel." Er läßt manche Kanzel allein, wenn aber ein ernster Mann anfängt zu predigen, so kommt alsbald der Satan.

Die Macht Satans

„Und nimmt das Wort von ihren Herzen weg." Es wird nicht gesagt, daß er es versucht, sondern daß er es wirklich tut. Er kommt, er sieht, er nimmt. Das Wort ist da, und der Teufel nimmt es fort, so leicht, wie ein Vogel ein Korn vom Wege aufpickt.

Ach, welche Macht hat der Böse über den menschlichen Geist, und wie unwirksam ist das Werk des Predigers, wenn keine göttliche Kraft damit verbunden ist! Vielleicht bleibt durch die Kraft, in welcher die Wahrheit verkündigt wurde, ein wenig davon im Gedächtnis, aber der Feind nimmt es ganz aus dem Herzen, und damit ist der wichtigste Teil unserer Arbeit verdorben. Wir mögen töricht genug sein, nur auf den Kopf zu zielen, aber derjenige, der äußerst verschlagen ist, hat es mit dem Herzen zu tun. Wir mögen den Verstand gewinnen; wenn der Satan die Gemütsbewegungen beherrschen kann, ist er ganz zufrieden. Dem Herzen des Menschen ist der gute Same verloren. Die Vögel haben ihn weggenommen und er ist ihm ein Nichts geworden, das keinen Einfluß auf ihn hat. Keine Spur ist geblieben, wie kein Anzeichen von dem Samen auf dem Wege zurückbleibt, nachdem die Vögel ihn fortgenommen haben. So wirkungsvoll ist das Werk des Fürsten, der in der Luft herrscht. Wenn der Satan es für wert hält zu kommen, so kommt er, und wenn er kommt, so will er auch ein Geschäft machen,. und er sorgt dafür, daß es ihm oft auch gelingt.

Seine Macht ist teilweise von seinem natürlichen Scharfsinn herzuleiten. Gefallen, wie er jetzt ist, war er doch einst ein Engel des Lichts, und seine hohen Fähigkeiten, obwohl durch den Einfluß der Sünde verdorben, befleckt und abgeschwächt, stehen noch hoch über denjenigen der Menschen, an welchen er seine Künste versucht. Er hat auch neue Schliche durch seine lange Übung in seinem fluchwürdigen Geschäft erlangt. Er kennt das menschliche Herz besser als irgend jemand, mit Ausnahme des Schöpfers, denn Jahrtausende hat er die Anatomie unserer Natur studiert und ist mit unseren schwachen Stellen vertraut. Wir sind alle jung und unerfahren im Vergleich mit diesem alten Versucher; alle eng in unseren Ansichten und beschränkt in unserer Erfahrung im Vergleich mit dieser Schlange, die listiger ist als alle Tiere der Erde. Wer wundert sich denn, daß er das Wort wegnimmt, welches auf harte Herzen gefallen ist!

Seine Hauptmacht jedoch ist von dem Zustand der menschlichen Seele herzuleiten. Es ist dem Vogel leicht, den Samen, der frei auf einem betretenen Weg liegt, aufzupikken. Wenn der Boden gut gewesen und der Same eingedrungen wäre, so würde der Teufel größere Schwierigkeiten gehabt haben und es wäre ihm vielleicht mißlungen. Aber ein hartes Herz arbeitet von selbst für den Satan, so daß er nicht nötig hat, Gewalt oder Verschlagenheit anzuwenden: das nicht aufgenommene Wort liegt auf der Oberfläche der Seele, und er nimmt es fort. Die Macht des Bösen findet einen Verbündeten in unserem bösen Herzen. Laßt uns den Herrn bitten, das Herz zu erneuern, damit das Zeugnis Jesu von Herzen angenommen und nie wieder fortgenommen werde. Unser Gegner ist keine Einbildung, sondern sein Dasein ist wirklich, seine Macht ungeheuer, seine Tätigkeit unermüdlich. Herr, greife ihn an und überwältige ihn! Treibe diesen bösesten der Vögel fort, brich den Boden der Seele auf und laß Deine Wahrheit kräftig in uns leben und gnädig in uns wachsen

Des Teufels Absicht

Er ist ein tüchtiger „Theologe“ und weiß, daß die Seligkeit durch den Glauben an den Herrn Jesus kommt, und darum fürchtet er vor allen Dingen, daß die Menschen glauben und errettet werden. Das Wesen des Evangeliums liegt in dem kurzen Wort: „Glaube und lebe“, und im Verhältnis, wie der Satan das Evangelium haßt, sollten wir es schätzen. Er fürchtet nicht so sehr die Werke wie den Glauben. Wenn er die Menschen dahin bringen kann, zu arbeiten oder zu fühlen oder irgend etwas zu tun, statt zu glauben, so ist er zufrieden. Den Glauben fürchtet er, weil Gott die Errettung mit ihm verbunden hat. Jeder Hörer sollte das wissen und dadurch angespornt werden, seine ganze Aufmerksamkeit auf den Gegenstand zu lenken, welchen der Teufel seiner ganzen Tätigkeit wert hält. Wenn der Zerstörer dahin arbeitet, das Herz vom Glauben abzuhalten, werden die Weisen ihren Verstand anwenden und den Glauben als das eine Nötige ansehen.

„Auf daß sie nicht glauben und errettet werden", darum nimmt der Satan das Wort aus ihren Herzen. Hier ist auch Weisheit, verborgen in des Feindes List. Wenn das Evangelium in Verbindung mit dem Herzen bleibt, so möchte es Glauben hervorbringen. Wenn der Same im Boden bleibt, geht er auf und bringt Frucht. So wird auch das Evangelium seine Lebensmacht offenbaren, wenn es in einem Menschen wohnt, und darum eilt der Teufel, es fortzunehmen. Das Wort Gottes ist das Schwert des Geistes, und der Teufel sieht es nicht gern in der Nähe des Sünders liegen aus Furcht, daß es ihn verwunden könnte. Er fürchtet den Einfluß der Wahrheit auf das Gewissen, und wenn er es nicht verhindern kann, daß ein Mensch sie hört, so versucht er eifrig, das Nachdenken darüber zu verhindern. Der Glaube kommt aus der Predigt und die Predigt aus dem Wort Gottes. Das zu vernichten, was gehört wurde, ist des Satans Methode, den Glauben zu verhindern.

Hier ist wieder ein praktisches Wort für das Ohr der Verständigen. Laßt uns das Evangelium so viel wie möglich den Unbekehrten nahebringen. Laßt uns säen und immer wieder säen, ob vielleicht irgend ein Korn Wurzeln faßt. Bei der Aussaat gewisser Samen pflegten die Bauern zu sagen: „Eins für den Wurm und eins für den Raben, und eins, um eine Ernte zu haben." Wir müssen es ebenso machen. Im Propheten Jeremia beschreibt Gott Sein Volk mit den Worten: „Ich habe zu euch geredet, früh mich aufmachend und redend, aber ihr höret nicht." Wahrlich, wenn der Herr selbst fortfuhr zu Seinem Volk zu sprechen, welches keine Antwort gab, so sollten wir nicht murren wenn es uns scheint, als wäre unser Predigen umsonst. Es liegt Leben im Samen des Evangeliums, und es wird wachsen, wenn es in den Boden des Herzens gelangt. Laßt uns daran glauben und nicht davon träumen, eine Ernte zu erwarten, es sei denn, daß wir nach der alten Methode guten Samen säen. Der Teufel haßt offensichtlich das Wort, halten wir es darum fest und säen es überall.

Leser oder Hörer, du hast das Evangelium schon oft gehört; hast du es vergeblich gehört? Dann hat der Teufel mehr in dir gewirkt, als du dir vorstellen kannst. Ist das ein angenehmer Gedanke? Die Gegenwart des Teufels ist befleckend und erniedrigend, und er hat über dir geschwebt wie die Vögel über der Landstraße und hat sich auf dich herabgelassen, um das Wort wegzustehlen. Denke daran! Die Gemeinschaft mit dem Vater und Seinem Sohne Jesus Christus fehlt dir wegen deines Unglaubens, und statt dessen hast du Gemeinschaft mit dem Teufel. Ist das nicht schrecklich? Anstatt daß der Heilige Geist in dir wohnt wie in allen Gläubigen, hat der Fürst der Finsternis dich zu seinem Ruheplatz gemacht und beeinflußt nach seinem Wohlgefallen deinen Geist. Du weißt, daß Jakob im Traume eine Leiter sah, die bis in den Himmel reichte, auf welcher die Engel auf und nieder stiegen. Deine Lebenserfahrung deutet eine andere Leiter an, die in den Abgrund geht, auf welcher böse Geister auf- und absteigen und zu dir kommen. Setzt dieser Gedanke dich nicht in Furcht? Der Herr gebe es. Möge der Heilige Geist dein Herz in guten Boden verwandeln. Dann wird der Same der göttlichen Gnade in dir wachsen und den Glauben an den Herrn Jesus hervorbringen. Amen.

DAS FINDEN DES VERLORENEN SCHAFES

„Bis er es findet. – Und wenn er es gefunden hat. – Und wenn er nach Hause kommt.“
(Lk. 15, 4–6)

Die Liebe Jesu, des großen Hirten, besteht nicht nur in Worten und Gefühlen. Ein Schaf ist verlorengegangen und der Herr bedauert es, aber Seine Liebe treibt Ihn an, zu suchen und zu erretten.

Die Liebe Jesu zu den verlorenen Schafen ist zuvorkommend. Er wartet nicht, bis das Schaf zur Rückkehr bereit ist oder bis es Versuche zur Rückkehr macht, sondern sobald sein verlorener Zustand dem Hirten bekannt wird, macht Er sich auf, um es zu suchen und zu finden. Er läßt die neunundneunzig auf der Weide und vergißt sie eine Weile, damit Sein ganzes Herz, Sein Auge, Seine Kraft sich dem einen, verlorengegangenen Schaf zuwende. O herrliche Liebe Christi! Laßt uns um die Gnade bitten, Ihn nachzuahmen, besonders diejenigen unter uns, die „Menschenhirten“ sind.

Unter dem Volke Gottes haben alle einen Auftrag auszuführen. Wie klein die Herde auch sein mag, ob sie sich nur auf unsere eigene Familie oder auf eine kleine Sonntagschulklasse beschränken mag, so sind wir alle doch in gewissem Maße unseres Bruders Hüter. Laßt uns die Liebe Christi kennenlernen, damit wir in dem Hirtendienst weise handeln. Laßt uns nicht über unsere Brüder sprechen und sagen, daß wir sie lieben, sondern laßt es uns beweisen durch ein ernstes, persönliches, eifriges Bestreben, ihnen Gutes zu tun. Laßt uns nicht warten, bis wir etwas Gutes an ihnen sehen oder bis sie Belehrung suchen, sondern laßt uns sie suchen auf dem Pfad des Todes, den sie betreten haben. Lange vorher, ehe sie einen Gedanken an die Rückkehr haben, laßt uns ihre Spur verfolgen. Oh, eine solche Liebe zu den Sündern im Herzen zu haben, die uns so ergreift, daß wir angesichts ihrer höheren Bedürfnisse sogar die äußere Not hintenan stellen! In unserem Text sind drei Zeitabschnitte, auf welche ich eure Aufmerksamkeit lenken möchte.

„Bis er es findet“

Christus, der gute Hirte, sucht das verlorene Schaf, „bis er es findet“. Merke dir diese Worte. Es ist ein langer Weg, „bis daß er es findet“.

Mir gefällt dieser Ausdruck. Der Herr Jesus kam nicht auf die Erde herab, um einen Versuch zur Errettung der Menschen zu machen, sondern Er kam, um es zu tun, und Er hat es getan. Er verweilte hier, das verlorene Schaf zu suchen, bis Er es fand, und Er hörte nicht eher auf, als bis Sein Werk geschehen war. Bis zu dieser Stunde erleidet Er in Seinem Versuch zu ihrer Errettung keine Niederlage, sondern setzt das Werk des Seelensuchens fort, bis Er sie gefunden hat.

Blicke auf den suchenden Hirten. Er sucht seine verlorenen Schafe. Beachte sein besorgtes Angesicht, „bis er es findet“. Wir lesen, daß er sich freute, als er es gefunden hatte, aber es ist keine Freude da, bevor es gefunden worden ist. Er ist ganz in Spannung und lauscht scharf, um auch den leisesten Laut zu vernehmen, denn es könnte ja das Blöken seines verlorenen Schafes sein. Sein Auge ist wie das Auge des Adlers. Er sieht, daß sich dort im Dorngebüsch etwas regt und ist mit einem Sprunge dort. Nein, es war ein Irrtum; es war nicht sein Schaf; vielleicht war es ein erschrockener Fuchs. Der Hirte erklimmt einen Hügel und späht nach allen Seiten; ich möchte sagen, er sieht mit Augen und Ohren. Lächelt Er? Ach nein, solange nicht, „bis er es findet“. Seine ganze Seele ist in seinen Augen und Ohren, „bis er es findet“.

Das ist ein schwaches, aber getreues Bild von dem großen Hirten, der herabgekommen ist, Seine Herde zu suchen. So haben Ihn die Evangelisten in ihrer Federzeichnung dargestellt: immer wachsam, Tag und Nacht mit starkem Geschrei und Tränen suchend, ohne Freude, bis Er das Verlorene gefunden hatte. Der große Hirte ist ganz Kraft und Sorgfalt, Seine Gedanken sind ganz auf Sein verlorenes Schaf gerichtet, „bis er es findet“.

Es findet bei dem Herrn kein Zögern statt. Das Schaf ist verloren und die Nachricht kommt zu dem Hirten. Er gürtet sich und macht sich auf den Weg. Er weiß so ungefähr, wohin sich Sein Schaf begeben haben könnte und begibt sich sofort auf seine Spur, obwohl Er weiß, daß Er diese Spur mit Seinem Blut bezeichnen muß. Seht, wie der hochgelobte Hirte vorwärts eilt. Er gönnt sich keine Ruhe, bis Er es findet. Er ist fest entschlossen, daß keins Seiner Schafe verloren gehen soll und eilt über Berg und Tal dem Irrenden nach , „bis er es findet“.

Wenn ihr diesem Hirten ins Angesicht blickt, erkennt ihr keinen Zug von Zorn. Er sagt nicht: „Oh, warum werde ich belästigt, weil dieses Schaf in die Irre gegangen ist!“ Er ist von keinem anderen Gedanken beseelt als von dem der besorgten Liebe. Es ist nichts als Liebe und alles Liebe, ehe und bis Er es findet. Seid versichert, daß diese zarte Sorgfalt in voller Tätigkeit bleiben wird, auch nachdem Er es gefunden hat. Er sieht mit dem besorgten Auge der Liebe umher. „So wahr ich lebe, spricht der Herr, ich habe keinen Gefallen am Tode des Gottlosen.“ Bis daß Er es findet wird kein anderer Gedanke da sein als die Fülle mitleidender Sorge um das verlorene Schaf.

Und merke, er gibt nicht auf. Das Schaf ist schon viele Stunden umhergeirrt. Die Sonne ist aufgegangen und untergegangen, aber so lange der Hirte sehen kann und das Schaf noch lebt, wird er ihm folgen, bis daß er es findet. Er ist sehr oft getäuscht worden. Wenn er glaubte, es gefunden zu haben, hat er es verfehlt, aber doch wird er es nie aufgeben. Er wird durch unwiderstehliche Liebe vorwärts getrieben und muß sein Suchen fortsetzen, bis er es findet.

Genau so ist es mit unserem Herrn Jesus Christus. Als Er mir und dir nachlief, gingen wir Ihm aus dem Weg; aber Er folgte uns. Wir versteckten uns vor Ihm, aber Er entdeckte uns. Er hatte uns schon beinahe ergriffen, aber solange wir Ihm entwischten, folgte Er uns mit unermüdlicher Liebe, bis Er uns fand. Wenn Er es nach den ersten zehn Jahren es aufgegeben hätte – wir wären verloren gewesen. Aber Er ließ sich nicht abweisen. Wenn Er gewillt ist, zu erretten, so setzt Er das Suchen des verlorenen Schafes fort, bis Er es gefunden hat. Er kann, Er darf, Er will nicht mit dem Suchen aufhören, bis Er es gefunden hat.

Ich möchte, daß heute abend für manche unter uns die Zeit gekommen ist, daß man sagen könnte: „Der Herr folgte dem und dem, bis Er ihn im Tabernakel gefunden und dort Sein Suchen beendet hat. Er wurde gefunden dort auf der Galerie und alle seine Irrwege sind am Fuße des Kreuzes beendet." Gott gebe, daß es so sein möchte. Aber ob es mit euch so geschieht oder nicht, seid versichert, daß der Herr Jesus in hundert und tausend Fällen die Sünder mit unermüdlicher Gnade verfolgte, über Sündenhügel zu ihnen hinübergesprungen ist und sie gesucht hat, bis Er sie fand. Wir sind nun Sein auf ewig, denn Er, der uns gefunden hat, wird uns nie verlieren. Gelobt sei Sein Name!

Lernt diese Lektion, ehe ich weitergehe. Wenn ihr je die Bekehrung eines Menschen sucht, so folgt ihm, bis ihr ihn gefunden habt. Werdet nicht entmutigt. Rechnet mit vielen Abweisungen und Vorwürfen, ihr werdet ihn doch bekommen. Wer sich nicht von seinem Ziel abbringen läßt, hat am sichersten Erfolg. Ich habe von Frauen gehört, die zwanzig Jahre lang mit dem Herrn um ihre Männer gerungen haben, bis sie sich endlich bekehrten. Es gibt in dieser Stadt Beispiele von solchen, die in unermüdlicher Liebe den gottlosen Verwandten nachgegangen sind, bis diese zuletzt von der unbeschränkten Gnade errettet wurden. Halte an mit liebendem Bitten! Bis ihr eure nicht geretteten Verwandten begraben habt, haltet sie nicht für tot; begrabt sie nicht geistlich, ehe sie wirklich tot sind.

„Bis daß er es findet." Nun nagele dein Banner an den Mast. Geht aus, ihr Unterhirten, für Christum. Tragt dieses Motto an eurer rechten Hand: „Bis ich ihn finde." Lebt oder sterbt, wirkt oder leidet, mag die Zeit kurz sein oder lang, mag der Weg eben sein oder rauh, laßt jeder von uns sich verpflichtet fühlen, eine Seele zu suchen, bis er sie finde. Ihr werdet sie dann finden, gerade wie Christus euch gefunden hat.

„Wenn er es gefunden hat"

Nun kommen wir zum zweiten Punkt. Wenn er es gefunden hat, was tut er dann? Zuerst greift er es. „Er legt es mit Freuden auf seine Schultern." Seht ihn. Er ist dem Schaf ganz nahe gekommen. Das arme Geschöpf ist völlig erschöpft, hat aber vielleicht noch Kraft genug, fortzulaufen. Deshalb sorgt der Hirte dafür, daß dies nicht geschehen kann. Er ergreift seine Beine und hält es fest. Das ist es, was der Herr Jesus tut, wenn Er einen Menschen dahin gebracht hat, unter dem Gefühl der Sünde zusammenzubrechen und der göttlichen Gnade nicht mehr Widerstand zu leisten. Unser Herr ergreift den Aufrührer so, daß er nie wieder fortkommen kann. Ich weiß noch gut, wie Er mich ergriffen hat. Bis auf den heutigen Tag hat Er Seinen Griff nicht gelockert. Nichts hat je meinen veränderlichen Sinn so ergriffen, wie die Hand Christi. Als die göttliche Hand, welche die Fundamente der Erde befestigt hat, sich auf mich legte, hatte mein Abirren ein für allemal das Ende erreicht.

Das nächste war die gnädige Erhebung. Er hob das arme Schaf auf und legte es auf seine Schultern. Dort befand es sich mit seinem ganzen Gewicht, getragen von mächtigen Schultern. Das ist es, was der Heiland für arme, ermüdete Sünder tut. Er trägt die Last ihrer Sünden, ja, die Last ihrer Person. Er nimmt uns so wie wir sind, und statt uns durch das Gesetz zurückzutreiben, trägt Er uns durch Seine Liebe heim. Statt uns zu zwingen, heimzugehen, wird Er der große Lastträger Seiner Erlösten und trägt sie auf Seinen Schultern. Und jetzt habt ihr eins der schönsten Bilder vor euch, welche die Phantasie zu entwerfen vermag: das Bild des großen, gekrönten Hirten, des Königs aller Könige, des Herrn aller Herren, der das verlorengewesene Schaf mit Freuden auf Seinen Schultern trägt. Oh, ich bitte Gott, daß ihr auf diesen breiten Schultern liegen möchtet, ihr, die ihr bisher noch nicht so begünstigt worden seid. Die Schultern der Allmacht tragen unsere Schwachheit, der mächtige Heiland trägt uns und alle unsere Sünden und alle unsere Sorgen auf den Schultern Seiner Macht.

Und als Er so die Last trägt, stellen wir fest, daß die Entfernung keine Rolle mehr spielt. Wir lesen im nächsten Vers: „Und wenn er heimkommt", aber es wird nichts von dem Weg gesagt. Der Sünder mag sich zwanzig Jahre hindurch mit der Sünde herumgeschleppt haben, aber in fünf Minuten kann alles fort sein. Du magst fünfzig Jahre gebraucht haben, dich zu einem solch verdammungswürdigen Sünder zu machen, wie du bist, aber Jesus wird keine fünfzig Sekunden bedürfen, dich zu waschen, dich schneeweiß zu machen und dich ins Haus des großen Vaters zu bringen. In Wahrheit kann gesagt werden, daß das erlösende Werk des Hirten schon geschehen ist. Durch Sein Versöhnungswerk hat Er uns Gott nahe gebracht. Es gibt keine beschwerliche Rückreise, weder für den Hirten, noch für das Schaf. Er ergreift das Schaf, legt es auf Seine Schultern, und beide sind wieder bei der Herde.

Aber auf einen besonderen Punkt achtet bitte, wenn der große Hirte diese Bürde auf Seine Schultern nimmt. Wir lesen: „Wenn er es gefunden hat, so legt er es auf seine Schultern." – mit großer Sorge? Nichts derartiges. Aber heißt es nicht: „Er legt es auf seine Schultern mit großem Überdruß?" Nein, sondern seht: „Er legt es auf seine Schultern mit Freuden." Er denkt nicht mehr an die ermüdenden Beschwerden, die Er zu leiden hatte. Er denkt nicht an die Torheit Seines Schafes, eine so gute Weide zu verlassen, sich in so viele Gefahren gestürzt zu haben. Er denkt nicht daran, daß es Ihn so viel Arbeit gekostet hat. Kein Wort wird darüber gesagt. „Er legt es mit Freuden auf seine Schultern." Er sagt sich: „Ich bin glücklich, diese Last zu tragen; glücklich, mein verlorenes Schaf zu tragen." Oh, ich liebe es, mir die Freude im Herzen des gelobten Christus vorzustellen. „Der für die vor ihm liegende Freude das Kreuz erduldete und sich gesetzt hat zur Rechten des Thrones Gottes." Und jetzt, wenn Er ein verlorenes Schaf zum Heimtragen findet, freut Er sich. Alle Sorge ist vergangen. Fülle der Freude ruht auf Ihm: „Er legt es mit Freuden auf seine Schultern."

Ich möchte wissen, ob das Schaf sehen konnte, daß der Hirte sich freute. Vermutlich nicht, aber es konnte es fühlen. Ihr wißt, es gibt zwei Methoden, ein Schaf zu behandeln, und das Schaf weiß bald, was dem Besitzer Freude bereitet. Wenn du zornig mit dem Schafe sprichst und es mit Unwillen auf deine Schultern wirfst, so ist das etwas ganz anderes, als wenn du nichts weiter zu sagen hast, als: „Armes Ding, es freut mich, dich gefunden zu haben", und es mit Freuden auf deine Schultern legst. Wenn es auch nur ein Schaf ist, so weiß es doch den Unterschied. Jedenfalls weiß ich, daß Christus uns auf eine Weise errettet, so sanft, so freudevoll, daß es uns glücklich macht, errettet zu werden. Ein Kupferstück kann zu einem Stein oder zu einem Goldstück gemacht werden, je nachdem, wie du es einem armen Menschen gibst. Du kannst es ihm wie einem Hund zuwerfen, und er wird dir auch so dankbar sein wie ein Hund oder noch weniger. Aber du kannst auch sagen: „Es tut mir leid, daß du in Not bist. Das ist alles, was ich jetzt für dich tun kann. Nimm es und mache damit, was du kannst.“ Wenn du es mit einem brüderlichen Blick gibst, wird es dankbar angenommen und hoch geschätzt werden. Es liegt ebensoviel in der Weise, wie eine Gabe gegeben wird, wie in der Gabe selbst.

Die Weise Christi ist überaus gnädig. Er errettet uns mit Freuden. Es ist Ihm eine dankbare Sache, wenn Er Sein verlorenes Schaf ergreift und auf Seine Schultern legt. Der Gedanke macht mich froh. Wir werden nicht von einem grollenden Christus errettet, der unser überdrüssig zu sein scheint und uns auf der Stelle erretten muß um uns loszuwerden. Er handelt nicht mit uns wie etwa ein schroffer Arzt, der sagt: „Ich will dich sofort bedienen, aber ich habe noch viel mehr zu tun, und ihr Gratis-Patienten macht viel Arbeit.“ Jesus behandelt Seine Kranken nicht rauh. Nein, Jesus kommt und richtet das verrenkte Glied mit einer zarten Hand wieder ein. Wir blicken Ihm ins Angesicht und wir sehen, daß jede Seiner Bewegungen von der zartesten Teilnahme begleitet wird. Ihr kennt die verschiedenen Weisen der Arbeiter. Manche Arbeit wird ein Mensch bald leid. Die Arbeitsteilung ist sehr vorteilhaft, wenn viel geschafft werden soll, aber sie ist ein elendes Geschäft für den Arbeiter, denn er muß immer wieder dasselbe tun den ganzen Tag, als sei er ein Automat. Laß einen Künstler an einer Statue arbeiten, einen Künstler, dessen ganze Seele in seinem Meißel ist, der es weiß, daß eine herrliche Figur in dem Marmorblock steckt und der alles, was den Anblick des Bildes verbirgt, abzuhauen gedenkt. Seht, wie er arbeitet. Niemand macht etwas gut, wenn er es voller Sorge tun muß. Das beste Werk, das getan werden kann, wird von einem glücklichen, fröhlichen Arbeiter getan, und so ist es mit Christus. Er errettet keine Seele, nur weil Er es muß, sondern Sein Herz ist dabei. Er freut sich, es zu tun, und darum tut Er es vollständig und läßt uns an seiner Freude teilhaben.

Nun lernt eine Lektion, ehe ich zum dritten Punkt gehe. „Wenn er es gefunden hat." Angenommen, daß irgend jemand von euch bald einen armen, bekümmerten Sünder, der besorgt ist, zu Christo zu kommen, treffen würde. Wenn ihr ihn gefunden habt, bitte ich euch des Meisters Beispiel nachzuahmen und ihn kräftig zu ergreifen. Laßt ihn nicht entschlüpfen, sondern haltet ihn. Und wenn er in Sorge ist, nehmt allen seinen Kummer auf euch. Versucht, ob ihr ihn nicht auf eure Schultern nehmen könnt. Ahmt euren Meister in dieser Weise nach. Versucht seine ganze Last zu tragen wie Christus die eurige getragen hat. Führt ihn zu Christus, der der wahre Lastträger ist, und während der ganzen Zeit seid sehr glücklich darüber. Ich denke nicht, daß wir zu den jungen Bekehrten gehen sollten und in einem scharfen Ton mit ihnen sprechen, als sei es etwas Schreckliches, einen Erlöser zu haben. Sie werden dann nicht wiederkommen, darauf könnt ihr euch verlassen.

Habe immer Zeit, selbst um Mitternacht, mit einem armen, im Gewissen getroffenen Sünder zu sprechen. Vielleicht bist du sehr ermattet und fühlst dich nicht wohl. Wenn ich ermüdet wäre, würde ich nicht mehr ermüdet sein, wenn ich ein verlorenes Schaf treffen würde. Und wenn ich krank wäre, würde ich zu dem Zweck gesund werden, um noch mit einem sündenkranken Menschen zu reden. Die Zeit ist zu Ende; nur noch einige Worte über den letzten Punkt.

„Wenn er nach Hause kommt“

„Und wenn er nach Hause kommt, ruft er die Freunde und Nachbarn zusammen und spricht zu ihnen: Freuet euch mit mir, denn ich habe mein Schaf gefunden, das verloren war!“ Zuerst, der Himmel wird als ein Haus bezeichnet. Gefällt es dir nicht, in dieser Hinsicht daran zu denken? Er ist das Haus des Herrn Jesus; und wenn er das ist, kann dann damit ein anderes Haus verglichen werden?

Beachte auch, daß die Verlorenen im Himmel bekannt sind. Es ist, als wüßten die Freunde, das eins der Schafe verloren und der Verlust beklagt worden war, denn der Hirte sagt: „Ich habe mein Schaf gefunden; ihr wißt, das verlorene.“ Sie wissen droben, welches Christi Schafe und welche verloren sind. Der Himmel ist der Erde näher, als wir es uns träumen lassen.

Es gibt mehr Gemeinschaft zwischen Himmel und Erde, als einige Leute denken, denn hier ist es klar, daß der Hirte, als er nach Hause kam, zu ihnen sagte: „Ich habe mein Schaf gefunden, das verloren war.“ Sie wußten also alles darüber. Sie wußten alle, daß Er zum Suchen ausgegangen war, und darum konnten sie alle Seine Freude verstehen, als Er mit dem Schaf zurückkam. Es muß im Himmel eine große Freude für solche sein, die beim Sterben einen unbekehrten Sohn oder eine unbekehrte Tochter zurückgelassen haben, nach einiger Zeit zu erfahren, Sohn oder Tochter sei zu Christus bekehrt. Ich bin überzeugt, daß sie es wissen. Sie müssen es wissen, weil sie Christi Freunde und Nachbarn sind und Er es ihnen nach Aussage des Gleichnisses erzählt und sagt: „Freuet euch mit mir“, denn er gibt ihnen natürlich die Gründe dafür an. Wenn ich nach dem Tode meiner Mutter bekehrt worden wäre, so kann ich mir denken, wenn Jesus zu allen gesagt hätte: „Freuet euch mit mir, denn ich habe mein Schaf gefunden, welches verloren war“, daß sie gesagt hätte:

„Mein Herr, ich kann mich mehr freuen als alle anderen, denn es war mein Junge, der errettet wurde.“ Deine Mutter in der Herrlichkeit wird heute abend doppelt glücklich sein, Johann, wenn du dein Herz Jesus gibst, und ich bitte, daß es geschieht. Dein Vater vor dem Throne wird denken, daß das Paradies paradiesischer geworden ist, wenn auf den goldenen Straßen geflüstert wird, daß ein Wanderer heimgekehrt ist.

Beachtet noch kurz, daß Jesus es liebt, wenn andere sich mit Ihm freuen. Wenn Er einen Sünder findet, hat Er soviel Liebe in Seinem Herzen, daß Seine Freude überfließt und Er ruft: „Kommt, Freunde, kommt, Nachbarn, freut euch mit mir, denn ich habe wieder eine Seele errettet.“ Laßt uns von dieser Freude angesteckt werden. Wenn du jetzt gerade gehört hast, daß jemand errettet worden ist, so freue dich darüber. Wenn du die Person auch nicht kennst, so freue dich doch darüber, denn Jesus freut sich.

Denke daran, daß Buße tun als ein Heimkommen angesehen wird. Dieses Schaf war nicht im Himmel. Nein, aber sobald es in die Herde gebracht worden war, wird es als bußfertig beschrieben, und Jesus und die Engel fangen an, sich darüber zu freuen.

Wenn ein Mensch seine Sünden aufrichtig bereut und Christus ihn errettet, so ist es klar, daß er nie verloren geht. Ein Sprichwort verbietet es, unsere Küken zu zählen, ehe sie ausgebrütet sind, und ich glaube nicht, daß die Engel es mit den unsterblichen Seelen so machen. Wenn sie glaubten, daß bußfertige Seelen nachher verloren gehen könnten, würden sie die Freudenglocken jetzt nicht läuten, sondern eine Zeitlang warten, um zu sehen, wie sie sich bewähren. Wenn sie verloren gehen könnten, gäbe es keinen Bekehrten, über den die Engel sich zu freuen wagten, denn wenn irgend ein Kind Gottes abfallen und verlorengehen könnte, warum dann nicht jeder von uns? Wenn irgend jemand aus der Gnade fällt, so fürchte ich, daß ich es bin. O Bruder, fürchtest du für dich nicht dasselbe? „Nein", sagst du, „das denke ich nicht." Dann bist du ein sehr hochmütiger Mensch, und gerade ein solcher, der am leichtesten den Herrn verlassen wird. Wenn irgend ein Schaf Christi abfällt, so bin ich es. Ich sehe mehr von meinen eigenen Neigungen zum Irren und mehr von meinen eigenen Versuchungen zum Übertreten als ich von den deinigen sehe. Ich möchte nicht, daß die Engel sich über einen Menschen freuen, der Buße tut, wenn die Buße nur ein Zeichen menschlicher Verbesserung ist und nicht ein Zeichen himmlischer Liebe. Ich würde sagen: „Haltet ein, Ihr Engel. Dieser Mensch kann zurückkehren und doch verlorengehen, wenn nach dem modernen Evangelium Christus heute liebt und morgen haßt, und ein Kind Gottes doch ein Kind des Teufels sein kann." Ich glaube kein Wort von solcher Lehre. Ich glaube, wo der Herr ein gutes Werk angefangen hat, wird Er es auch vollenden, und wenn der Herr es einem Menschen einmal gegeben hat, Ihn zu erkennen, wird Er ihn auch immer in dieser Erkenntnis erhalten. Es gibt ein Schriftwort, welches dieses bestätigt. „Und ich gebe ihnen ewiges Leben, und sie gehen nicht verloren ewiglich, und niemand wird sie aus meiner Hand rauben."

Wenn sie nun das ewige Leben haben, so kann es nicht enden, denn ewiges Leben ist ewig, das ist klar. Und wenn sie ewiges Leben haben, mögen der Hirte und Seine Freunde mit Recht singen, wenn ein Mensch in den Besitz dieses ewigen Lebens gekommen und zur Errettung gebracht worden ist. In dem bußfertigen Menschen ist ein Werk geschehen, welches nie wieder ungeschehen gemacht werden kann, und er wurde dahin gebracht, wo nie ein Verlorengehen möglich ist.

Singt weiter, ihr Engel! Es ist Ursache zum Singen, und wir werden mit euch einstimmen in den Preis und Dank Gottes immer und ewiglich. Amen.

UNTER DORNEN GESÄT

„Anderes aber fiel unter die Dornen; und die Dornen schossen auf und erstickten es. Der aber unter die Dornen gesät ist, dieser ist es, der das Wort hört, und die Sorge dieses Lebens und der Betrug des Reichtums ersticken das Wort, und er bringt keine Frucht."
(Mt. 13, 7. 22)

Wenn der Aussaat keine Frucht folgt, so ist die Arbeit des Säemanns umsonst. Ohne Frucht würde die Arbeit des Säemanns fast unvernünftig scheinen, denn er nimmt guten Weizen und wirft ihn fort. So ist das Predigen die nutzloseste Beschäftigung, wenn das Wort nicht imstande ist, ins Herz zu dringen und gute Früchte hervorzubringen. O meine Hörer, wenn ihr nicht bekehrt werdet, so verschwende ich Zeit und Mühe indem ich hier stehe, und die Menschen mögen es für Torheit halten, daß ein ganzer Tag in der Woche dazu benutzt wird, Reden zu hören. Wenn ihr keine Früchte der Heiligung bringt, so wäre ich beim Steine klopfen besser beschäftigt.

Das Fruchttragen zeigt den unterschiedlichen Boden, auf welchen der Säemann seinen Samen warf. Ihr würdet die Eigenschaft des Bodens nicht so deutlich erkennen, wenn ihr nicht den Mißerfolg und den Erfolg des Säens gesehen hättet. Wir kennen eure Herzen nicht bis wir sehen, wie ihr das Evangelium aufnehmt. Wenn es in euch Heiligkeit und Liebe zu Gott und Menschen bewirkt, dann wissen wir, daß guter Boden vorhanden ist. Wenn aber nichts weiter folgt, müssen wir daraus schließen, daß euer Herz hart, steinig und dornig ist. Das Wort des Herrn prüft Herz und Nieren der Menschenkinder, und es ist wie ein Feuer, welches Metall und Schlacken scheidet.

Oh, meine lieben Zuhörer, ihr unterstellt euch heute einer Prüfung. Ihr sitzt hier als ein Gericht über euch selbst; euer eigener Zustand wird deutlich werden durch die Art und Weise, wie ihr das Evangelium Gottes annehmt oder verwerft. Wenn ihr Frucht hervorbringt zum Preise der Gnade Gottes, dann ist es gut, wenn aber nicht, wenn keine errettende Wirkung in eurer Seele erzeugt wird, so wissen wir, daß der Grund eures Herzens nicht zubereitet ist, sondern sich noch in seiner natürlichen Dürre befindet.

Welche Frucht habt ihr bis jetzt von all eurem Hören gebracht? Darf ich diese Frage jedem einzelnen deutlich vorlegen? Einige von euch sind seit ihrer Kindheit Hörer gewesen; seid ihr weiter gekommen? Welch lange Liste von Predigten müßt ihr bis jetzt gehört haben! Zählt eure Sonntage! Denkt an die Menschen, die jetzt schon im Himmel sind, denen ihr einst zugehört habt! Erinnert euch an die Tränen, welche ihre Reden bei euch bewirkten! Wenn ihr noch nicht errettet seid, werdet ihr es jemals werden? Warum hat der Herr so viel an euch verwandt? Welchen Zweck hat diese Verschwendung? Ihr werdet viel zu verantworten haben an jenem Tage, wenn die Diener des Herrn ihren Bericht abstatten und keine Freude haben, wenn sie euch erwähnen. Wie werdet ihr euch vor Gott entschuldigen, daß ihr Ihm und ihnen so viele Enttäuschungen bereitet habt?

Ich will mich nur mit einer Klasse von euch beschäftigen. Ich will nicht zu denen von euch reden, die das Wort hören und nichts davon behalten wegen der Herzenshärtigkeit. Das sind die, welche am Wege gesät sind. Auch will ich mich nicht an diejenigen wenden, welche die Wahrheit mit plötzlicher Begeisterung annehmen und sie ebenso schnell wieder aufgeben, wenn Prüfungen über sie kommen. Das sind diejenigen, welche auf das Steinichte gesät sind. Ich will mich mit denjenigen von euch beschäftigen, die das Wort mit Aufmerksamkeit hören und in einem gewissen Sinne es auch in das Herz und das Verständnis aufnehmen, so daß der Same in ihnen wächst, aber nie zur Vollkommenheit der Frucht kommt. Ihr seid religiöse Personen und eurem Aussehen nach unter dem Einfluß der Gottseligkeit. Ihr zeigt viel Blätterwerk, aber es ist kein Korn in den Ähren.

Ich kann nicht mit großer körperlicher Kraft zu euch reden wegen der Schwäche, unter der ich zu leiden habe. Was ich euch sage, geschieht mit dem ernsten Wunsch, daß der Herr es euch segnen möge. Eine aufmerksame Versammlung wird jeden Redner beredt machen; helft mir denn an diesem Morgen. Wenn ihr mir euer Ohr leiht, so werdet ihr das, was mir fehlt, ersetzen. Wenn ihr Gott euer Herz öffnet, wird Er die Wahrheit an euch segnen, wenn sie auch noch so schwach von mir dargestellt wird.

Das Saatgut

Beachtet zuerst, daß es in allen Fällen derselbe Same war. Dort hatte derselbe Same dreißigfältige Frucht gebracht, der bei dir verloren ist. In einem anderen Fall hatte er hundertfältig getragen, derselbe Same, mit dem dein Feld auch besät worden ist. Der Säemann hat all seinen Samen aus dem Kornhaus des Herrn geholt, woher kommt es, daß es bei dir völlig verloren ist? Wenn es zwei verschiedene Evangelien gäbe, so könnten wir zweierlei Erfolge erwarten, ohne daß dem Boden ein Fehler beigelegt würde. Aber viele von euch, mit denen ich spreche, haben nur ein Evangelium in ihrem ganzen Leben gehört. Ihr seid in dieses Haus gekommen, wo wir unseren Samen nie verändert haben, sondern dabei geblieben sind, den ewigen Samen der göttlichen Wahrheit auszustreuen. Viele haben hundertfältige Frucht getragen. Sie hörten nicht mehr, als was ihr auch gehört habt, aber wieviel besser haben sie das Wort aufgenommen als ihr! Ich möchte, daß ihr darüber nachdenkt. Wie muß dein Geist mit Disteln und Dornen bedeckt sein, daß das Evangelium, welches deine Schwester und deinen Freund bekehrt hat, dich nicht rührt! Obwohl du dem Namen nach an das Wort Gottes glaubst, so hat es doch nicht so auf dich gewirkt, daß du Frucht gebracht hättest. Du bist doch nur ein Hörer. Wie kommt das? Der Fehler liegt nicht am Samen, denn es ist derselbe, der bei anderen so herrliche Früchte gebracht hat.

Du hast das Evangelium gern gehört? „Ich habe es schon als kleines Kind gehört“, sagst du. Deine Mutter hat dich auf dem Arm mitgebracht. Du hast es gehört, und du hörst es noch, es ist dir fast wie ein altes Lied; aber soll es damit genug sein? Ich bin sehr dankbar, das ihr das Evangelium hört, denn ich hoffe, daß Gott es eines Tages auch in euch zum Wachsen und Fruchttragen bringen wird, aber es liegt eine ernste Verantwortung auf euch. Wie könnt ihr es verantworten, dieses Vorrecht zu vernachlässigen und dadurch nutzlos zu machen?

Meine lieben Zuhörer, wenn wir im Herzen Afrikas wohnen und sterben würden, ohne an einen Christus, von dem wir nie etwas gehört hätten, zu glauben, so könnten wir dafür nicht getadelt werden, aber wir wohnen in einem Land, wo das Evangelium gepredigt wird, und unser Blut kommt auf unser eigenes Haupt, wenn wir verloren gehn. Habt ihr die Absicht, in die Hölle hinab zu gehen? Seid ihr so verwegen, daß ihr dahin gehen wollt im Gewande eines Christen? Wenn ihr darauf besteht, eure Seele zu verderben, so werden meine Augen euch mit Tränen folgen, und wenn ich euch nicht mehr warnen kann, so werde ich im stillen über euren

Starrsinn weinen.

Diejenigen, welche in meinem Text beschrieben werden, waren nicht nur Hörer, sondern nahmen in einem gewissen Maße das Wort auch an. Der Same fiel nicht nur auf den Boden, sondern er kam auch hinein. Ich freue mich, daß euch die Inspiration der Schrift oder die Gottheit unseres Herrn und Sein Sühnopfer keine Schwierigkeiten bereitet. Ihr befaßt euch nicht mit modernen Ansichten, sondern ihr bekennt euren Glauben an das alte Evangelium. So weit ist alles gut, aber was soll ich mit der sonderbaren Tatsache machen, daß die Annahme der Wahrheit keine Wirkung auf euch hat? Es ist eine sehr traurige Sache, wenn ein Mensch glaubt, daß das Evangelium wahr ist und ihm doch nicht gehorcht. Das ist sehr schlimm. Wenn ihr die Wahrheit nur glaubt, was tut ihr mehr als der Teufel? Ihr seid noch hinter ihm zurück, denn er glaubt und zittert, aber euch hat die Wahrheit noch nicht einmal zum Zittern gebracht. Es sollte so sein, daß jede große Wahrheit, wenn sie geglaubt wird, den Geist beeinflußt und die Gedanken beherrscht. Das ist die natürliche Frucht großer geistlicher Wahrheiten. Wenn die Lehre von der Gnade den Geist erfüllt, so wird sie die edelsten Früchte bringen, aber wenn sie nur äußerlich angenommen wird, so ist dies eher ein Fluch als ein Segen. Ist es nicht eine schreckliche Sache, Gottes Offenbarung zu „glauben“ ohne Gottes Geist zu empfangen? Das heißt an der Quelle zu sitzen, und kein Wasser zu trinken; Korn in der Scheune zu haben, und vor Hunger zu sterben. Gott habe Erbarmen mit den Besitzern eines toten Glaubens!

Der Same, der unter die Dornen gesät wurde, wuchs weiter. Im Geist vieler Menschen wächst die Wahrheit des Evangeliums in einer gewissen Weise. Sie verstehen sie besser, sie können sie kräftiger verteidigen und fließender davon reden. Noch mehr: sie beeinflußt sie auch in einem gewissen Grade, denn gröbere Sünden werden aufgegeben. Sie sind anständige Nachahmer der Gläubigen. Aber untersuche diese scheinbare Weizenähre und du wirst finden, daß es wohl eine Ähre ist, aber nichts darin. Sie sieht ganz wie eine Weizenähre aus, aber es sind keine Körner darin.

Ich möchte nun zu denen von euch reden, die vielleicht getauft sind und Mitglieder der Gemeinde wurden, und euch eine oder zwei Fragen vorlegen. Denkt ihr nicht, daß heutzutage viel leeres Bekennen stattfindet? Denkt ihr nicht, daß viele den Namen haben, daß sie leben und doch tot sind? „Ja“, sagst du, „ich habe einen Nachbarn, von dem ich so urteilen muß.“ Kann nicht ein anderer Nachbar über dich ebenso urteilen? Würde es nicht gut sein, wenn du dir diese Frage selbst stellen würdest? Glaubst du wirklich an den Herrn Jesus? Bist du wahrhaft von der Sünde und von dir selbst bekehrt worden? Richte dein scharfes Auge einmal auf dich selbst. Prüfe deine eigenen Werke, und beurteile danach deine Stellung. Unterwerfe dich selbst einem scharfen Verhör. O mein Gott, wenn ich anderen predige und selbst verwerflich sein sollte! Will nicht jeder Diakon und jeder Älteste, ja, jedes einzelne Mitglied in derselben Weise zu sich sprechen? Du gehst am Nachmittag in deine Sonntagschulklasse; willst du die Kinder etwas lehren, was du selbst nicht weißt? Du willst heute abend in eine Versammlung gehen und zu anderen von der Bekehrung reden; willst du sie zu etwas auffordern, was du selbst nie erfahren hast? Soll es so sein? Eine gründliche Prüfung tut dem Gesunden keinen Schaden und mag dem Kranken von Segen sein. „Herr, laß mich erkennen, wie schlecht es mit mir steht“, bete ich oft und möchte es auch euch empfehlen.

So viel denn über den Samen. Es war guter Same; er wurde gesät; er wurde vom Boden aufgenommen; er wuchs und versprach eine Ernte, und doch war er am Ende unfruchtbar. Ohne Zweifel werden viele, die das Christentum annehmen, zu regelmäßigen Gottesdienstbesuchern; aber Christus ist ihnen nicht alles in allem und hat einen sehr untergeordneten

Platz in ihrem Leben. Ihr Weizen ist überschattet von einem Dornendickicht und wird so erstickt, daß er eingeht. Ihr Glaube ist unter ihrer Weltlichkeit begraben. Traurig wird ihr Ende sein. Gott bewahre uns in Gnaden vor einem solchen Los!

Die Dornen

Sie werden bei Matthäus „die Sorgen des Lebens und der Betrug des Reichtums" genannt. Lukas fügt hinzu: „Vergnügungen des Lebens", und Markus erwähnt noch „die Begierde nach den übrigen Dingen". Ich nehme an, daß der Säemann keine Dornen gesehen hat, als er seinen Samen ausstreute. Er hoffte wahrscheinlich, daß alles guter Boden war, und darum streute er den Samen aus ohne Verdacht, daß die Dornen den Boden „besaßen".

Beachtet wohl, daß die Dornen die natürlichen Erzeugnisse des Bodens waren. Seit dem Sündenfall sind dieses die „erstgeborenen" Kinder des Bodens. Alles Böse, welches dem Glauben hinderlich ist, ist durchaus nichts Außerordentliches, es ist nur das, was wir von dem gefallenen Menschen zu erwarten haben. Die Gnade ist ihm fremd, die Dornen sind einheimisch. Die Sünde ist im menschlichen Herzen sehr zu Hause und wächst schnell wie ein böses Unkraut. Wenn du den Wunsch hast, in den Himmel zu gehen, so mag etwas Zeit dazu gehören, dir den Weg zu zeigen, und es wird nötig sein, dich zum Fleiß zu ermuntern, aber wenn du in die Hölle gehen willst, so bedarf es nur ein wenig Nachlässigkeit. Böse Dinge sind leichte Dinge, denn sie sind der gefallenen Menschheit natürlich. Gute Dinge sind wie seltene Blumen, die mit Mühe gezogen werden müssen. Wenn irgend jemand von euch von der Sorge dieser Welt und dem Betrug des Reichtums angefochten wird, so bin ich nicht überrascht, denn das ist ganz natürlich. Darum seid auf der Hut! Ich bitte euch, ruft euch selbst zu: „Komm, die Rede dieses Mannes enthält Wahrheit. Sie ist wohl etwas langweilig und trübe, aber es liegt doch etwas darin. Am Ende dulde ich diese Dornen, welche den guten Samen töten, in meinem Herzen, denn ich habe die gleichen Leidenschaften und Schwächen wie die anderen Menschen."

Die Dornen waren schon mit dem Boden verbunden. Sie waren nicht nur die natürlichen Bewohner des Bodens, sondern sie waren darin gewurzelt und befestigt. Die Sünden in uns fesseln unsere Kräfte und Fähigkeiten und lassen sie nicht los, wenn sie nicht müssen. Sie werden dem Heiligen Geist, dem neuen Leben oder dem Einfluß der göttlichen Gnade keinen Platz machen ohne einen verzweifelten Kampf. Die Wurzeln der Sünde durchdringen unsere Natur, ergreifen sie mit großer Kraft und halten sie mit enormer Zähigkeit fest. Mein lieber Zuhörer, wer du auch sein magst, du bist ein gefallener Mensch. Und wenn du selbst der Papst wärest oder der Präsident der Vereinigten Staaten von Amerika, so ist es dennoch wahr, daß du in Sünden geboren bist und dein unwiedergeborenes Herz über alles betrügerisch und böse ist. Die Staatskirche in der „Stadt" Menschenseele hat den Teufel zum Erzbischof. Die Sünde hat unsere Natur umfangen, wie die Riesenschlange ihr Opfer umklammert. Und wenn sie zwanzig, vierzig, sechzig Jahre Fuß gefaßt hat, so hoffe ich, daß du nicht so töricht bist zu denken, daß die heiligen Dinge so leicht die Herrschaft erlangen werden. Unsere böse Natur ist sehr konservativ, und sie bestrebt sich, jeden Versuch einer Revolution, durch welche die Gnade Gottes zur Regierung kommen soll, zu unterdrücken. Darum wache und bete, damit die Versuchung das nicht erstickt, was Gutes in dir ist. Wache, denn die Gnade ist eine zarte Pflanze in einem fremden Boden und einem ungünstigen Klima, während die Sünde in ihrem Element und fest im Boden gewurzelt ist.

Wißt ihr, warum so viele Namens-Christen dem dornigen

Boden gleichen? Es kommt daher, weil solche Vorgänge unterblieben sind, welche die Beschaffenheit des Bodens verändert haben würden. Es war des Landmanns Sache, die Dornen auszuroden und auf der Stelle zu verbrennen. Wenn in früheren Zeiten Menschen bekehrt wurden, war damit eine Überzeugung von der Sünde verbunden. Der große, tiefgehende Pflug der Seelenangst wurde gebraucht, um tief in die Seele einzudringen. Das Feuer brannte auch mit großer Hitze im Geiste, und als die Menschen die Sünde erkannten und ihre schrecklichen Folgen fühlten, wurde ihnen die Liebe zur Sünde ausgebrannt. Aber jetzt werden wir mit Prahlereien über schnelle Bekehrungen abgespeist.

Was mich anbetrifft, so glaube ich, daß es sofortige Bekehrungen gibt und freue mich, sie zu sehen; aber ich freue mich noch mehr, wenn ich ein ernstes Werk der Gnade sehe, ein tiefes Gefühl der Sünde und eine rechte Verwundung durch das Gesetz erkenne. Wir werden die Dornen nie loswerden mit einem Pfluge, der nur die Oberfläche berührt. Diejenigen Felder, die am besten gepflügt werden, tragen das beste Korn. Bekehrungen werden sich bewähren, wenn die Dornen nicht aufwachsen können, weil sie ausgepflügt worden sind. Lieber Zuhörer, hast du ein ernstes Bewußtsein von Sünde? Danke Gott dafür! Bist du in großer Unruhe und Angst? Danke Gott dafür! Denke nicht, daß dieses ein Unglück ist, das dich betroffen hat. So seht ihr, daß diese Dornen „Eingeborene" waren, alte, festgewurzelte „Eingeborene", und es wäre besser gewesen, wenn sie herausgerissen worden wären.

Die Dornen begannen kräftig zu wachsen: es befindet sich eine schreckliche Lebenskraft im Bösen. Zuerst brachten die Dornen einige zarte Schößlinge. Diese Schößlinge verzweigten sich und andere folgten ihnen, bis der Weizen im Dickicht von Dornen stand und immer mehr von ihnen überragt und beschattet wurde. Die Dornen strebten nach der Herrschaft und erlangten sie auch bald. Nachdem das geschehen war, machten sie sich daran, den Weizen zu verderben. Sie drückten und drängten ihn, drehten sich um ihn und hielten ihn zurück, bis er erstickt war.

Die Dornen saugten dem Weizen alle Nahrung aus und er mußte verhungern, denn es ist nur ein gewisser Nährwert im Boden, und wenn die Dornen ihn nehmen, muß der Weizen ihn entbehren. Es ist nur ein gewisses Potential von Gedanken und Kraft in einem Menschen, und wenn die Welt dieses erhält, kann Christus es nicht haben. Wenn unsere Gedanken von Sorgen oder Vergnügungen bestimmt sind, dann können sie nicht eifrig in Glaubensdingen sein, ist das nicht klar? Das ist die Weise, in welcher die Dornen den Weizen behandelten; sie ließen ihn verhungern, indem sie ihm die Nahrung raubten, und sie erstickten ihn, indem sie ihm Licht und Sonnenschein entzogen. Der Weizen wurde schwach und unfähig, Körner zu bilden, die der Säemann erwartet hatte. So ist es mit vielen Namens-Christen! Sie sind zuerst weltlich, aber nicht zu sehr weltlich. Dann werden sie religiös, aber keineswegs zu eifrig. Sie suchen die Vergnügungen der Welt, aber durchaus nicht so sehr wie andere, die wir nennen könnten. Aber bald wachsen die Dornen und es ist zweifelhaft, wer siegen wird, die Sünde oder die Gnade, die Welt oder Christus. Zwei Herren können hier nicht sein und in diesem Fall ist es unmöglich, weil keine der streitenden Mächte einen Nebenherrscher dulden wird. Die Sünde ist einem königlichen, obgleich bösen Geschlecht entsprungen, und wenn sie im Herzen liegt, wird sie um den Thron kämpfen. So kam es, daß die Dornen, die geduldet wurden, den guten Samen erstickten.

Laßt mich die Dornen ein wenig beschreiben. Wenn wir Matthäus, Markus und Lukas zusammen nehmen, so finden wir, daß es Sorten von Dornen gibt. Die erste Sorte wird „die Sorge des Lebens“ genannt. Diese wächst besonders bei den Armen. Sie sind geneigt, ängstlich und mißtrauisch über die zeitlichen Dinge zu werden. „Was werden wir essen? was werden wir trinken? womit werden wir uns kleiden?“ Diese drei kummervollen Fragen fechten viele an. Aber die Sorge kommt auch zu den Reichen. Die Sorge wohnt sowohl bei der Wohlhabenheit wie bei der Armut. „Wie werde ich noch mehr erhalten? wie werde ich mein Geld anlegen?“ ist die Sorge unserer Zeit, vor welcher wir am meisten gewarnt werden. Jedes Geschlecht hat seine eigene, besondere Sorge. Die Sorge unseres Zeitalters ist der Ehrgeiz, es den Kollegen gleich zu tun, Achtung zu erwerben um jeden Preis und einen guten Eindruck zu machen. Dieses ist die Sorge, die bei vielen um sich frißt wie der Krebs. Diese Sorge bleicht manches schwarze Haar weiß und zieht manche Stirn voller Furchen. Wenn du die Sorge in deiner Seele wachsen läßt, wird sie deinen Glauben zerstören. Du kannst nicht Gott und dem Mammon dienen. „Wir müssen Sorgen haben“, sagen einige. Es gibt eine Sorge, welche berechtigt ist, und es gibt eine Ängstlichkeit, welche von Übel ist. Das ist eine berechtigte Sorge, welche du auf Gott werfen kannst; aber es ist eine unstatthafte Sorge, die du nicht zu Gott bringen kannst, sondern die du selbst tragen mußt.

Es waren andere da, die den „Betrug des Reichtums“ fühlten. Unser Herr sagt nicht: „den Reichtum“, sondern „den Betrug des Reichtums“. Diese beiden Dinge gehören zusammen. Reichtümer betrügen immer. Schon durch ihren Besitz werden die Leute betrogen, denn sie beurteilen die Dinge sehr falsch, wenn ihnen eine Aussicht auf Gewinn winkt. Der Klang eines Goldstückes oder des „allmächtigen Dollars“, wie die Amerikaner sagen, verdirbt oft das Gehör. Die Menschen bringen es nicht fertig, durch Rechtschaffenheit zu verlieren, und so betreten sie den zweifelhaften Weg, daß sie entweder lavieren oder spekulieren. Sie würden ein solches Handeln verwerfen, wenn sie nicht durch die Hoffnung auf einen Gewinn betrogen würden. Unser Betragen sollte nie von Gewinn oder Verlust regiert werden. Tue kein Unrecht, selbst wenn ein Königreich der Gewinn wäre. Tue Recht, wenn auch der Himmel einstürzt. Die Menschen wenden sich zu Adam Smiths „Wohlfahrt der Völker", einem „wunderbaren" Buch, und darin finden sie gewisse Gesetze, von denen ich glaube, daß sie fest und unveränderlich sind, wie das Gesetz der Schwerkraft. Durch den Betrug des Reichtums nehmen die Menschen diese Gesetze als eine Entschuldigung, den Armen das Blut auszupressen. Sie könnten die Menschen ebensogut von einem Felsen herabstürzen und zerschmettern und dann sagen: „Das ist die natürliche Folge des Gesetzes der Schwerkraft." Natürlich, das Gesetz der Schwerkraft wirkt grausam, und so wirkt auch das Gesetz von Angebot und Nachfrage, aber wir dürfen keines dieser Gesetze als Entschuldigung für die Grausamkeit verwenden, die wir Armen und Bedürftigen antun. Viele machen sich aber dieser Sünde schuldig, verführt durch den Betrug des Reichtums.

Der Reichtum ist sehr trügerisch, denn er brütet in den Menschen viele Lüste aus, welche sie selbst gar nicht erwartet haben. Ein Mensch ist stolz auf sein Geld, aber er hält sich für demütig. Er ist ein selbstgemachter Mann und verehrt den, der ihn gemacht hat. Ist es nicht natürlich, daß ein Mensch den, der ihn gemacht hat, anbetet? In seinem Herzen sagt er: „Ich kam in die Stadt mit zwei oder drei Mark in der Tasche, und jetzt könnte ich eine Straße kaufen!" Die Leute sollten doch Achtung vor einem solchen Menschen haben, nicht wahr? Es ist heute leider völlig egal, wie du dein Geld erworben hast. Wenn du es nur hast, so wirst du dir viele „Freunde" erwerben, und der Betrug des Reichtums wird dich zur Selbstbewunderung treiben. Mit dem Stolz kommt der Wunsch nach wohlhabender und eitler Gesellschaft, und dadurch erhält der Glaube wieder einen ernsten Schlag. Gar zu leicht bildet sich im Geiste ein Götzendienst mit der Welt und ihren Schätzen. „Ich liebe das Geld nicht“, sagt jemand, „es ist nicht das Geld die Wurzel allen Übels, sondern die Geldliebe.“ Ganz recht, aber bist du gewiß, daß du es nicht liebst? Deine Gedanken streben sehr danach. Du liebkosest es sehr, und es fällt dir schwer, dich davon zu trennen. Ich will dich nicht anklagen, aber ich möchte dich auf die Tatsache aufmerksam machen, daß die Liebe zum Reichtum sich in das Herz des Menschen einnistet, ehe er es merkt.

Ihr könnt den Betrug des Reichtums sehen wenn ihr auf die Entschuldigungen achtet, welche die Menschen vorbringen, die von ihrem Vermögen so wenig für die Sache des Herrn geben. Sie beabsichtigen, viel Gutes mit ihrem Geld zu tun. Hört ihr den Teufel lachen? Ich spreche nicht von vielen lieben Brüdern hier, die viel Gutes mit ihren Mitteln tun, sondern ich spreche von solchen, die nur leben um Reichtümer aufzuhäufen und sagen, daß sie eines Tages viel Gutes damit tun wollen. So sagen sie, aber wird es zur Tat? Ich fürchte, daß sich hierin viele reiche Menschen betrügen. Sie fahren fort, Geld aufzuhäufen, aber gebrauchen es nie; sie streichen Ziegel, aber sie bauen nie. Es wird nichts anderes geschehen, als daß es bei ihrem Tode heißen wird, daß sie so und so viel hinterlassen haben. O Freunde, wie könnt ihr damit zufrieden sein, daß euer Gut so erstickt? Wo dem Betrug des Reichtums die Oberhand gelassen wird, erstickt er den guten Samen. Ein Mensch kann nicht eifrig sein, Reichtum zu erlangen sowie zu bewahren, und gleichzeitig ein treuer Diener des Herrn Jesu sein.

Lukas spricht von einer anderen Art Unkraut, nämlich von „dem Vergnügen des Lebens“. Ich bin gewiß, daß diese Dornen in unseren Tagen eine schreckliche Rolle spielen. Ich sage nichts gegen Erholung am rechten Platz. Erholung ist nötig und nützlich, aber es ist eine böse Sache, wenn die Vergnügungen zum Lebensinhalt gemacht werden. Das Vergnügen sollte von uns als Arznei gebraucht werden, aber nie als

Nahrung. Vom frühen Morgen bis zum späten Abend verbringen einige ihre Zeit mit Tändeleien und Spielereien, oder sie verrichten ihre Arbeit nur, um Mittel zum Vergnügen zu haben. Das ist lasterhaft. Viele Menschen haben alle heiligen Gedanken und guten Entschlüsse durch ihre Vergnügungssucht vernichtet. Das sogenannte Vergnügen ist der Mörder des Nachdenkens. Jeder verlangt nach Vergnügen, wie das Kind nach seinem Spielzeug. In den nüchternen Jahren unserer Väter lebten die Menschen für edlere Zwecke als für eitle Vergnügungen. Die Dornen ersticken jetzt den Samen.

Markus fügt hinzu: „viele andere Begierden". Ich will diese anderen Begierden nicht aufzählen, aber alles, was nicht dem Vater und Jesus Christus angehört, ist darunter zu verstehen. Wenn jemand sein Leben für einen Zweck hingibt, der an sich gut ist, aber nicht zur Ehre Gottes dient, so wird der gute Same durch einen untergeordneten Zweck erstickt. Jemand mag wissenschaftlich aktiv sein und dann dabei Gutes tun, wenn er seine Wissenschaft für heilige Zwecke gebraucht; aber er kann sie auch anwenden, den Samen zu ersticken. Ein anderer ist ein hervorragender Künstler, und er tut wohl, wenn er die Kunst den Esel sein läßt, auf dem Jesus reitet; wenn aber die Kunst auf uns reitet, ist es schlimm genug. Ich traf vor vielen Jahren einen Prediger, der einen weiten Weg machte, um einen neuen Käfer zu finden. Er war ein großer Käferkenner, und ich tadele ihn nicht dafür, denn ein nachdenkender Mann kann viel durch die Käferkenntnis lernen. Wenn er aber seine Predigt vernachlässigt , um Insekten zu fangen, so würde ich mich nicht wundern, wenn seine Gemeindeglieder den Wunsch hätten, daß die Käfer seine alten Predigten zernagten. Ich nenne das den Samen ersticken, wenn irgend ein untergeordneter Zweck Herr unseres Geistes wird, und die Sache Gottes und die Wahrheit den zweiten Platz einnimmt. Der Same wird in unserer Seele erstickt, wenn nicht Christus uns alles in allem ist. Wir sehen, sei es, was es sei: Gewinn, Ruhm, Studium oder Vergnügungen, alles können Dornen sein, welche den Samen ersticken.

Herr Jay in Bristol hat sich nie mehr gefreut als damals, wo er folgende Notiz erhielt: „Ein junger Mann, der im Geschäft Erfolg hat, bittet um Fürbitte des Volkes Gottes, damit der Erfolg ihm nicht zur Schlinge werde." Mein lieber Freund, Dr. Taylor in New York spricht von einigen Christen der Jetztzeit, daß sie ein Schmetterlings-Christentum führen. Wenn die Zeit, die Kraft, die Gedanken und die Fähigkeiten alle dem Vergnügen hingegeben werden, was sind die Menschen denn anderes als Schmetterlinge? Die „Gesellschaft" ist nur eine Masse von trägen Leuten, die sich einander Beifall zurufen.

O liebe Zuhörer, wir sind gewiß nicht auf diese Welt gekommen, um unsere Tage zu verspielen! Ich glaube nicht, daß wir in die Welt gekommen sind, um uns entweder tot zu arbeiten oder unsere Tage in Trägheit zu verbringen. Wir sind in die Welt gekommen, wie ein Mensch in eine Vorhalle tritt, damit er später in das Haus treten kann. Dieses Leben ist die Vorhalle zum Palast des Himmels. Durchschreite sie in einer Weise, daß du vor dem König erscheinen kannst mit heiliger Freude. Wenn du deine Gedanken aber nur auf die zeitlichen Dinge richtest, so wirst du deine Seele verderben, denn der gute Same kann nicht wachsen.

Die Wirkung

Diese Dornen konnten den guten Samen nicht herausreißen oder verdrängen, sondern er blieb, wo er war, aber sie erstickten ihn. So mag es sein, daß dein Geschäft, deine Sorgen und deine Vergnügungen deinen Glauben nicht mit der Wurzel herausgerissen haben, sondern das er noch da ist, aber diese Dinge ersticken deine besseren Absichten. Ein

Mensch, der außer Atem ist, ist nicht zu vielem zu gebrauchen. Wenn ein Dieb in sein Haus kommt, und er sein Eigentum verteidigen will, so kann er nichts anfangen, denn er muß erst warten, bis er wieder zu Atem gekommen ist. Welche Menge von ersticktem Glauben haben wir um uns her! Er mag leben; ich weiß es nicht, aber er sieht sehr traurig aus. Gott bewahre euch davor, daß euer Glaube erstickt wird!

Ich habe euch schon gesagt, daß dem guten Samen alle Nahrung entzogen wurde. Blicke auf die „Christen". Ich nenne sie so, weil sie sich selbst so nennen und unter diesem Namen gehen. Ein Knabe, der auf der Straße Fleischpasteten verkaufte, rief: „Heiße Fleischpasteten!" Jemand, der ihm eine abkaufte, fand sie ganz kalt und sagte: „Junge, warum nennst du sie heiß?" „Das ist der Name unter dem sie laufen", sagte der Knabe. So gibt es viele Leute, die Christen genannt werden und unter diesem Namen laufen, aber doch keine Christen sind. Man sieht die Form eines Christen, man hört etwas von der Sprache eines Christen, aber die Frucht eines Christen ist nicht da.

Das Leben, das in dem Weizen wirkte, war sehr kränklich. Ich möchte gewisse Personen daran erinnern, daß ihr geistliches Leben beginnt, sehr schwach zu werden. Wieviel Zeit hat das Morgengebet diesen Morgen beansprucht? Werde nicht rot im Gesicht; ich will nichts mehr darüber sagen. Du kommst heute Nachmittag nicht wieder, nicht wahr? Ein halber Sonntag ist genug Gottesdienst für dich. Möchtest du nicht an einem Ort wohnen, wo du auch nicht nötig hast, einmal in den Gottesdienst zu gehen? Wie steht es mit dem Bibellesen? Ist das Familiengebet dir ein Genuß? Viele sogenannte Christen haben den Familiengottesdienst völlig aufgegeben. Wie steht es mit dem Wochengottesdienst? Du bist nicht oft in der Gebetsstunde. Nein, die Entfernung ist zu groß. Am Donnerstag-Abend? Ich möchte kommen, aber dann kommt oft ein Freund zu Besuch, und wir haben einen angenehmen Abend. Wie viele sind in dieser Lage!

Ich will sie nicht verurteilen, aber ich erinnere daran, daß ein vorzüglicher Prediger zu sagen pflegte: „Wenn die Wochengottesdienste verlassen werden, so ist es mit dem gottseligen Leben vorbei." Solche Leute scheinen nie in ihrem Glauben zu „baden", sondern sie machen sich nur etwas naß mit dem Ende des Handtuches, so daß sie äußerlich anständig aussehen, aber inwendig nicht gereinigt sind.

Was das Bekennen Christi vor den Menschen betrifft, versagen viele darin völlig. Wenn du in die Ecke gedrängt und gefragt würdest, ob du ein Christ seiest, so würdest du sagen, daß du in den Gottesdienst gehst. Unsere Freunde in der Heilsarmee schämen sich ihres Glaubens nicht, warum solltet ihr es tun? Unsere Freunde, die Quäker, pflegten breitkrempige Hüte zu tragen, aber sie fangen an, diese Tracht allmählich aufzugeben. Ich hoffe, daß diese Tatsache kein Zeichen davon ist, daß sie ihren Glauben verbergen und so viel wie möglich der Welt gleich sein möchten. Hofft ihr Soldaten zu sein, ohne die Uniform zu tragen? Das ist ein Zeichen großer Schwäche.

Wo findet man in unseren Tagen, daß das Evangelium verteidigt wird? Ich hoffte, daß sich viele unter den Baptisten finden würden, die für die Wahrheit einstehen, aber jetzt komme ich zu dem Schluß, daß es vielen geht wie dem Guckkastenmann als er gefragt wurde, wer Wellington und wer Napoleon sei: „Wie es euch gefällt, meine Kleinen. Zahlt euer Geld und wählt für euch selbst." Freier Wille oder freie Gnade, menschlicher Verdienst oder Christi Versöhnung, das kommt jetzt nicht in Betracht. Neue Theologie oder alte Theologie, menschliche Spekulation oder göttliche Offenbarungen, wer fragt danach? Was kümmert es sie, ob die Wahrheit Gottes steht oder die Lüge des Teufels! Ich bin dieser Narren müde! Auf den Kanzeln, in den Kirchen, wie auch in den einzelnen Menschen haben die Dornen den Samen erstickt. Oh, daß Gott sich zu uns wende, daß Sein Geist Menschen unter uns aufstehen ließe, die wirklich glauben und die Macht ihres Glaubens beweisen.

Bei der modernen Frömmigkeit findet man keine Frucht. Ich saß eines Tages bei drei oder vier alten Christen. Wir fingen sogleich an, von der Vorsehung Gottes mit Seinem Volke zu sprechen; wir führten Beispiele der Gebetserhörung an und sprachen von der unumschränkten Gnade Gottes und Seiner Treue gegen Seine Heiligen. Bald bemerkte einer der Brüder, wie sehr ihm dieses Gespräch gefallen habe. „Ach", sagte er, „niemand spricht jetzt von Gott. Seine Vorsehung, Sein Wille wird selten erwähnt. Man spricht vom Markt, vom Wetter, von der Politik, aber wenig von dem Herrn Jesus." Das Zeugnis ist wahr. Wo hört man jetzt erfahrene Christen sprechen? Die Dornen ersticken die Gemeinschaft in den heiligen Dingen.

Inbrünstiges Gebet, mächtiges Gebet! Wo trifft man es? Gott sei Dank, wir haben einige Brüder hier, deren Gebete die Fenster des Himmels öffnen und schließen könnten, aber es ist nicht bei vielen so. Gehe in die Gebetsstunde vieler Gemeinden und sieh, wie armselig sie sind! Natürlich werden auf dem Lande die Gebetsstunden in der Heu- und Kornernte ausgesetzt. In London werden die Betstunden im Sommer nicht ausgesetzt, weil sie zu klein sind. Man benutzt den Rest einer Gebetsstunde und flickt damit die abgenutzte Bibelstunde, so daß es dann weder eine Bibelstunde noch eine Gebetsstunde ist. Wie können wir einen Segen erwarten, wenn wir zu träge sind, darum zu bitten? Ist es nicht der Beweis einer sterbenden Religion, wenn selbst Prediger sagen, um ihre Sorglosigkeit wegen der Gebetsstunde zu entschuldigen, daß sie den Wert der Gebetsstunde bezweifeln und sie „religiöse Schicklichkeit" nennen?

Wo trifft man heute einen innigen Genuß an göttlichen Dingen? Oh, daß unsere Herzen springen würden beim

Hören des Namens Jesu! Es ist eine traurige Sache, wenn der Glaube umhergeht, ohne seinen Freudenschmuck zu tragen. Wenn die Armee ihre Fahne zurückgelassen hat, so hat sie den Willen zum Sieg aufgegeben.

Wenn ein Niedergang im geistlichen Leben stattfindet, können wir nicht erwarten, Taten heiliger Hingabe zu sehen. Oh, wenn doch Männer und Frauen ihre Schätze zu Jesus brächten! Ich freue mich, wenn ich Klagen wie folgende höre: „Ich habe nicht für den Herrn getan, was ich hätte tun sollen. Ich bin seit Jahren gläubig, ich habe aber nicht für Seine Sache gegeben, was ich hätte geben sollen. Was kann ich jetzt tun?" Selbstprüfungen sind hoffnungsvolle Zeichen, und darum sind sie gut. Es würde jedoch noch besser sein, früher damit zu beginnen, um solche Klagen zu vermeiden.

Ich möchte dir, mein lieber Zuhörer, die Frage stellen, ob du fruchtbar gewesen bist. Warst du fruchtbar mit deinem Vermögen? Mit deinen Fähigkeiten? Mit deiner Zeit? Was tust du jetzt für Jesus? Durch die Werke wirst du nicht errettet, sondern aus Gnaden, wenn du aber errettet bist, so beweise es durch dein gottseliges Leben. Übergib dich heute von neuem dem Dienst deines Meisters. Du gehörst nicht dir selbst, sondern du bist teuer erkauft, und wenn du nicht wie der durch Dornen erstickte Same sein willst, so wirke mit neuem Eifer.

Was du auch erstrebst, wenn es nicht zur Ehre Gottes dient, so gehört es zu den Dornen und hat keinen Nutzen. Die Dornen werden zuletzt für dich schmerzlich sein, wie sie es für den Herrn gewesen sind. Ein Dorn wird dein Fleisch zerreißen, ja, er wird dein Herz zerreißen. Besonders wenn es zum Sterben kommt, werden Dornen in deinem Kissen sein. Selbst wenn du im Herrn stirbst, wird es dein Herz betrüben daran zu denken, daß du nicht mehr für Jesus gelebt hast. Weltliche Sorgen kommen mit Schmerzen, sie bleiben mit Schmerzen und gehen fort mit Schmerzen.

Und doch können die Dornen einen Nutzen haben. Worin besteht dieser? Mache es wie ein Kind. Wenn ein Kind einen Dorn in den Fingern hat, sieht es darauf und weint. Wie schmerzt es! Dann läuft es zur Mutter. Diese sagt vielleicht: „Warum kommst du herein? Bleibe etwas im Garten." Aber das Kind sagt: „Bitte, Mama, ich habe einen Dorn im Finger." Das ist Grund genug, ihm die ganze Aufmerksamkeit der Königin des Hauses zu verschaffen. Siehe, wie zart sie den kleinen Dorn entfernt! Laßt eure Sorgen euch auch zu Gott treiben. Es macht nichts, wenn ihr viele davon habt, wenn nur eine jede euch zum Gebet treibt. Wenn euch jede Gemütsbewegung dahin bringt, euch mehr auf den Geliebten zu lehnen, so ist es eine Wohltat. In dieser Weise mache guten Gebrauch von deinen Dornen.

Ein anderer Nutzen der Dornen besteht darin, daß man eine Hecke daraus macht, um die Ziegen des weltlichen Vergnügens fern zu halten, die sonst die jungen Schößlinge der Gnade abfressen. Laß die Sorgen des Lebens die Versuchungen abhalten, welche sonst ernsten Schaden anrichten. O möchten wir uns alle im Himmel wiedersehen! Welch eine Versammlung habe ich heute morgen angesprochen! Ich fühle mich überwältigt, wenn ich euch anblicke. Vom Ende der Erde sind manche von euch gekommen. Der Herr segne euch! Fremde sind hier in großer Anzahl, denn die meisten unserer gewöhnlichen Zuhörer sind an der Seeküste. Ich sehe euch auf Erden vielleicht nie wieder. Mögen wir uns alle im Himmel wiederfinden, wo keine Dornen wachsen. Amen.

WEITERE BÜCHER VON C. H. SPURGEON:

C. H. Spurgeon:

„Wachet und betet“

Christliche Literatur-Verbreitung, gebunden, 240 Seiten

Spurgeon, der „Fürst unter den Predigern“, hat in späteren Jahren viele Predigten unter dem Eindruck der Müdigkeit, Selbstzufriedenheit und Verweltlichung der Gemeinde gehalten. Dieser Predigtband enthält eine Anzahl Predigten aus dieser Zeit, in welchen Spurgeon sehr ernst und vollmächtig die Themen „Wachsamkeit“ und „Gebet“ behandelt, um uns Augen und Ohren für die Gefahren des Wohlstandes und der Oberflächlichkeit zu schärfen.

C. H. Spurgeon:

„Ein Leben für die Schafe“

Christliche Literatur-Verbreitung, Bildband, vierfarbig, 72 Seiten

Tröstende und glaubensstärkende Texte von C. H. Spurgeon über die Hingabe und Treue des guten Hirten und die Sicherheit der Ihm anvertrauten Schafe, illustriert mit hervorragenden, aussagekräftigen Farbfotos von K. H. Raach über einen Wanderhirten und seine Schafe.

C. H. Spurgeon:

„Heilig dem Herrn“

Christliche Literatur-Verbreitung, TB., 128 Seiten

„Glaubensgehorsam“, „Hingabe“ und „Entschiedenheit“ sind die Themen dieses Buches, das für die heutige kompromißfreudige

Christenheit besonders wichtig und aktuell ist. Unter diesen Predigten Spurgeons ist auch die wohl berühmteste Rede über das Thema „Taufwiedergeburt", die damals für eine heftige Auseinandersetzung sorgte und auch heute nichts an Aktualität eingebüßt hat.

C. H. Spurgeon:

„Auf dein Wort"

Christliche Literatur-Verbreitung, gebunden, 382 Seiten

Die aus Predigten zusammengestellten Andachten sind eine wahre Fundgrube geistlicher Erkenntnisse. Der wohl bekannteste englische Prediger des 19. Jahrhunderts lotet das Wort Gottes in seinen Tiefen aus und überträgt es hautnah auf die alltägliche Praxis. Eine Fülle von Beispielen aus der eigenen Erfahrung würzt immer wieder die Auslegung. Dabei werden auch scheinbar schwer verständliche oder oft liegengelassene Texte blutvoll lebendig. Hier erfüllt ein Prediger die leidenschaftliche Forderung unserer Tage, das Evangelium „unverkürzt", das heißt in seiner gewaltigen Totalität und seiner überströmenden Liebe in Gerichtsernst und Gnade zu verkündigen. Man vergißt beim Lesen, daß das alles vor hundert Jahren geschrieben wurde.

C. H. Spurgeon:

„Der gute Kampf des Glaubens"

Christliche Literatur-Verbreitung, gebunden, 240 Seiten

Spurgeon dokumentiert mit seinen Auslegungen alttestamentlicher Texte, daß Kämpfen allein nicht genügt, sondern daß es dabei recht zugehen muß, wie die Bibel sagt. Der feurige Prediger entlarvt mit klarer Sprache Sünde als Sünde und nennt Gnade Gnade. Ob er gegen Irrtum und Lauheit oder für die Wahrheit streitet, seine Waffenrüstung ist jeden Herzschlag lang das Wort Gottes. Themen dieses großen Glaubesbuches sind unter anderem „Noahs Arche und die Flut“, „Moses Entscheidung“, „Familienreform oder Jakobs zweiter Besuch zu Bethel“, „Keine Schonung“, „Der Mann, dessen Hand erstarrte“ und „Gereifter Glaube – dargestellt durch die Opferung Isaaks“.

C. H. Spurgeon:

„Hast du mich lieb?“

Christliche Literatur-Verbreitung, gebunden, 288 Seiten

Dieser Predigtband enthält 15 Erweckungspredigten Spurgeons über Texte aus dem Neuen Testament. Diese packenden Botschaften sind zunächst nicht an Außenstehende gerichtet, sondern zielen seelsorgerlich auf die Herzen und Gewissen derer, die zum Volk Gottes gehören. Der begnadete Erweckungsprediger ringt darum, daß die Gläubigen zur „ersten Liebe“ zurückkehren und bereit werden, im Glaubensgehorsam ein Leben der Hingabe an den Herrn zu leben.

C. H. Spurgeon:

„Es steht geschrieben“

Christliche Literatur-Verbreitung, TB., 96 Seiten

„Gottes Wort ist unsere erste und letzte Instanz.“
Dieser Grundsatz war das Leitmotiv im Leben und in der Verkündigung des als „Fürsten der Prediger“ bekannten Charles Haddon Spurgeon. In diesem Büchlein zeigt er die einzigartige Bedeutung des Wortes Gottes. Sowohl die grundsätzliche Autorität der Bibel wie auch die praktischen Konsequenzen daraus für Verkündiger und auch für jedem einzelnen Christen werden beeindruckend deutlich gemacht.

Die im ersten Teil des Buches veröffentlichte Predigt „Der größte Kampf" hat C.H. Spurgeon kurz vor seinem Tod gehalten. Sie ist als „Spurgeons letztes Manifest" berühmt geworden und gilt zu recht als sein geistliches Testament.